Por que o budismo funciona

Robert Wright

Por que o budismo funciona

Como a psicologia evolucionista e a neurociência explicam os benefícios da meditação

SEXTANTE

Título original: *Why Buddhism Is True*

tradução: Claudio Carina

preparo de originais: Rafaella Lemos

revisão: Hermínia Totti e Tereza Rocha

adaptação de capa e diagramação: Ana Paula Daudt Brandão e Gustavo Cardozo

capa: Pete Garceau

imagem de capa: © Dinkoobraz / Getty Images

imagem de miolo: Anastasia Saltykova / Shutterstock

impressão e acabamento: Bartira Gráfica

CIP-BRASIL. CATALOGAÇÃO NA PUBLICAÇÃO
SINDICATO NACIONAL DOS EDITORES DE LIVROS, RJ

W935 Wright, Robert
Por que o budismo funciona/ Robert Wright; tradução de Claudio Carina. Rio de Janeiro: Sextante, 2018.
304 p.; 16 x 23 cm.

Tradução de: Why buddhism is true
ISBN 978-85-431-0636-6

1. Vida espiritual – Budismo. 2. Meditação. I. Carina, Claudio. II. Título.

18-51356

CDD: 294.3
CDU: 24-583

Todos os direitos reservados, no Brasil, por
GMT Editores Ltda.
Rua Voluntários da Pátria, 45 – Gr. 1.404 – Botafogo
22270-000 – Rio de Janeiro – RJ
Tel.: (21) 2538-4100 – Fax: (21) 2286-9244
E-mail: atendimento@sextante.com.br
www.sextante.com.br

Para Terri, Mike, Becki e Linda

ESCRITOR: Mas diga-me antes de partir. Qual era a pior coisa de estar aqui embaixo?

AGNES: Simplesmente existir. Saber que a minha visão estava embaçada pelos meus olhos, minha audição embotada por meus ouvidos e o brilho dos meus pensamentos preso no labirinto cinzento de um cérebro. Você já viu um cérebro?

ESCRITOR: E você está me dizendo que é isso que há de errado conosco? De que outra forma podemos ser?

– *O sonho*, de August Strindberg,
adaptação de Caryl Churchill

Sumário

Nota ao leitor

Qualquer livro que se proponha tratar do budismo deve apresentar ao longo do texto algumas das diretrizes que pretende seguir. Então vamos resolver logo esse assunto:

1. Não vou falar sobre as partes "sobrenaturais" ou mais exóticas e metafísicas do budismo - reencarnação, por exemplo -, e sim sobre as mais naturalistas: as ideias que se encaixam perfeitamente na psicologia e na filosofia modernas. Vou falar sobre algumas das afirmações mais extraordinárias, até mesmo radicais, do budismo - afirmações que, se levadas a sério, podem revolucionar sua visão de si mesmo e do mundo. A intenção deste livro é fazer com que você encare essas afirmações com seriedade.
2. Obviamente sei que não há um budismo único, mas várias tradições budistas que diferem em todos os tipos de doutrinas. Porém este livro enfoca uma espécie de "núcleo comum" - uma série de ideias fundamentais encontradas nas principais tradições budistas, ainda que apresentem diferentes graus de ênfase e assumam uma forma distinta em cada uma delas.
3. Não vou entrar nas partes exageradamente detalhadas da psicologia e da filosofia budista. Por exemplo, o *Abhidhamma Pitaka,* uma coletânea dos primeiros textos budistas, afirma que há 89 tipos de

consciência, 12 dos quais são perniciosos. Você deve ficar aliviado ao saber que este livro não vai dedicar suas páginas à tentativa de avaliar essa afirmação.

4. Estou ciente de que a palavra *verdade* é delicada, e afirmar a verdade de qualquer coisa – principalmente se o assunto inclui ideias profundas da filosofia ou da psicologia – é um negócio complicado. De fato, uma grande lição do budismo é que devemos desconfiar da intuição de que nossa maneira ordinária de perceber o mundo nos traz a verdade sobre ele. Alguns dos primeiros textos budistas chegam ao ponto de duvidar que algo como a "verdade" exista. Por outro lado, no seu mais famoso sermão, o Buda estabelece o que se chama comumente de "As Quatro Nobres Verdades". Assim, não é que a palavra *verdade* não tenha lugar nas discussões sobre o pensamento budista. De qualquer forma, vou tentar proceder com humildade e sutileza ao apresentar meu argumento de que o diagnóstico budista sobre a condição humana está fundamentalmente correto e que suas prescrições são profundamente válidas, urgentes e importantes.
5. Afirmar a validade das ideias fundamentais do budismo não diz nada sobre outras tradições espirituais ou filosóficas. Às vezes haverá uma tensão lógica entre uma ideia budista e uma de outra tradição, mas nem sempre. O Dalai Lama já disse: "Não tente usar o que você aprende com o budismo para ser um budista melhor; use para ser melhor no que você já é."

– Robert Wright

1

Tomando a pílula vermelha

Apesar do risco de dramatizar em excesso a condição humana: você já assistiu ao filme *Matrix*?

É sobre um sujeito chamado Neo (interpretado por Keanu Reeves), que descobre estar vivendo em um mundo de sonho. A vida que pensava estar levando é, na verdade, uma elaborada alucinação que ele tem enquanto, sem o seu conhecimento, seu corpo físico real está dentro de um casulo pegajoso do tamanho de um caixão. Ele está em um entre muitos casulos, fileiras e fileiras deles, cada um contendo um ser humano absorto em um sonho. Essas pessoas foram colocadas lá por senhores robôs e receberam vidas de sonho para se sentirem em paz.

O dilema enfrentado por Neo – continuar vivendo uma ilusão ou despertar para a realidade – é representada na famosa cena da "pílula vermelha". Neo foi contatado por rebeldes que entraram em seu sonho (ou, para ser mais exato, cujos avatares entraram em seu sonho). O líder dos rebeldes, Morpheus (interpretado por Laurence Fishburne), explica a situação a ele: "Você é um escravo, Neo. Como todos os outros, você nasceu em um cativeiro, em uma prisão que não pode provar, ver ou tocar – uma prisão para a sua mente." A prisão é chamada de Matrix, mas não há como explicar a Neo o que, em última instância, ela é. A única maneira de entendê-la por completo, diz Morpheus, é "ver por si mesmo". Ele então lhe oferece duas pílulas, uma vermelha e outra azul. Neo pode tomar a azul e retornar ao seu mundo de sonho ou tomar a vermelha e romper o véu de ilusão. Neo escolhe a pílula vermelha.

Trata-se de uma escolha radical: uma vida de ilusão e escravidão ou uma vida de clareza e liberdade. Na verdade, é uma escolha tão drástica que é possível pensar que só poderia mesmo fazer parte de um filme de Hollywood, que as escolhas que fazemos sobre como viver a vida são menos importantes e mais triviais que essa. No entanto, quando foi lançado, várias pessoas viram no filme o reflexo de uma escolha que elas realmente haviam feito.

Essas são as que você poderia chamar de budistas do Ocidente – em sua maioria, pessoas de países ocidentais que não foram criadas como budistas, mas que, a certa altura, adotaram essa filosofia. Ao menos uma *versão* dela, despojada de alguns elementos sobrenaturais encontrados na variedade asiática, como a crença na reencarnação e em diversas deidades. Esse budismo ocidental se concentra em um aspecto da prática budista que na Ásia é mais comum entre monges do que entre leigos: a meditação, juntamente com a imersão na filosofia budista. (Duas das concepções ocidentais mais comuns sobre o budismo – o fato de ser ateísta e de girar em torno da meditação – estão equivocadas, pois a maioria dos budistas na Ásia acredita em deuses, embora não em um Deus criador onipotente, e não medita.)

Muito antes de assistir a *Matrix,* esses budistas ocidentais já estavam convencidos de que o mundo, tal como um dia o conheceram, era uma espécie de ilusão – não uma alucinação completa, mas uma imagem seriamente distorcida da realidade que, por sua vez, distorcia sua maneira de enxergar a vida, com consequências ruins para eles mesmos e para as pessoas ao seu redor. Agora eles sentiam que, graças à meditação e à filosofia budista, estavam vendo as coisas de maneira mais clara. Para essas pessoas, *Matrix* pareceu uma alegoria apropriada da transição pela qual tinham passado e por isso ficou conhecido como um "filme do *dharma*". A palavra *dharma* tem diversos significados, inclusive os ensinamentos do Buda e o caminho que os budistas devem seguir em decorrência desses ensinamentos. Na esteira de *Matrix*, surgiu então uma nova expressão no lugar de "eu sigo o *dharma*": "Eu tomei a pílula vermelha."

Assisti a *Matrix* em 1999, assim que foi lançado. Alguns meses depois, descobri que eu tinha uma espécie de conexão com o filme. Os diretores da obra, os irmãos Wachowski, pediram que Keanu Reeves lesse três livros como preparação para interpretar Neo, um dos quais eu havia escrito alguns anos antes: *O animal moral – Por que somos como somos: a nova ciência da psicologia evolucionista.*

Não sei bem que tipo de relação os diretores viram entre meu livro e *Matrix.* Mas sei qual eu vejo. A psicologia evolucionista pode ser definida de várias maneiras, e a defini em meu livro da seguinte forma: é o estudo de como o cérebro humano foi projetado – pela seleção natural – para nos ludibriar e até mesmo nos escravizar.

Não me entendam mal: a seleção natural tem suas virtudes e é melhor ser fruto dela do que não ser – o que, até onde posso dizer, são as duas opções oferecidas pelo universo. Ser um produto da evolução de forma nenhuma é *apenas* uma história de escravidão e ilusão. Nosso cérebro evoluído nos empodera de várias maneiras e muitas vezes nos agracia com uma visão essencialmente fidedigna da realidade.

Ainda assim, no fim das contas, a seleção natural se preocupa com apenas uma coisa (se "preocupa", entre aspas, já que a seleção natural é um processo cego, não algo feito por um designer consciente). E essa coisa é passar genes adiante para a próxima geração. Características genéticas que no passado contribuíram para a proliferação de genes se desenvolveram, enquanto as que não contribuíram ficaram pelo caminho. Essas que sobreviveram ao teste incluem também propriedades mentais – estruturas e algoritmos que estão integrados ao cérebro e moldam a nossa experiência cotidiana.

Então, se você perguntar "Quais são as percepções, os pensamentos e os sentimentos que nos guiam pela vida todos os dias?", a resposta, no nível mais básico, não é: "Aqueles que nos fornecem uma imagem precisa da realidade." Não. No nível mais *básico*, a resposta é: "Aqueles que ajudaram nossos antepassados a passar genes para a geração seguinte." Estritamente falando, é irrelevante saber se esses pensamentos, sentimentos e percepções nos fornecem uma visão fidedigna da realidade. Consequentemente, às vezes não é isso que eles fazem. Nosso cérebro foi projetado para, entre outras coisas, nos iludir.

Não que haja algo de errado nisso! Alguns dos meus momentos mais felizes foram fruto da ilusão – por exemplo, quando acreditei que o Papai Noel me faria uma visita na véspera do Natal. Mas a ilusão também pode produzir maus momentos. E não estou falando apenas daqueles que são obviamente ilusórios, como os pesadelos. Estou me referindo também a momentos que podemos não enxergar como ilusórios, o que é o caso das noites que não conseguimos dormir por causa da ansiedade. Ou de quando ficamos deprimidos por dias a fio. Ou de quando temos acessos de ódio que até podem nos trazer certo alívio momentâneo, mas acabam corroendo lentamente nossa personalidade. Ou de quando atacamos a nós mesmos ou, ainda, dos momentos em que nos entregamos à compulsão, seja por fazer compras, comer ou beber muito além da conta.

Embora esses sentimentos – ansiedade, desespero, ódio, avidez – não pareçam ilusórios como um pesadelo, se você os examinar mais de perto verá que eles contêm elementos de ilusão sem os quais você se sentiria melhor.

E se você acha que estaria melhor sem eles, imagine como *o mundo inteiro* ficaria. Afinal, sentimentos como desespero, ódio e avidez podem fomentar guerras e atrocidades. Portanto, se o que estou dizendo é verdade – se essas fontes básicas de crueldade e de sofrimento humanos são de fato e em grande parte produto da ilusão –, vale a pena trazer à luz essa ilusão.

Parece lógico, certo? Mas eis um problema que comecei a considerar pouco depois de escrever meu livro sobre psicologia evolucionista: o valor exato de trazer à luz uma ilusão depende do tipo de luz de que se está falando. Às vezes, entender a fonte essencial do seu sofrimento por si só não ajuda muito.

Uma ilusão diária

Vamos considerar um exemplo simples, porém fundamental: comer uma porção de fast-food, ficar brevemente satisfeito e depois, após alguns minutos, sentir uma espécie de crise de abstinência e talvez mais vontade de comer porcaria. Por duas razões esse é um bom exemplo para começar nossa discussão.

Primeiro, por ilustrar quão sutis as nossas ilusões podem ser. Ao comer um pacote inteiro de rosquinhas açucaradas, em nenhum momento você acredita ser o messias ou que agentes estrangeiros estão conspirando para assassiná-lo. E isso se aplica a muitas das fontes de ilusão que vou discutir neste livro: elas têm mais a ver com o fato de as coisas não serem bem o que parecem do que com o sentido mais radical do termo "ilusão". Ainda assim, até o final do livro, terei argumentado que todas essas ilusões vão se acumulando e terminam causando uma distorção da realidade em grande escala, uma desorientação tão significativa e repleta de consequências quanto um delírio absoluto.

O segundo motivo para esse ser um bom exemplo é o fato de ele conter um elemento fundamental nos ensinamentos do Buda. Tudo bem, pode não ser *literalmente* fundamental, pois 2.500 anos atrás, quando ele se tornou um mestre, não existia fast-food. O que é fundamental para seus ensinamentos é a dinâmica geral da poderosa atração exercida pelo prazer sensorial, que, na melhor das hipóteses, acaba sendo muito efêmero. Uma das principais mensagens do Buda é que os prazeres que buscamos se esvanecem rapidamente, nos deixando sedentos por mais. Passamos nosso tempo em busca da próxima gratificação – a próxima rosquinha açucarada, o próximo encontro sexual, a próxima promoção no emprego, a próxima compra on-line. Mas o barato sempre se esvai, nos deixando com a sensação de que queremos mais. A letra do antigo sucesso dos Rolling Stones "I can't get no satisfaction" [Não consigo ficar satisfeito] representa, de acordo com o budismo, a condição humana. Na verdade, embora o Buda seja famoso por ter afirmado que a vida é permeada de sofrimento, alguns estudiosos dizem que essa é uma interpretação incompleta de sua mensagem e que a palavra traduzida como "sofrimento", *dukkha*, poderia ser traduzida como "insatisfação".

Mas qual é exatamente o aspecto ilusório da busca por rosquinhas, sexo, bens de consumo ou promoções profissionais? Existem diferentes ilusões associadas a diferentes anseios, mas por enquanto podemos nos concentrar em uma que é comum a todos esses: a superestimação da felicidade que essas coisas vão nos proporcionar. Mais uma vez, isso só é ilusório de um jeito sutil. Se eu lhe perguntasse se você achava que conseguir uma promoção, tirar 10 na prova ou comer mais uma rosquinha traria a felicidade eterna, você responderia que não, é claro que não. Por outro lado, muitas vezes ansiamos por essas coisas com uma visão, no mínimo, um pouco deturpada do futuro. Passamos mais tempo imaginando as vantagens de conseguir uma promoção do que as dores de cabeça que ela vai trazer. E pode haver a ideia implícita de que, uma vez alcançado esse objetivo desejado há tanto tempo, ao chegarmos ao ápice, vamos poder relaxar ou pelo menos constatar que as coisas terão melhorado. Da mesma maneira, quando vemos aquela rosquinha, imediatamente imaginamos como ela é saborosa, mas não com que avidez vamos querer outra poucos instantes depois nem como nos sentiremos meio cansados ou agitados mais tarde, quando o barato do açúcar baixar.

Por que o prazer esvanece

Não é preciso ser um gênio para explicar por que essa espécie de distorção seria integrada na expectativa humana. Basta ser um biólogo evolucionista – ou alguém disposto a passar algum tempo pensando em como funciona a evolução.

Aqui está a lógica básica: nós fomos "projetados" pela seleção natural para fazer certas coisas que ajudaram nossos antepassados a passar seus genes para a geração seguinte – como comer, fazer sexo, ganhar a estima das outras pessoas e superar rivais. Novamente escrevi "projetados" entre aspas porque, como já disse antes, a seleção natural não é algo concebido por um designer consciente e inteligente, mas sim um processo sem consciência. Mesmo assim, a seleção natural cria organismos que parecem ser produto de um designer consciente, de um projetista que os aperfeiçoou até torná-los eficientes propagadores de genes. Numa espécie de experimento mental, vamos pensar na seleção natural como um "designer" e nos colocar em seu lugar: se você estivesse projetando organismos para serem bons em disseminar os próprios genes, o que faria para que eles buscassem os objetivos que atendem a esse propósito? Em outras palavras, considerando que comer, ter relações sexuais, impressionar colegas e superar os rivais ajudaram nossos ancestrais a espalhar os próprios genes, como exatamente você projetaria o cérebro deles para levá-los a perseguir esses objetivos? Vou citar pelo menos três ideias básicas que fariam sentido:

1. Alcançar esses objetivos deveria causar prazer, pois os animais – inclusive os humanos – tendem a buscar o que lhes dá prazer.

2. O prazer não deveria durar para sempre. Afinal, se o prazer não passasse, nunca mais o buscaríamos; nossa primeira refeição seria a última, pois nunca mais sentiríamos fome. O mesmo vale para o sexo: imagine uma única relação sexual, seguida por uma vida inteira de satisfação – isso não é jeito de passar muitos genes adiante para a próxima geração!
3. O cérebro do animal deveria se concentrar mais (1) no fato de a realização de um desses objetivos vir acompanhada de uma sensação de prazer do que (2) no fato de essa sensação se dissipar pouco tempo depois. Afinal, se você se concentrar no primeiro, sairá em busca de coisas como alimento, sexo e status social com um entusiasmo genuíno, ao passo que, se pensar mais no segundo, vai começar a ficar um pouco indeciso. Você poderia se perguntar, por exemplo, qual é o objetivo de buscar o prazer tão intensamente se ele vai desaparecer em tão pouco tempo, deixando-o ávido por mais. Antes de perceber, você estaria tomado pelo tédio e desejando ter se formado em filosofia.

Se colocar esses três princípios juntos, você vai obter uma explicação plausível para a condição humana tal como foi diagnosticada pelo Buda. Sim, como ele disse, o prazer é efêmero e, sim, isso nos deixa periodicamente insatisfeitos. O prazer é projetado pela seleção natural para evaporar logo, de forma que a insatisfação resultante nos leve a buscar mais. Afinal, a seleção natural não "quer" que sejamos felizes; "quer" apenas que sejamos produtivos – no sentido estrito do que ela entende por *produtividade*. E a maneira de nos tornar produtivos é tornando a expectativa de prazer muito forte, mas fazendo com que o prazer em si seja de curta duração.

Os cientistas podem observar como essa lógica atua em nível bioquímico analisando a dopamina, um neurotransmissor que está relacionado ao prazer e à expectativa de obtê-lo. Em um estudo clássico, eles usaram macacos para monitorar neurônios geradores de dopamina à medida que gotas de suco doce caíam na língua dos animais.[1] Previsivelmente, a dopamina era liberada assim que o suco tocava a língua dos primatas. Mas em seguida os macacos foram treinados a esperar gotas de suco quando uma luz se acendia. Conforme os experimentos foram se sucedendo, cada vez mais dopamina era liberada quando a luz se acendia e cada vez menos quando o suco caía na língua.

Não temos como saber ao certo como cada um daqueles macacos se sentia, porém parece que, com o passar do tempo, o prazer da *expectativa* foi se tornando maior que o advindo da gratificação.[2] Traduzindo essa conjectura em termos do dia a dia humano, temos o seguinte cenário:

Ao encontrar um novo tipo de prazer – digamos que, por alguma razão, você tenha passado a vida toda sem ter comido uma rosquinha açucarada e alguém lhe ofereça uma e sugira que a experimente –, você vai sentir uma grande explosão de dopamina. Mas algum tempo depois, quando já tiver se tornado um consumidor habitual de rosquinhas, a maior parte do pico de dopamina surgirá antes da primeira mordida, no momento em que estiver olhando a guloseima com desejo. A quantidade liberada depois de mordê-la será muito inferior àquela obtida na primeira rosquinha. A descarga de dopamina que você passará a sentir antes de comê-la será a promessa de mais felicidade, enquanto a redução nos níveis dessa substância depois de mordê-la será de alguma forma a quebra dessa promessa – ou, pelo menos, uma espécie de reconhecimento bioquímico de que havia uma expectativa exagerada em jogo. Na medida em que acreditou na promessa – criando a expectativa de um prazer maior do que viria a sentir ao efetivamente comer a rosquinha –, você foi, se não iludido no sentido mais forte do termo, ao menos ludibriado.

Em certa medida, é algo um tanto cruel, mas o que se poderia esperar da seleção natural? Sua função é construir máquinas que disseminam genes, e se isso significa ter que programar nelas algum grau de ilusão, então é assim que será.

Descobertas inúteis

Então esse é um tipo de luz que a ciência pode lançar sobre uma ilusão. Podemos chamá-la de "luz darwiniana". Ao observarmos as coisas do ponto de vista da seleção natural, percebemos por que a ilusão seria incluída em nós e temos mais razões do que nunca para vê-la com tal. Porém – e este é o ponto principal dessa pequena digressão –, esse tipo de iluminação tem um valor limitado se nosso objetivo é realmente nos libertarmos da ilusão.

Não acredita em mim? Tente este experimento simples: (1) Reflita sobre o fato de que nossa avidez por rosquinhas e outras guloseimas é uma espécie de ilusão – que a expectativa implicitamente promete um prazer mais duradouro do que o que efetivamente vamos experimentar ao nos entregarmos à tentação, enquanto nos cega para a decepção que deverá vir a seguir. (2) No momento em que estiver refletindo sobre esse fato, segure uma rosquinha açucarada a 15 centímetros do rosto. Você sente que a avidez está magicamente arrefecendo? Se você for como eu, não.

Foi isto que descobri depois de me envolver com a psicologia evolucionista: conhecer a verdade sobre a sua situação, ao menos da forma como essa disciplina possibilita, não torna a vida necessariamente melhor. Aliás, pode mesmo torná-la pior. Você vai continuar preso ao ciclo humano natural da busca fútil pelo prazer – o que os psicólogos às vezes chamam de "esteira hedonista" –, mas agora terá novos argumentos para ver o absurdo da coisa. Em outras palavras: você passa a perceber que se trata de uma esteira projetada especificamente para mantê-lo correndo, em geral sem chegar a parte alguma – e, ainda assim, não para de correr!

E a rosquinha açucarada é apenas a ponta do iceberg. Tudo bem que não é tão desagradável assim estar ciente da lógica darwiniana por trás da sua falta de disciplina alimentar. De fato, você pode encontrar uma desculpa reconfortante nesta explicação: é difícil lutar contra a Mãe Natureza, certo? Mas a psicologia evolucionista também me fez enxergar de que modo a ilusão molda outros tipos de comportamentos, como a maneira como trato outras pessoas e como trato a mim mesmo. Nessas áreas, a autoconsciência darwiniana é às vezes muito desconfortável.

Yongey Mingyur Rinpoche, um mestre de meditação da tradição budista tibetana, declarou: "Em última análise, a felicidade se resume a escolher entre o desconforto de tomar consciência das nossas aflições mentais e o desconforto de ser dominado por elas."[3] O que ele quer dizer é que, se você quiser se libertar das partes da mente que o impedem de alcançar a verdadeira felicidade, é preciso primeiro ter consciência delas – o que pode ser bem desagradável.

Sim, essa é uma forma de autoconsciência dolorosa que valeria a pena – do tipo que, no fim das contas, nos leva à felicidade profunda. Porém a percepção que alcancei através da psicologia evolucionista foi o pior dos dois mundos: a dolorosa consciência de si sem a felicidade profunda. Eu vivia *tanto* o desconforto de estar ciente das minhas aflições mentais *quanto* o de ser dominado por elas.

Jesus disse: "Eu sou o caminho, a verdade e a vida." Bem, com a psicologia evolucionista, eu achei que tinha encontrado a verdade. Porém, obviamente não havia encontrado o caminho. Isso foi suficiente para me fazer refletir sobre outra coisa que Jesus disse: que a verdade nos libertará. Acreditei que eu havia entendido a verdade básica sobre a natureza humana e, com maior clareza do que nunca, vi como as várias ilusões me aprisionavam, mas essa verdade não resultava num alvará de soltura.

Será que existe outra versão da verdade por aí que seja capaz de me libertar? Não, acho que não. Pelo menos não acho que exista *alternativa* à verdade apresentada pela ciência. Gostemos ou não, a seleção natural foi o processo que nos criou. Entretanto, alguns anos depois de escrever *O animal moral*, comecei a considerar se haveria alguma maneira de *operacionalizar* a verdade – um jeito de traduzir a verdade científica sobre a natureza e a condição humana num formato que não apenas identificasse e explicasse as ilusões a que estamos submetidos como também ajudasse a nos libertar delas. Comecei a me perguntar se esse budismo ocidental sobre o qual eu ouvira falar poderia ser esse caminho. Talvez muitos dos ensinamentos do Buda estivessem dizendo essencialmente a mesma coisa que a ciência psicológica moderna. E talvez a meditação fosse, em grande parte, um caminho diferente para compreender essas verdades – e, além disso, uma forma de efetivamente fazer algo a respeito.

Assim, em agosto de 2003, fui até a zona rural de Massachusetts para meu primeiro retiro de meditação silenciosa – uma semana inteira dedicada à meditação e livre de distrações como e-mails, notícias do mundo exterior e conversas com outros seres humanos.

A verdade sobre a atenção plena

Você está perdoado por duvidar que um retiro como esse pudesse resultar em uma experiência muito radical ou profunda. Em termos gerais, ele se baseava na tradição de "meditação mindfulness", ou "da atenção plena",* o tipo de meditação que na época estava entrando na moda no Ocidente e que, ao longo dos anos, viria a se tornar muito popular. Como é definida normalmente, a atenção plena – isso que a meditação mindfulness procura cultivar – não é algo muito profundo ou exótico. Viver com consciência ou atenção plena é prestar atenção, estar consciente do que está acontecendo no aqui e agora, vivenciando esse estado de uma forma clara e direta, desanuviada das confusões que ofuscam a mente. Pare e sinta o aroma das rosas.

Até certo ponto, essa é uma definição precisa da atenção plena. Mas não vai muito longe. A concepção popular do que significa "Mindfulness" é apenas o começo da atenção plena.

E, de certa forma, trata-se de um começo enganoso. Se você examinar escrituras budistas antigas, não vai encontrar muitas exortações a parar para sentir o aroma das rosas – e isso vale mesmo que você se concentre nos textos que apresentam a palavra que é traduzida como "mindfulness", ou "atenção plena": *sati*. Na verdade, às vezes esses textos parecem transmitir uma mensagem bem diferente. A antiga escritura budista conhecida como *Os quatro fundamentos da atenção plena* – o mais próximo que temos de uma Bíblia da atenção plena – nos lembra que nosso corpo é "repleto de diversos tipos de coisas impuras" e nos instrui a meditar sobre fluidos corporais como "fezes, bile, catarro, pus, sangue, suor, gordura, lágrimas, sebo cutâneo, saliva, muco, líquido sinovial, urina". Também nos convida a imaginar nosso corpo "depois de um, dois, três dias morto – inchado, lívido e putrefato".

Não conheço nenhum best-seller sobre meditação da atenção plena intitulado *Pare e sinta o aroma das fezes*. E nunca ouvi um mestre recomendar que eu meditasse sobre bile, catarro ou pus, muito menos sobre o corpo apodrecido que um dia serei. O que é apresentado hoje como uma antiga tradição meditativa é, na verdade, uma versão seletiva dessa tradição, em alguns casos cuidadosamente aparada.

Não há nenhum escândalo nisso. Não há nada de errado no fato de os

* "Mindfulness" pode ser traduzido como "atenção plena", mas é comum que algumas traduções mantenham o termo no original. Neste livro, as duas formas serão usadas indistintamente, dependendo do contexto, sempre com o mesmo sentido. (N.T.)

intérpretes modernos do budismo serem seletivos – algumas vezes até criativos – no que apresentam como budismo. Todas as tradições espirituais evoluem, adaptando-se a cada época e lugar, e os ensinamentos budistas que hoje encontram público ao redor do mundo são um produto dessa evolução.

A questão principal para os nossos propósitos é que essa evolução que produziu uma versão especificamente ocidental e contemporânea do budismo não cortou a ligação entre a prática atual e o pensamento antigo. A meditação mindfulness moderna não é exatamente como a antiga, mas as duas compartilham um princípio filosófico comum. Se você seguir a lógica por trás de qualquer uma delas, vai encontrar uma afirmação chocante: a de que nós, metaforicamente falando, estamos vivendo na Matrix. Por mais pé no chão que a meditação da atenção plena possa parecer, trata-se de uma prática que, se for seguida de maneira rigorosa, pode levá-lo a ver o que Morpheus diz que a pílula vermelha é capaz de revelar. Ou seja, "até onde vai a toca do coelho".

Nesse primeiro retiro de meditação, tive algumas experiências muito intensas – intensas o bastante para me levar a querer ver até onde vai a toca do coelho. Então eu li mais sobre a filosofia budista, falei com especialistas no assunto, participei de alguns outros retiros e estabeleci uma prática diária de meditação.

Tudo isso deixou mais claro para mim por que *Matrix* veio a ser conhecido como um "filme do *dharma*". Embora a psicologia evolucionista já tivesse me convencido de que as pessoas são iludidas por natureza, o budismo conseguiu pintar um quadro ainda mais dramático. Na visão budista, a ilusão atinge as percepções e os pensamentos do dia a dia de maneiras mais sutis e mais penetrantes do que eu imaginava. E que fizeram sentido para mim. Em outras palavras: me pareceu que esse tipo de ilusão podia ser explicado como o produto natural de um cérebro projetado pela seleção natural. Quanto mais eu estudava o budismo, mais radical ele soava – porém, quanto mais o examinava à luz da psicologia moderna, mais plausível me parecia. A Matrix da vida real, aquela em que estamos realmente inseridos, passou então a se parecer mais com a do filme – talvez não tão louca, mas profundamente enganosa e essencialmente opressiva, algo de que a humanidade precisa urgentemente escapar.

A boa notícia foi outra coisa em que passei a acreditar: se você quiser escapar da Matrix, a prática e a filosofia budistas oferecem uma grande esperança. Mas o budismo não está sozinho nessa promessa. Existem outras tradições espirituais que abordam a condição humana com discernimento e sabedoria. Mas a meditação budista, aliada à sua filosofia, lida com a nossa condição de uma forma surpreendentemente direta e abrangente. O budismo oferece um diagnóstico claro do problema e a cura. E essa cura, quando funciona, traz não só felicidade, mas também clareza de visão: a verdade real sobre as coisas ou ao menos algo muito, muito mais próximo dela do que nossa visão cotidiana.

Algumas pessoas que aderiram à meditação nos últimos anos o fizeram por razões essencialmente terapêuticas. Elas praticam a terapia de redução do estresse baseada na atenção plena ou estão focadas em resolver algum problema pessoal específico. Elas podem não ter ideia de que o tipo de meditação que estão praticando pode ser um empreendimento profundamente espiritual, capaz de transformar sua visão de mundo. Sem saber, estão perto do limiar de uma escolha básica, uma escolha que só elas podem fazer. Como Morpheus diz a Neo: "Eu só posso lhe mostrar a porta. Você tem que atravessá-la." Este livro é uma tentativa de mostrar essa porta às pessoas, lhes dar alguma ideia do que está atrás dela e explicar, de um ponto de vista científico, por que o que está atrás da porta pode ser muito mais real do que o mundo que conhecemos.

2

Os paradoxos da meditação

Eu não deveria falar sobre o meu primeiro grande sucesso na meditação. A razão é que essa ideia *não* deve fazer parte da prática. Como qualquer bom mestre de meditação é capaz de dizer, falar em termos de sucesso ou fracasso demonstra falta de compreensão sobre o que a meditação efetivamente é.

Neste ponto eu devo me afastar um pouco do pensamento ortodoxo. Eu não recomendaria essa prática se não pensasse que as pessoas podem conquistar alguma coisa através dela. E se o praticante não for capaz de alcançar esses resultados... Bem, isso constituiria um fracasso, certo? No sentido de ser o contrário do sucesso.

Realmente, pode até ser melhor que as pessoas que estão meditando não *pensem* em sucesso; isto porque pensar assim atrapalha o processo de alcançar algum sucesso! E, de fato, se você conquistar o "sucesso" meditativo, isso pode levá-lo a uma nova mentalidade, menos focada na busca do sucesso – ou seja, menos preocupada com a conquista de determinadas metas materiais distantes e mais consciente do aqui e agora.

Em suma: o melhor jeito de conquistar o sucesso na meditação é não buscá-lo; e conquistá-lo pode significar se importar menos com o sucesso – pelo menos da forma como costumamos defini-lo. Se isso parece insuportavelmente paradoxal, talvez você deva parar a leitura por aqui, pois esta não será a última vez que encontraremos um paradoxo na prática e nos ensinamentos budistas. Mas, por outro lado, também existem questões paradoxais na física moderna (um elétron é ao mesmo tempo partícula e onda), e a física funciona muito bem. Então talvez você também possa continuar lendo.

Em todo caso, antes de quebrar o protocolo falando sobre o meu primeiro grande "sucesso" na meditação, preciso quebrar outro protocolo mencionando que sou muito ruim em meditar. O fato de que não se deve falar sobre ser bom ou ruim na prática é uma consequência lógica direta da premissa fundamental de que não existe sucesso ou fracasso na meditação. E se vou violar a segunda, posso muito bem violar a primeira também. Então aqui vai.

Imagine que você classificou todas as pessoas no mundo em termos de sua predisposição a assimilar e aprender a meditação mindfulness com facilidade – sentar, se concentrar na respiração e aos poucos entrar em um estado de observação calma e equânime. Em uma ponta do espectro, você terá Bobby Knight – técnico de basquete americano, famoso por seu rosto vermelho e furioso e por certa vez ter arremessado uma cadeira na quadra. Na outra ponta, você terá, sei lá, o Dalai Lama. Neste espectro, eu estaria muito mais próximo de Bobby Knight que do Dalai Lama. Eu nunca arremessei uma cadeira na quadra de basquete, mas quando tinha 4 anos atirei uma coxa de frango num convidado que estava jantando lá em casa. E com 12 atirei um taco de beisebol em um cunhado. Felizmente, a minha inclinação para atirar coisas nas pessoas diminuiu com a idade, mas a inconstância que está por trás desse comportamento nunca desapareceu por completo – nem é algo que facilite o caminho para a atenção plena.

Além do mais (e talvez por causa disso), há também a minha atitude em relação a outros seres humanos, que pode ser um obstáculo na busca por *metta*, a bondade amorosa, que deve ser cultivada em determinado tipo de meditação. Michael Kinsley, que era editor da *New Republic* quando eu trabalhei lá muitos anos atrás, sugeriu, sem brincadeira, que eu escrevesse uma coluna intitulada "O misantropo".

Na verdade, acho que isso simplifica demais o meu problema. Não tenho uma disposição hostil em relação à humanidade em si. Eu até gosto da humanidade. Minha dificuldade é com humanos individualmente. Sou dado a certo ceticismo quanto à motivação e ao caráter das pessoas, e essa avaliação crítica pode se cristalizar na forma de um julgamento severo e duradouro. Sou especialmente duro com pessoas que discordam de mim em questões morais ou políticas que considero importantes. Depois que coloco essas pessoas no lado oposto de uma fronteira ideológica muito relevante para mim, posso considerar difícil formular pensamentos generosos e compreensivos em relação a elas.

Por cima de tudo isso, também existe a questão do meu transtorno do déficit de atenção. A meditação já é um grande desafio se você tem uma capacidade de concentração normal. Eu não tenho.

Eis um dado interessante sobre esse espectro hipotético de pessoas mais propensas e menos propensas a adotar a meditação: as menos propensas são as que parecem mais precisar dos benefícios da meditação! Pessoalmente, acho que, mesmo que o Dalai Lama nunca tivesse começado a meditar, ainda assim ele seria alguém muito fácil de se conviver. Não acredito que ele tenha nascido com muitas arestas difíceis que precisaram ser suavizadas. Já comigo e com Bobby Knight a história é outra.

Eis outro paradoxo da meditação: os problemas que a meditação pode nos ajudar a superar muitas vezes dificultam a própria prática. Sim, a meditação pode aumentar sua capacidade de concentração, amenizar sua raiva e ajudá-lo a ser menos crítico dos outros seres humanos. Infelizmente, uma capacidade limitada de atenção, um pavio curto e a propensão para julgamentos severos podem atrasar o seu progresso no caminho meditativo. Para mim, isso é uma má notícia.

Mas existe um lado positivo em possuir essa rica gama de empecilhos à meditação. Eles me tornam um bom rato de laboratório, um bom representante do restante da humanidade. Afinal, mesmo que eu tenha essas características mais presentes do que a média geral, a maioria das pessoas também apresenta mais questões desse tipo do que seria ideal. E isso pode muito bem valer para quase todo mundo. Tecnologias de distração tornaram os déficits de atenção mais comuns. E existe algo no ambiente moderno – em termos tecnológicos, culturais, políticos ou relacionados a todos esses fatores – que parece propício ao julgamento severo e à raiva imediata. Basta olhar para todo o tribalismo – a discórdia e mesmo os conflitos ostensivos entre tendências religiosas, étnicas, nacionais e ideológicas. Parece que, cada vez mais, grupos de pessoas definem sua identidade por meio da oposição intensa a outros.

Eu considero esse tribalismo o maior problema do nosso tempo. Penso que isso pode jogar no lixo milênios de progresso na direção de uma integração global, dissociar a trama social bem no ponto em que a tecnologia trouxe a perspectiva de uma comunidade planetária coesiva ao nosso alcance. Dado que o mundo ainda está carregado de armas nucleares e que a biotecnologia está abrindo uma caixa de Pandora de novos armamentos, é possível imaginar que os impulsos tribais nos conduzam a uma era realmente sombria.

Talvez eu esteja indo longe demais. Em todo caso, vou poupar o leitor da versão completa e estridente de meu sermão sobre o perigo que nosso planeta está correndo. Você não precisa compartilhar dos meus medos apocalípticos para considerar que seria bom para o mundo se a meditação pudesse ajudar mais pessoas a superar as tendências mentais que sustentam as formas mais beligerantes de tribalismo. E se a meditação puder *me* ajudar a superá-las – a conter minha raiva e a contemplar meus inimigos reais e imaginários com mais calma –, então pode ajudar praticamente qualquer um. É isso que me torna um rato de laboratório tão exemplar. Eu sou uma personificação ambulante do que considero o maior problema enfrentado pela humanidade. Eu sou, em microcosmo, o que há de errado no mundo.

Minha carreira de rato de laboratório começou para valer quando fui para aquele retiro em Massachusetts, em agosto de 2003. Eu tinha decidido que valia a pena conhecer a meditação, mas percebi que uma experiência casual não levaria alguém como eu muito longe. Era necessário um campo de treinamento. Então me inscrevi em um retiro de sete dias na Insight Meditation Society, auspiciosamente localizada na Pleasant Street, ou seja, na "rua Agradável", na cidade de Barre. Lá, todos os dias, eu me sentava para meditar por cinco horas e meia, e passava o mesmo período de tempo fazendo meditação com caminhada. Quanto ao resto do dia, se você acrescenta as três refeições (em silêncio), uma "tarefa de yoga" pela manhã (no meu caso, passar aspirador nos corredores) e uma "palestra sobre o *dharma*" à tarde, já ocupa todo o tempo disponível. O que é bom, pois se você tivesse algum tempo livre, não haveria formas tradicionais disponíveis de distração. Não havia televisão, internet ou notícias sobre o mundo exterior. E os participantes não podiam levar livros para ler nem se envolver em qualquer tipo de escrita (esta última regra eu quebrei em segredo, para manter um registro dos acontecimentos. Naquela época não estava planejando escrever este livro, mas, como sou escritor, quase tudo que eu faço pode servir como inspiração). E, claro, nada de conversa.

Esse regime diário pode não parecer cansativo, uma vez que, com exceção da tarefa de yoga, não envolve nada do que costumamos chamar de trabalho. Mas os primeiros dois dias foram terríveis. Você já tentou ficar sentado em uma almofada, com as pernas cruzadas, concentrado na própria respiração? Não é fácil, especialmente se você for tão ruim nisso quanto eu. No começo do retiro, eu chegava a passar uma sessão inteira de 45 minutos de meditação sem manter a concentração por mais de dez respirações consecutivas. E eu sei disso porque estava contando! Incontáveis vezes, depois de contar três ou quatro respirações, minha mente divagava, até eu perceber que tinha perdido a conta – ou, em alguns casos, que ainda estava contando, mas pensando em outra coisa, não mais sentindo conscientemente cada respiração.

E sentir raiva de mim mesmo sempre que isso acontecia não ajudou em nada – só aumentou cada vez mais a raiva no decorrer dos dois primeiros dias. Naturalmente, minha raiva se estendeu a todas as pessoas que pareciam estar se saindo melhor do que eu: cerca de oitenta – ou seja, todo mundo. Imagine ficar preso por uma semana com oitenta pessoas que estão se saindo melhor do que você! Todas elas alcançando o sucesso enquanto você fracassa – ou, ao menos, alcançando o "sucesso" enquanto você "fracassa".

Meu grande avanço

Meu grande avanço aconteceu na quinta manhã do retiro. Depois do desjejum, consumi uma quantidade um pouco excessiva do café instantâneo que eu havia levado. Quando tentei meditar, senti os sintomas clássicos da ingestão excessiva de café: uma tensão muito desagradável no maxilar que me deu vontade de ranger os dentes. Essa sensação ficou invadindo minha concentração. Depois de passar um tempo tentando lutar contra essa intromissão, finalmente me rendi e passei a focar minha atenção na tensão do meu maxilar. Ou talvez eu não a tenha focado por completo, mas expandido – mantendo a consciência da minha respiração, mas deixando-a passar para o segundo plano, permitindo que a desagradável sensação no maxilar ocupasse o palco principal.

Essa espécie de reajuste da atenção, a propósito, é algo perfeitamente adequado. Na meditação mindfulness, costuma-se ensinar que a concentração na própria respiração não é um fim em si mesma. Ela serve para estabilizar a mente, para livrá-la das preocupações habituais e você poder observar tudo que está acontecendo com maior clareza, sem pressa e de maneira menos reativa. E "tudo que está acontecendo" inclui, sobretudo, as coisas que estão passando pela sua mente. Sentimentos vêm à tona – tristeza, ansiedade, irritação, alívio, alegria – e você tenta vivenciá-los a partir de uma perspectiva diferente da habitual, sem se apegar aos sentimentos bons nem fugir dos ruins, buscando experimentá-los e observá-los diretamente. Essa mudança de perspectiva pode ser o início de uma transformação fundamental e duradoura no seu relacionamento com os próprios sentimentos e sensações. E, se tudo correr bem, você poderá deixar de ser escravo deles.

Depois de dedicar alguma atenção à sensação no meu maxilar, de repente tive uma visão da minha vida interior que nunca tivera antes. Eu me lembro de pensar algo como "Sim, a sensação de ranger os dentes ainda está aí – algo que costumo definir como desagradável. Mas a sensação está no meu maxilar, e eu não estou lá. Estou aqui em cima, na minha cabeça." Eu não estava mais me identificando com a sensação; acho que posso dizer que a estava vendo objetivamente. Em um instante ela perdeu completamente o poder que tinha sobre mim. Foi muito estranho ver uma sensação desagradável deixar de sê-lo sem, na verdade, ter ido embora.

Aqui há um paradoxo. (Não diga que eu não avisei!) Quando expandi pela primeira vez minha atenção e passei a abranger a sensação incômoda e intrusiva de tensão no maxilar, relaxei minha resistência a ela. De certa forma, eu estava aceitando, até mesmo acolhendo uma sensação de que estivera tentando manter distância. Mas o resultado dessa proximidade mais íntima com ela foi um distanciamento – certo grau de desapego (ou, como alguns mestres de meditação preferem dizer, por razões um tanto técnicas, "não apego"). Isso é algo que pode acontecer inúmeras vezes por meio da meditação: a aceitação e até mesmo o acolhimento de uma sensação desagradável pode gerar um distanciamento crítico que acaba reduzindo o incômodo.

De fato, algo que costumo fazer quando estou me sentindo muito triste – e você pode testar, mesmo sem nunca ter meditado – é sentar, fechar os olhos e observar a tristeza: aceitar sua presença e perceber o que ela me faz sentir. Por exemplo, é um tanto interessante que, mesmo que eu não esteja com vontade de chorar, a sensação de tristeza tenha uma forte presença na região dos olhos que seria ativada caso eu começasse a chorar. Eu nunca tinha reparado nisso antes de meditar sobre a tristeza. A observação atenta desse sentimento, combinada com certa aceitação, na minha experiência, faz com que ele se torne menos desagradável.

Porém existe aqui uma questão fundamental: qual das minhas duas percepções era mais "verdadeira", se é que posso dizer isso de alguma delas? Quando a sensação me pareceu desagradável ou quando o incômodo passou e a sensação se tornou, para propósitos práticos, neutra? Enunciando de outra forma: será que o incômodo inicial foi, em certo sentido, uma ilusão? Com certeza, ao adotar outra perspectiva, eu fiz com que ele desaparecesse – e isso é algo que muitas vezes ocorre com o que chamamos de ilusões: elas são eliminadas quando mudamos de perspectiva. Mas será que existem outras razões para considerar esse incômodo uma ilusão?

Essa questão vai muito além dos meus pequenos episódios ao transcender o excesso de café e a melancolia. Em princípio, isso se aplica a quaisquer emoções negativas: medos, ansiedades, aversão, sentimento de inferioridade, etc. Imagine se as nossas emoções negativas – ou ao menos muitas delas – acabarem se revelando ilusões. E se pudéssemos eliminá-las simplesmente contemplando-as a partir de determinada perspectiva?

Uma dor que não dói

Não há dúvida de que o treinamento em meditação possibilitou que algumas pessoas se tornassem essencialmente indiferentes ao que de outra forma teria sido uma dor insuportável. Em junho de 1963, um monge chamado Thich Quang Duc encenou um protesto público contra o tratamento dos budistas por parte do governo do Vietnã do Sul. Ele assumiu a postura de lótus sobre uma almofada em uma rua de Saigon. Em seguida, outro monge derramou gasolina sobre ele. Duc disse: "Antes de fechar os olhos e seguir em direção à visão do Buda, peço respeitosamente ao presidente Ngo Dinh Diem que adote uma mente de compaixão em relação às pessoas da nação e implemente a igualdade religiosa para manter eternamente a força do nosso país." Depois acendeu um fósforo. O jornalista David Halberstam, que testemunhou o acontecimento, escreveu: "Enquanto queimava, ele não moveu um músculo, não emitiu um som, mantendo uma postura exterior em veemente contraste com as pessoas desesperadas ao redor."[4]

Ora, talvez você possa argumentar que Duc, longe de se liberar de uma ilusão, estava, na verdade, *sofrendo* uma. Afinal, é fato que ele estava morrendo queimado. Assim, se lhe faltava a sensação que normalmente associamos a morrer queimado – uma sensação que envolve uma dor intensa e dispara alarmes que a maioria de nós consideraria apropriados –, será que não havia certo sentido em pensar que ele não estava entendendo a situação?

A questão que estou abordando – quais dos nossos sentimentos, pensamentos e percepções "normais" são, até certo ponto, ilusórios – é importante por duas razões. Uma delas é simples e prática: obviamente, se muitas sensações desagradáveis – ansiedade, medo, sentimento de inferioridade, melancolia, e assim por diante – são, em certo sentido, ilusórias e se podemos usar a meditação para eliminá-las ou ao menos reduzir o poder que têm sobre nós, isso é algo que você pode usar. À primeira vista, a outra razão é mais teórica, mas também tem algum valor prático. Descobrir quando os nossos sentimentos nos enganam pode ajudar a esclarecer se a visão budista da mente – e da relação entre a mente e a realidade – é tão maluca quanto às vezes pode parecer. Será que a realidade percebida, ou pelo menos uma porção significativa dela, é mesmo uma ilusão?

Essa questão nos leva a profundezas da filosofia budista que não costumam ser contempladas em relatos populares sobre meditação. Faz sentido que eles se concentrem em coisas com benefícios de curto prazo – redução do estresse, aumento da autoestima, e assim por diante –, sem ir muito fundo no contexto filosófico do qual a meditação budista surgiu e no qual prosperou. Usar a meditação dessa forma, como um instrumento puramente terapêutico, que não muda a sua visão da realidade, é algo perfeitamente adequado. É bom para você e provavelmente será bom para o mundo.

No entanto, usar a meditação dessa forma não é, por si só, tomar a pílula vermelha. Tomar a pílula vermelha significaria fazer perguntas básicas sobre a relação entre aquele que percebe e o que é percebido e examinar os fundamentos da nossa visão habitual da realidade. Se você está pensando seriamente em tomar a pílula vermelha, vai querer saber se a visão budista do mundo "funciona" – não apenas num sentido terapêutico, mas também num sentido mais filosófico. Será que essa perspectiva, com sua concepção aparentemente confusa do que é real e do que não é, faz algum sentido à luz da ciência moderna? Essa é a questão que vou examinar no próximo capítulo – e, aliás, em boa parte do restante deste livro. Como veremos, apesar de ser importante em termos filosóficos, essa questão também tem implicações na maneira como vivemos a nossa vida – implicações que, embora em certo sentido sejam práticas, talvez sejam mais adequadamente descritas como "espirituais" do que como "terapêuticas".

Mas, antes, uma advertência. Estritamente falando, não existe uma "visão budista do mundo". O budismo começou a se dividir em diferentes escolas de interpretação pouco depois de seu surgimento, em meados do primeiro milênio antes de Cristo. Portanto, da mesma forma que há cristãos católicos e protestantes e muçulmanos sunitas e xiitas, existem ramificações do pensamento budista que diferem quanto a pontos específicos da doutrina.

A divisão mais básica no budismo é entre a escola Theravada e a escola Mahayana. A minha tradição meditativa, a Vipāsana, vem da linhagem Theravada. É na linhagem Mahayana (à qual pertencia Quang Duc) que encontramos o conceito mais radical e abrangente de ilusão. Alguns budistas dessa vertente chegam a aderir a uma doutrina de "só-mente" que, em suas manifestações mais extremas, rejeita as coisas que nós "percebemos" por meio da consciência, considerando-as, literalmente, invenções da nossa imaginação. Essa vertente do pensamento budista – que permeia o filme *Matrix* de maneira mais óbvia – não é a dominante no budismo Mahayana, muito menos no budismo em geral. Mas até mesmo pensadores budistas mais populares aceitam alguma versão do conceito de vazio – uma ideia sutil e difícil de expressar em poucas palavras (ou mesmo em muitas), mas que, no mínimo, postula que as coisas que vemos quando olhamos para o mundo não existem da maneira tão distinta e substancial que parecem.

E também temos a famosa ideia budista de que o eu – você sabe, o seu eu, o meu eu – é uma ilusão. Nessa perspectiva, o "você" que você imagina pensando os seus pensamentos, sentindo os seus sentimentos e tomando as suas decisões não existe de fato.*

Ao unir essas duas ideias fundamentais do budismo – a ideia de não-eu e a ideia de vazio – você terá um postulado radical: nem o mundo dentro de você nem o mundo lá fora são o que parecem ser.

Para a maioria das pessoas, essas duas ideias pareceriam suspeitas, até mesmo malucas. Mas, como sua premissa básica é que as pessoas são naturalmente iludidas, seria perverso deixar que as reações que naturalmente surgiriam daí nos impedissem de explorá-las. Em grande medida, este livro é uma investigação dessas duas ideias, e o que espero conseguir demonstrar é que elas fazem muito sentido. A nossa visão habitual tanto do mundo "lá fora" quanto do mundo "aqui dentro" – dentro da nossa cabeça – é profundamente enganosa. Além do mais, como afirma o budismo, a incapacidade de enxergar esses dois mundos com clareza leva a muito sofrimento. E a meditação pode nos ajudar a enxergá-los dessa forma.

Quando digo que vamos explorar as bases científicas de uma visão de mundo budista, não estou falando de evidências científicas que demonstram que a meditação pode reduzir o sofrimento. Se você quiser evidências desse tipo, são muitos os estudos disponíveis e amplamente relatados que parecem demonstrar esse efeito. E não me refiro a "bases científicas" apenas no sentido daquilo que se passa no cérebro quando você está meditando e começando a mudar a sua visão da realidade – embora eu certamente mencione alguns dos estudos mais relevantes de imageamento do cérebro.

Quando digo "bases científicas", estou me referindo à utilização de todas as ferramentas da psicologia moderna para abordar perguntas como estas: Por que, e de que maneiras específicas, o ser humano é naturalmente iludido? Como essa ilusão funciona exatamente? Como ela nos faz sofrer? Como faz com que causemos sofrimento a outras pessoas? Por que a re-

* No budismo Mahayana, por razões que abordarei no capítulo 13, o termo *vazio* costuma *incluir* o conceito de não-eu. Mas, no budismo Theravada, o não-eu costuma ser tratado à parte de qualquer noção mais ampla de vazio (que, em si mesma, já é menos proeminente no pensamento Theravada). Ao longo de todo o livro, usei os termos *não-eu* e *vazio* como conceitos distintos; o *vazio* foi tomado de forma mais restrita do que se usa na tradição Mahayana, referindo-se apenas ao mundo "lá fora".

ceita budista para dissipar a ilusão – especialmente a parte meditativa dela – funciona? E o que significaria se funcionasse completamente? Em outras palavras, será que o estado fugidio que supostamente está no ponto mais alto do caminho meditativo – às vezes chamado de iluminação – realmente faz jus a esse termo? Como seria ver o mundo com perfeita clareza?

E, falando do mundo, será que salvar o mundo – impedir que a psicologia do tribalismo cubra a Terra de caos e sangue – é mesmo apenas uma questão de esclarecer a visão das pessoas ao redor do planeta? Eu não deveria dizer "apenas", pois como a ilusão está muito arraigada em todos, dissipá-la vai exigir muito esforço. Ainda assim, seria bom saber se a luta pela paz duradoura também é a luta pela verdade. Já que estamos assumindo a tarefa hercúlea de salvar o mundo, seria ótimo matar dois coelhos com uma cajadada só! Também seria bom pensar que quando as pessoas buscam o caminho da libertação – usando a meditação para tentar enxergar o mundo com mais clareza e reduzindo o próprio sofrimento nesse processo –, elas estão ajudando a humanidade de maneira geral e que a busca pela salvação individual é muito útil na busca pela salvação social.

O primeiro passo nessa investigação grandiosa consiste em olhar com mais atenção para os nossos sentimentos e sensações: dor, prazer, medo, ansiedade, amor, desejo, luxúria, e assim por diante. Eles exercem um papel muito grande na hora de moldar nossa percepção e nos orientar ao longo da vida – maior do que a maioria das pessoas se dá conta. Mas serão guias confiáveis? Esta é uma pergunta que vamos começar a examinar no próximo capítulo.

3

Quando sentimentos e sensações são ilusórios?

Pairando sobre a pergunta formulada no título deste capítulo há uma ainda maior: de que diabo estamos falando aqui? Ilusões são coisas que parecem ser verdadeiras, mas não são? E o que queremos dizer quando declaramos que sentimentos e sensações são "verdadeiros" ou "falsos"? Sentimentos são sentimentos. Sensações são sensações. Se os sentimos, eles são de verdade, não imaginários. Fim de papo.

Existe algo a ser dito a favor desse ponto de vista. Na verdade, uma das lições de casa mais cruciais da filosofia budista é que sentimentos e sensações apenas são. Se aceitássemos como parte da vida o fato de que eles vêm à tona e depois passam, em vez de reagirmos como se tivessem significados profundos, muitas vezes sairíamos ganhando. Aprender a fazer isso é boa parte da meditação da atenção plena. E existem muitos clientes satisfeitos que atestam que ela funciona.

Ainda assim, dizer que ela funciona não é o mesmo que afirmar sua validade intelectual. O fato de que ser menos reativo aos seus sentimentos e sensações o torna mais feliz não implica uma compreensão mais verdadeira do mundo. Talvez essa postura menos reativa seja como um narcótico, que entorpece a dor porque o isola do feedback do mundo real que os seus sentimentos e sensações proporcionam. Talvez seja a meditação, não a sua consciência comum, que o coloca em um mundo de sonhos.

Se quiser saber se a meditação realmente leva você para mais perto da verdade, é bom questionar se alguns sentimentos e sensações dos quais ela o liberta o teriam afastado da verdade. Para isso, é preciso tentar responder a esta pergunta incômoda: será que os nossos sentimentos e sensações são, em certo sentido, "falsos"? Ou "verdadeiros"? Será que alguns são falsos e outros são verdadeiros? E quais são o quê?

Uma maneira de abordar essa questão é retroceder no tempo evolutivo. Retroceder bastante, para o tempo em que os sentimentos e as sensações começaram a surgir. Infelizmente, ninguém sabe com exatidão quando isso aconteceu – nem por aproximação. Foi quando surgiram os mamíferos? Os répteis? Bolhas amorfas flutuando no oceano? Criaturas unicelulares como as bactérias?

Em parte, isso é difícil de determinar porque os sentimentos e as sensações têm uma característica estranha: você nunca pode ter certeza absoluta, sem sombra de dúvida, de que qualquer ser além de você também os tem. Parte de sua definição é que são privados, invisíveis de fora. Por isso, por exemplo, não dá para saber com certeza se Frazier, o meu cachorro, tem sentimentos. Talvez aquele rabo balançando seja só um rabo balançando!

Mas, assim como duvido seriamente que eu seja o único ser humano com sentimentos e sensações, também duvido seriamente que a minha espécie seja a única. Desconfio que quando o meu primo chimpanzé parece se contorcer de dor, ele esteja realmente se contorcendo de dor. E se você descer na escada de complexidade comportamental a partir dos chimpanzés – passando pelos lobos, lagartos e até mesmo águas-vivas e (por que não?) bactérias –, não vejo nenhum limite óbvio para dizer que, a partir dali, os seres *deixam* de sentir.

Em todo caso, independentemente de quando sentimentos e sensações surgiram, há praticamente um consenso entre os cientistas comportamentais acerca de sua função original: fazer com que organismos se aproximem de ou evitem, respectivamente, coisas que são boas ou ruins para eles. Nutrientes, por exemplo, mantêm os organismos vivos, por isso a seleção natural favoreceu genes que dotaram os organismos de sentimentos e sensações que os levam a se aproximar de coisas que os contêm – isto é, de alimento. Por outro lado, coisas que prejudicam ou matam os organismos devem ser evitadas, de forma que a seleção natural deu aos organismos sentimentos e sensações que os levam a evitar tais coisas – sentimentos de aversão. Aproximar-se ou evitar é a decisão comportamental mais básica que existe e, segundo a perspectiva da seleção natural, o que os organismos sentem parece ser a ferramenta que ela usou para fazer com que eles tomassem a decisão correta.

Afinal, um animal em geral não é inteligente o suficiente para pensar "Ah, aquela substância é rica em carboidratos que me dão energia, então vou criar o hábito de me aproximar dela e ingeri-la". Na verdade, ele nem sequer tem inteligência suficiente para pensar "Alimento é bom para mim, então vou me aproximar dele". Os sentimentos e sensações surgiram como representantes desse tipo de pensamento. O calor convidativo da fogueira numa noite gelada significa que é melhor ficar aquecido do que congelar. A dor causada pelo contato direto com o fogo significa que calor em excesso não é bom. A função desses e de outros sentimentos e sensações é transmitir para os organismos o que é bom e o que é ruim para eles. Como explicou o biólogo George Romanes em 1884, 25 anos após a publicação de *A origem das espécies*, de Darwin: "Prazer e dor devem ter evoluído como acompanhantes subjetivos de processos que são respectivamente benéficos ou nocivos ao organismo e, por isso, evoluíram com o propósito ou a finalidade de fazer com que o organismo buscasse um e evitasse o outro."[5]

Isso sugere uma forma em que é possível pensar se os sentimentos e as sensações são verdadeiros ou falsos. Eles foram projetados para codificar *julgamentos sobre as coisas em nosso ambiente* – e, em geral, definem se elas são boas ou más para a sobrevivência do organismo. Também podem, às vezes, definir se essas coisas são boas ou más para parentes próximos – especialmente os filhos –, já que estes compartilham muitos dos nossos genes.[6] Portanto, poderíamos dizer que esses sentimentos e sensações são "verdadeiros" se eles codificam julgamentos corretos – se, digamos, as coisas para as quais atraem o organismo são de fato boas ou se as coisas de que fazem o organismo se afastar são de fato ruins. E poderíamos dizer que são "falsos", ou talvez "ilusórios", se colocam o organismo em um mau caminho – quando o fazem se aproximar de coisas que são ruins para ele.[7]

Esse não é o único modo de definir *verdadeiro* e *falso* em um contexto biológico, mas é uma das abordagens. Vamos ver aonde nos leva.

Desejos obsoletos

Pense nas rosquinhas açucaradas. Pessoalmente, tenho sentimentos muito agradáveis em relação a elas – tão agradáveis que, se me deixasse levar apenas por eles, eu acabaria comendo rosquinhas no café da manhã, no almoço, no jantar e nos lanches entre as refeições. Mas me disseram que comer tantas rosquinhas todos os dias é ruim para mim. Então suponho que o meu sentimento de atração por rosquinhas poderia ser considerado falso: as rosquinhas são gostosas, me causam uma *sensação* boa e parecem ser boas para mim, mas isso é apenas uma ilusão, pois elas não são. Claro que essa é uma notícia difícil de aceitar.

Isso levanta uma questão: como a seleção natural deixaria algo assim acontecer? Nossos sentimentos e sensações não deveriam nos levar na direção de coisas boas para o organismo? Sim, deveriam. Mas o problema é o seguinte: a seleção natural os projetou em um ambiente específico – um ambiente sem fast-food, em que as frutas eram o alimento mais doce disponível. Assim, o gosto por doces nos era útil, produzindo sensações que poderiam ser consideradas "verdadeiras" – no sentido de que nos direcionavam para coisas que eram boas para nós. Mas em um ambiente moderno, em que as conquistas da ciência culinária chegaram a algo conhecido como "calorias vazias", essas sensações se tornam "falsas" – ou ao menos não confiáveis –, pois às vezes nos dizem que algo é bom para nós quando, na verdade, não é.

Existem vários sentimentos e sensações similares – que, na época em que entraram para a nossa linhagem, serviam aos interesses dos nossos ancestrais, mas nem sempre servem aos nossos. Considere a fúria no trânsito. O desejo de punir pessoas que o tratam de maneira injusta ou demonstram desrespeito é profundamente humano. Admita: embora haja algo de desagradável em ficar irritado, há algo de agradável no próprio sentimento da raiva – a sensação de que se está furioso *com razão*. O Buda disse que a raiva tem uma "raiz envenenada e uma ponta doce".

E você pode perceber por que a seleção natural teria transformado a raiva justificável em algo atraente: se vivesse em um pequeno vilarejo de caçadores-coletores e alguém tirasse vantagem de você – roubasse a sua comida, roubasse seu parceiro sexual ou apenas simplesmente o tratasse como lixo –, seria necessário dar uma lição a essa pessoa. Afinal, se ela acreditar que pode maltratá-lo e que nada vai acontecer, talvez passe a fazer isso cada vez mais. Pior ainda: outras pessoas no seu universo social começariam a ver que você pode ser maltratado dessa forma e talvez começassem a fazer o mesmo. Em um ambiente social tão íntimo e imutável, valeria a pena ficar irritado com essa situação a ponto de confrontar a pessoa que tirou vantagem de você e de estar disposto a se envolver numa luta física com ela. Mesmo que você perdesse a briga – mesmo que apanhasse bastante –, ainda assim teria transmitido a mensagem de que desrespeitá-lo tem um custo, e essa mensagem renderia dividendos ao longo do tempo.

Talvez você já esteja pensando nas formas absurdas como esse sentimento se manifesta numa estrada moderna. O motorista desrespeitoso que você tem vontade de punir é alguém que nunca encontrará de novo, e o mesmo vale para todas as pessoas que presenciassem a sua vingança. Portanto, não há benefício algum em se entregar à raiva. Quanto ao custo, imagino que as chances de morrer perseguindo alguém a 100 quilômetros por hora sejam bem maiores do que trocando socos numa sociedade de caçadores-coletores.

Portanto, podemos considerar a fúria no trânsito "falsa". A *sensação* é boa, mas a aura de bondade é ilusória, pois ceder à sua atração leva a comportamentos que, em média, não são bons para o organismo.

Existem também muitos exemplos de fúria fora do trânsito que são "falsos" – ataques de raiva que, na melhor das hipóteses, são improdutivos e, na pior, contraproducentes. Portanto, se a meditação pudesse libertá-lo da obediência a esses sentimentos, isso seria, de certa forma, dissipar uma ilusão – a ilusão à qual você implicitamente adere quando age de acordo com eles, a ilusão de que a raiva e a vingança que eles inspiram são fundamentalmente "boas". No fim das contas, esses sentimentos não são bons nem mesmo no sentido básico do seu interesse próprio.

Então, essa é uma maneira de definir "verdadeiro" e "falso" no que diz respeito a sentimentos e sensações: se eles causam uma sensação boa, mas nos levam a fazer coisas que não são realmente boas para nós, são falsos. Mas há outro sentido em que sentimentos e sensações podem ser verdadeiros ou falsos. Afinal, alguns deles são mais do que apenas isso; eles não contêm apenas julgamentos *implícitos* sobre ser bom ou ruim para o organismo fazer determinadas coisas; eles vêm acompanhados de crenças reais e explícitas sobre elementos no ambiente e sobre como eles se relacionam com o bem-estar do organismo. Obviamente, essas crenças podem ser verdadeiras ou falsas num sentido bastante direto.

Falsos positivos

Imagine que está caminhando por uma trilha onde sabe que existem cascavéis. Você também sabe que um ano atrás uma pessoa caminhando sozinha nessa mesma região foi picada por uma cobra e morreu. Agora suponha que há um movimento no arbusto ao lado do seu pé. Esse movimento não lhe causa apenas uma onda de medo; você tem medo *de que* haja uma cascavel ao seu lado. Na verdade, ao virar rapidamente para o arbusto no momento em que o seu medo alcança o ápice, talvez esteja imaginando uma cascavel com tanta clareza que, mesmo descobrindo que se trata de um lagarto, haverá uma fração de segundo durante a qual o réptil vai parecer uma cobra. Esta é uma ilusão no sentido literal: você realmente acredita na existência de algo que não está ali; na verdade, você chega até mesmo a "ver" algo que não está ali.

Percepções equivocadas desse tipo são conhecidas como "falsos positivos". Do ponto de vista da seleção natural, elas são um recurso, não um defeito. Embora sua falsa convicção de ter visto uma cascavel possa estar errada 99 vezes em 100, ela poderia salvar a sua vida na centésima vez. E, pelo cálculo da seleção natural, estar certo 1% das vezes em questões de vida ou morte pode compensar o erro nas outras 99 vezes, mesmo que cada uma dessas situações o deixe momentaneamente apavorado.

Existem *duas* diferenças entre a ilusão da cobra e as ilusões das rosquinhas e da fúria no trânsito: (1) no caso da cobra, a ilusão é explícita – existe, de fato, uma falsa percepção acerca do mundo físico e, por um instante, uma falsa crença; (2) no caso da cobra, o seu aparato emocional está funcionando exatamente da forma como foi projetado. Em outras palavras, a ilusão da cobra não é resultado de uma "disparidade ambiental"; não é um caso em que uma sensação ou um sentimento projetado pela seleção natural para ser "verdadeiro" em um ambiente de caça e coleta se tornou "falso" pelas circunstâncias da vida moderna. Na verdade, a seleção natural projetou esse sentimento para ser *quase sempre* ilusório no sentido literal; ele o deixa tomado por uma convicção – um julgamento sobre o que está no seu ambiente imediato – acerca de algo que quase com certeza não é verdade. Isso serve para lembrar que a seleção natural não projetou sua mente para ver o mundo com clareza, mas para ter percepções e crenças que o ajudarão a cuidar dos seus genes.

Isso nos leva a uma terceira diferença entre as ilusões das rosquinhas e da fúria no trânsito e a da cobra: a longo prazo, a ilusão da cobra pode ser boa para você; talvez o ajude a se proteger de perigos que, se ela não estivesse presente, poderiam recair sobre você. O mesmo vale para ilusões comparáveis que, dependendo de onde você mora, podem ser mais prováveis que a de uma cobra. Talvez, voltando para casa à noite, você possa temer que os passos que está ouvindo atrás de si sejam de um ladrão. Ainda que o mais provável seja que esteja enganado, atravessar a rua é uma precaução que, no decorrer da sua vida, talvez evite que você venha a ser vítima de um crime.

Receio que isso tudo talvez esteja parecendo mais claro do que de fato é. Você pode achar que existem dois tipos de sentimentos e sensações falsos – os não naturais, do tipo da "disparidade ambiental", e os naturais, do tipo do "falso positivo" – e que faz sentido sempre ignorar os primeiros e obedecer aos segundos. Mas, no mundo real, os limites não são tão bem definidos.

Por exemplo: você já teve medo de ter dito algo que ofendeu alguém? E já aconteceu tratar-se de uma pessoa que você não ia ver por algum tempo? E foi o caso de, por não conhecê-la muito bem, ser estranho ligar ou enviar um e-mail para ter certeza de que você não a ofendeu ou esclarecer que não teve essa intenção?

O sentimento em si – a preocupação em saber se você ofendeu alguém ou não – é perfeitamente natural; manter boas relações com a comunidade aumentou as chances de sobrevivência e de reprodução dos nossos ancestrais. Talvez também seja natural que em alguns casos você exagere a probabilidade de ter ofendido alguém, chegando a ter quase certeza de que foi isso que fez. Este pode ser outro "falso positivo" da natureza: a sensação de ter cometido um erro pode ter sido "projetada" para ser tão intensa que você vai tentar remediar as coisas com uma frequência muito maior do que seria necessário.

O que *não* é natural é que seja tão difícil tomar atitudes para remediar as coisas. Em um vilarejo de caçadores-coletores, a pessoa que você temeria haver ofendido moraria a 20 metros da sua casa e vocês se reencontrariam em questão de 20 minutos. Nesse caso, você poderia avaliar a atitude dela e talvez constatar que não se sentiu ofendida ou que ficou mesmo zangada e, neste caso, tentar reparar a situação.

Em outras palavras, a sensação inicial – mesmo que ilusória – provavelmente é natural e foi projetada para surgir em situações como essa. O que não é natural são as características do mundo moderno, que tornam difícil saber se esse sentimento foi uma ilusão ou não. Assim, o sentimento dura mais do que deveria para ter qualquer valor prático. E, infelizmente, é desagradável.

Outro desagradável produto da disparidade ambiental é o constrangimento doloroso. Fomos projetados pela seleção natural para nos importarmos – e muito – com o que as outras pessoas pensam de nós. Durante o processo de evolução, os indivíduos mais queridos, admirados e respeitados teriam sido mais eficientes na hora de transmitir os próprios genes do que as pessoas que eram o oposto disso. Mas, em um vilarejo de caçadores-coletores, os seus vizinhos teriam um banco de dados imenso a respeito do seu comportamento. Por isso, seria improvável que você pudesse, a qualquer momento, fazer algo que mudasse radicalmente a opinião deles a seu respeito – para melhor ou para pior. Normalmente, acontecimentos como encontros sociais não teriam tanto peso quanto têm hoje.

No mundo moderno, muitas vezes nos vemos na posição pouco natural de encontrar alguém que sabe pouco ou nada a nosso respeito. Isso pode deixar a situação mais tensa, principalmente se sua mãe vivia dizendo: "A primeira impressão é a que fica!" De repente você começa a analisar as reações dessa pessoa com tanta intensidade que passa a ver coisas que não estão ali.

Um experimento de psicologia social conduzido nos anos 1980 deixa isso claro. Um maquiador profissional desenhou cicatrizes realistas no rosto dos participantes, avisando-os de que o propósito do experimento era averiguar como uma cicatriz afetava a maneira como outras pessoas interagiam com eles. Os participantes deveriam conversar com alguém, enquanto os cientistas iriam observar a reação dos outros. Os voluntários viam as próprias cicatrizes no espelho, mas, pouco antes do encontro social, ficavam sabendo que a maquiagem precisava de alguns retoques finais: um umidificador para impedir que rachassem. Porém, na verdade, a cicatriz era removida. Depois, os participantes seguiam para seus encontros sociais com uma imagem distorcida da própria aparência.

Após o encontro, eles foram questionados: será que haviam notado as reações do interlocutor à cicatriz? Ah, sim, muitos disseram. Na verdade, ao assistir a um vídeo que mostrava seus parceiros durante a interação, eles chegavam a identificar essas reações. Às vezes, por exemplo, a pessoa olhava para outro lado – obviamente evitando olhar para a cicatriz.[8] Portanto, mais uma vez, um sentimento – um constrangimento desconfortável – gerou uma espécie de ilusão perceptual, uma interpretação essencialmente equivocada do comportamento dos outros.

A vida moderna é cheia de reações emocionais que fazem pouco sentido, exceto à luz do ambiente em que nossa espécie evoluiu. Talvez você seja assombrado durante horas por alguma coisa constrangedora que fez num ônibus ou avião, mesmo sabendo que nunca mais vai ver aquelas pessoas que estavam lá e que a opinião delas sobre você não terá consequência alguma. Por que a seleção natural projetaria organismos para sentir incômodos que parecem tão inúteis? Talvez porque no ambiente dos nossos antepassados houvesse um propósito. Em uma sociedade de caçadores-coletores, você estava *sempre* desempenhando um papel diante de pessoas com quem voltaria a se encontrar e cuja opinião, portanto, importava.

Minha mãe costumava dizer: "Não passaríamos tanto tempo nos preocupando com o que as outras pessoas pensam de nós se percebêssemos quão raramente elas o fazem." E tinha razão. Nossa suposição de que as pessoas pensam muito sobre nós, para o bem ou para o mal, costuma ser ilusão, assim como nossa sensação tácita de que há alguma importância no que praticamente todas as pessoas que conhecemos pensam de nós. Mas essas intuições eram menos ilusórias no ambiente em que evoluímos, e essa é uma das razões pelas quais são tão persistentes hoje.

Falar em público e outros terrores

Se existe algo menos natural do que estar na presença de um bando de gente que você nunca viu, é falar com todas elas ao mesmo tempo. Simplesmente pensar numa situação desse tipo já pode nos provocar ilusões aterrorizantes sobre o futuro. Imagine que você vai fazer uma apresentação amanhã – talvez uma com PowerPoint ou uma mais informal. Agora imagine que você é como eu. Assim, à medida que o momento for se aproximando, é provável que surja certa ansiedade. Além do mais, essa ansiedade pode contar com surtos de convicção de que as coisas vão dar errado; talvez você chegue até a imaginar cenários específicos do desastre. E, quase certamente, essas visões não vão corresponder à realidade; em retrospecto, você vai ver que esses surtos de convicção apocalíptica alimentados pela ansiedade eram falsos positivos.

Claro, é possível que a ansiedade tenha sido a razão pela qual as coisas acabaram correndo bem; talvez ela o tenha estimulado a preparar uma ótima apresentação. Se esse for o caso, os "falsos positivos apocalípticos do PowerPoint" são diferentes dos "falsos positivos da cascavel". Afinal, o seu medo momentâneo de que houvesse uma cobra por perto não teve nenhuma influência sobre a existência ou não de uma cascavel ao seu lado. Ao contrário, a ansiedade do apocalipse do PowerPoint pode ter evitado um apocalipse do PowerPoint.

Pode ser. Mas sejamos francos: embora às vezes a ansiedade seja produtiva nesse sentido, as pessoas gastam muito tempo com preocupações que não servem para nada. Algumas são assaltadas por imagens de si mesmas vomitando em jato ao falar para uma multidão – embora, pensando bem, nunca tenham vomitado em jato ao falar para uma multidão.

Em uma reviravolta especialmente perversa da ansiedade apocalíptica do PowerPoint, já cheguei a passar a noite inteira acordado na véspera de uma apresentação *com medo de não conseguir dormir e por isso me sair mal no dia seguinte*. Na verdade, essa é uma simplificação excessiva. Não conseguir dormir não é minha única preocupação. Para variar um pouco, eu às vezes a interrompo com ataques de raiva de mim mesmo por ser uma pessoa do tipo que tem tanto medo de não conseguir dormir que acaba não conseguindo dormir. Aí, quando minha raiva diminui, volto à importante tarefa de sentir tanto medo de não conseguir dormir que não consigo pegar no sono.

Tenho orgulho em dizer que isso não acontece antes de todos os eventos em que vou falar em público. Mas já aconteceu, e desafio qualquer um a argumentar que essa é uma maneira de a seleção natural aumentar minhas chances de sobreviver e me reproduzir. O mesmo ocorre com muitas outras ansiedades relacionadas à interação social humana: a sensação de pânico antes de ir para uma festa que, na verdade, tem muito poucas chances de levar a qualquer resultado que a justifique; preocupar-se com o filho que está saindo pela primeira vez para dormir na casa de amigos – algo sobre o que você não tem nenhum controle –; ou ficar pensando na sua apresentação de PowerPoint *depois* de fazê-la – como se ficar aflito com a opinião das pessoas pudesse influenciar positivamente o que elas acharam.

Acho que esses três exemplos têm pelo menos alguma coisa a ver com a forma como nosso ambiente foi alterado desde que a espécie humana evoluiu. Nosso ambiente ancestral não tinha festas, noites na casa de amigos ou PowerPoint. Nossos ancestrais caçadores-coletores não tinham que vagar por salas cheias de pessoas desconhecidas, nem mandar os filhos dormir em casas que nunca tinham visto ou fazer apresentações para uma plateia constituída basicamente por pessoas que não conheciam muito bem, se é que conheciam.

A propósito, essa incompatibilidade entre a nossa natureza evoluída e o ambiente em que nos encontramos não é apenas um fenômeno moderno. Há milhares de anos existem ambientes sociais humanos que não são aqueles para os quais nós fomos projetados. O Buda nasceu em uma família real, o que significa que viveu numa sociedade com uma população bem maior que a de um vilarejo de caçadores-coletores. E, apesar de o PowerPoint ainda não ter sido inventado, há evidências de que as pessoas eram chamadas para falar à frente de grandes plateias e que já existia algo como a ansiedade apocalíptica do PowerPoint. Em um de seus discursos, o Buda relacionou como um dos "cinco medos" o "medo de passar vergonha em assembleias".[9] Esse medo permanece entre os cinco maiores até hoje; aliás, algumas pesquisas mostram que falar em público é a atividade mais temida de todas.

Só para deixar bem claro (e correndo o risco de ser repetitivo), não estou dizendo que a ansiedade social não seja de algum modo um dos produtos da seleção natural. O ambiente ancestral – o ambiente da nossa evolução – envolvia muitas interações sociais, que tiveram consequências importantes para os nossos genes. Se você tivesse um baixo status social e poucos amigos, isso reduzia sua chance de passar seus genes adiante, por isso era importante impressionar, mesmo que não com um PowerPoint. Da mesma forma, se os seus descendentes não obtinham sucesso social, isso pegava mal para a perspectiva reprodutiva deles e, portanto, para os seus genes. Por essa razão, genes que nos levam a sentir ansiedade acerca das nossas perspectivas sociais e das perspectivas sociais dos nossos descendentes parecem ter se tornado parte do patrimônio genético humano.

Nesse sentido, nossas ansiedades sociais podem ser consideradas "naturais". Só que estão funcionando em um ambiente muito diferente daquele para o qual foram "projetadas", e esse fato pode explicar por que costumam ser improdutivas, alimentando ilusões que não têm qualquer valor. Assim, podemos ter crenças – por exemplo, uma quase certeza de um desastre iminente – que são falsas tanto no sentido literal quanto no pragmático: elas não são verdadeiras nem boas para nós.

Se você aceita a ideia de que muitos dos nossos sentimentos e sensações mais problemáticos são, de uma forma ou de outra, ilusões, a meditação pode ser vista, entre outras coisas, como um processo de dissipação de ilusões.

Eis um exemplo.

Em 2003, dois meses depois do meu primeiro retiro de meditação, eu viajei para Camden, no Maine, para fazer uma palestra numa conferência anual chamada Poptech. Na véspera do evento, acordei às duas ou três da manhã com um dos meus pequenos ataques de ansiedade. Depois de passar alguns minutos acordado ponderando as graves implicações de ficar acordado ponderando as graves implicações, resolvi sentar na cama e meditar. Fiquei concentrado na minha respiração por um tempo, mas também me concentrei na própria ansiedade: a sensação de aperto no estômago. Tentei olhar para ela sem julgamento, como haviam ensinado no retiro. Ela não era necessariamente algo ruim e não havia razão para fugir. Era apenas um sentimento, então eu fiquei sentado, sentindo-o e observando-o. Não posso dizer que me senti superbem fazendo isso, mas quanto mais eu a aceitava, observando-a sem julgamento, menos incômoda a sensação foi se tornando.

Então aconteceu algo muito parecido com o meu grande avanço do excesso de cafeína no retiro de meditação. A ansiedade começou a parecer algo separado de mim, algo que eu estava apenas olhando com os olhos da mente da mesma forma que poderia observar uma escultura abstrata em um museu. Parecia uma espécie de corda grossa e nodosa de tensão, ocupando a parte do meu abdômen onde a ansiedade é sentida, mas agora eu não tinha mais essa *sensação* de tensão. Minha ansiedade, dolorosa até poucos minutos atrás, agora não parecia boa nem ruim. E pouco após adquirir esse caráter neutro, ela se dissolveu por completo. Alguns minutos depois desse agradável alívio do sofrimento, eu me deitei e dormi. No dia seguinte, minha apresentação foi – vou fazer uma pausa aqui, para criar suspense – ótima.

Em princípio, também é possível atacar a ansiedade a partir de outro ângulo. Em vez de se concentrar na sensação em si, como fiz naquela noite, você pode analisar os pensamentos associados a ela. É assim que a terapia cognitivo-comportamental funciona: o seu terapeuta faz perguntas como: "Será que existe *mesmo* uma grande probabilidade de arruinar sua apresentação, a julgar pelo seu histórico dando palestras?" Ou: "Se você arruinar essa apresentação, sua carreira estará *realmente* destruída no mesmo instante?" Quando você percebe que os pensamentos não se sustentam logicamente, os sentimentos que os acompanham costumam enfraquecer.

Assim, a terapia cognitivo-comportamental tem muito em comum com a meditação da atenção plena. Em certo sentido, ambas questionam a validade dos sentimentos. A diferença é que, com a terapia cognitivo-comportamental, isso é feito de maneira mais literal. A propósito, se você está pensando em combinar essas duas abordagens e se tornar o famoso fundador de toda uma nova escola de terapia, tenho más notícias: já existe uma terapia cognitivo-comportamental baseada em mindfulness.

Níveis de ilusão: uma recapitulação

Se eu fiz um bom trabalho até aqui, você deve estar se sentindo um pouco enganado – não por mim, mas pelos seus sentimentos e sensações. E ainda nem cheguei aos enganos mais profundos e sutis causados por eles. Vou abordá-los mais adiante no livro. Neste meio-tempo, vamos fazer uma revisão das diversas formas como eles podem se tornar enganosos:

1. *Nossos sentimentos e sensações não foram projetados para retratar a realidade de forma precisa, nem mesmo em nosso ambiente "natural".* Sentimentos e sensações foram projetados para passar à geração seguinte os genes dos nossos ancestrais caçadores-coletores. Se isso significava iludi-los – tornando-os tão amedrontados que "viam" uma cobra que não estava lá, por exemplo –, não importa. Ilusões desse tipo, as ilusões "naturais", ajudam a explicar muitas distorções em nos-

sa compreensão do mundo, especialmente no âmbito social: ideias distorcidas a respeito de nós mesmos, de nossos amigos, parentes, inimigos, conhecidos ou mesmo estranhos. (O que inclui basicamente todo mundo, certo?)

2. *O fato de não vivermos em um ambiente "natural" faz com que nossos sentimentos e sensações sejam ainda menos confiáveis.* Sentimentos e sensações projetados para criar ilusões, como ver uma cobra que não está lá, podem ter ao menos a virtude de aumentar as perspectivas de sobrevivência e de reprodução do organismo. Mas o ambiente moderno é capaz de tornar contraproducentes vários sentimentos que eram úteis aos nossos ancestrais nesse sentido – e até de reduzir a expectativa de vida de uma pessoa. Acessos violentos de raiva e uma vontade excessiva de comer doces são bons exemplos. Esses sentimentos já foram "verdadeiros", pelo menos no aspecto pragmático de orientar o organismo a comportamentos que, em alguma medida, eram bons para ele. Mas agora o mais provável é que sejam apenas enganosos.
3. *Por trás de tudo isso está a ilusão da felicidade.* Como enfatizou o Buda, nossas tentativas contínuas de nos sentirmos bem tendem, de certa forma, a superestimar quanto tempo esse "bem" vai durar. Além do mais, quando termina, ele pode ser seguido por uma "piora" – uma inquietação, uma sede por mais. Muito antes de os psicólogos descreverem a esteira hedonista, o Buda já a havia entendido.

O que o Buda não poderia ter entendido é a sua origem. Nós fomos moldados pela seleção natural, e seu papel é maximizar a proliferação genética, ponto final. Além de não se importar com a verdade per se, ela tampouco se importa com a nossa felicidade a longo prazo. Sem pensar duas vezes, a seleção natural vai nos ludibriar a respeito do que traz e do que não traz felicidade duradoura – desde que essa ilusão tenha favorecido a transmissão dos genes dos nossos ancestrais. Na verdade, ela nem mesmo liga para a nossa felicidade de *curto prazo*. Basta considerar o custo de todos aqueles falsos positivos: aterrorizar-se 99 vezes seguidas com uma cobra que não está ali pode abalar o bem-estar psicológico de uma pessoa. A boa notícia, claro, é que, na centésima vez, o medo pode ter ajudado a manter os nossos ancestrais vivos e, dessa forma, resultado na nossa criação. Ainda assim, nós somos os herdeiros dessa tendência aos falsos positivos – não só quanto a cobras, mas também no que diz respeito a outros medos e ansiedades do cotidiano. Aaron Beck, que às vezes é chamado de fundador da terapia cognitivo-comportamental, certa vez escreveu: "O custo da sobrevivência da linhagem pode ser toda uma vida de desconforto."[10] Ou, como teria dito o Buda: toda uma vida de *dukkha*. E ele poderia ter acrescentado: mas trata-se de um custo evitável se você abordar diretamente suas causas psicológicas.

Obviamente, este capítulo não foi uma condenação generalizada dos sentimentos e sensações humanos. Alguns deles, talvez a maioria, nos são razoavelmente úteis, não distorcendo muito a nossa visão da realidade e nos mantendo vivos e prósperos. Minha atração por maçãs, minha aversão por colocar a mão em lâminas e escalar arranha-céus – tudo isso é bom. Ainda assim, espero que você consiga perceber a virtude de submetê-los à investigação – inspecionando-os para ver quais merecem ou não obediência e tentando se libertar do domínio dos que não merecem.

Espero que você consiga entender por que isso é difícil. É da própria natureza dos sentimentos e das sensações dificultar o discernimento entre os que são valiosos e os que são prejudiciais, entre os confiáveis e os enganosos. Uma coisa que todos eles têm em comum é o fato de terem sido originalmente "projetados" para nos convencer a segui-los. Eles parecem corretos e verdadeiros quase por definição e ativamente nos desencorajam a considerá-los de maneira objetiva.

Talvez isso ajude a explicar por que demorei tanto tempo para pegar o jeito da meditação mindfulness – por que ela nunca tinha "funcionado" para mim até eu assumir a abordagem de imersão completa e participar de um retiro de uma semana. Mas essa não é a única razão. Existem outras questões sobre a maneira como os sentimentos e as sensações nos influenciam que tornam difícil virar o jogo e inverter a relação senhor-escravo. Há também outras peculiaridades do funcionamento da mente que dificultam a imersão num estado meditativo. De fato, só depois de participar daquele primeiro retiro comecei a perceber como – e *por que* – pode ser desafiador alcançar o ponto em que a meditação da atenção plena realmente funciona.

Mas, por outro lado, coisas gratificantes costumam exigir esforço. E um fato que comecei a perceber naquele retiro é quão imensas podem ser as recompensas da meditação. Realmente, elas vão muito além das que foram sugeridas neste capítulo. Receio que talvez eu tenha trivializado a experiência meditativa. Sem dúvida, é ótimo começar a ter algum controle sobre os seus sentimentos mais perturbadores – e saber que eles são "falsos", em um ou outro sentido, nos ajuda a chegar a esse ponto. Mas domá-los pode ser apenas o começo. Existem outras dimensões da atenção plena – e revelações muito mais profundas e sutis do que a descoberta de que ceder à fúria no trânsito não é uma ideia tão boa.

4

Felicidade, êxtase e outras boas razões para meditar

Estritamente falando, "retiro de meditação silenciosa" é um termo impróprio. No meu primeiro retiro de uma semana, no verão de 2003, houve duas ocasiões em que os alunos puderam falar com o mestre de meditação. Em uma dessas ocasiões, um grupo de oito ou nove "yogues" se reuniu numa sala próxima ao salão de meditação. Lá, durante 45 minutos, tínhamos permissão para expressar quaisquer problemas que estivéssemos experimentando.

Isso foi bom, pois eu estava tendo um problema. *Eu não conseguia meditar!* Ainda não havia alcançado meu grande avanço meditativo, o momento em que voltei minha atenção plena para a sensação causada em mim pelo excesso de cafeína e o transcendi. Até então, tudo que eu tinha feito havia sido passar um dia e meio sem conseguir me concentrar na minha respiração. Eu tentava e tentava, mas simplesmente não era capaz de parar de *pensar* em outras coisas.

Então, quando chegou a minha vez de falar, dei voz a essa frustração. O diálogo que tive com meu mestre foi mais ou menos assim:

Então você percebe que sua mente fica divagando?

Sim.

Isso é bom.

É bom que a minha mente fique divagando?
Não. É bom que você perceba que sua mente fica divagando.
Mas isso acontece o tempo todo.
Melhor ainda. Isso significa que você está percebendo bastante.

Isso não teve o efeito inspirador que talvez fosse a intenção do meu mestre. Senti que ele foi um pouco condescendente. Me fez lembrar daquelas ocasiões em que uma das minhas filhas, ainda muito pequena, não conseguia completar alguma tarefa e eu forçava a barra para encontrar uma palavra de incentivo. Se por acaso ela caísse tentando subir no triciclo, eu dizia: "Você se levantou depois de cair! Que garota crescida!" – deixando para lá o fato de que, na verdade, garotas crescidas não caem quando estão tentando subir em triciclos.

Mas desde então me dei conta de que esse primeiro feedback que recebi de um mestre de meditação não foi apenas um incentivo forçado. Ele estava certo: ao frequentemente perceber que minha mente divagava, eu estava explorando um terreno novo. Na minha vida cotidiana, quando minha mente divagava, eu a seguia para onde quer que fosse, sem ter consciência de que estava sendo conduzido. Agora, eu estava seguindo meus pensamentos por pouco tempo antes de me libertar – ao menos momentaneamente, por tempo suficiente para perceber que eles estavam me conduzindo. Essa percepção era logo substituída por mais divagações.

Para colocar essa questão numa terminologia que pareça mais científica, eu estava começando a observar o funcionamento do que os psicólogos chamam de "rede padrão". Segundo estudos[11] com imageamento do cérebro, essa rede neural é ativada quando não estamos fazendo nada específico – quando não estamos falando com alguém, nem concentrados no trabalho ou em outra tarefa, nem praticando um esporte, nem lendo um livro ou assistindo a um filme. Essa é a rede através da qual nossa mente é levada quando está divagando.

Mas para onde a mente é levada quando você divaga? Bem, para muitos lugares, obviamente, mas estudos têm mostrado que costuma ser para o passado ou para o futuro. Talvez você pense em acontecimentos recentes ou em memórias intensas e distantes; talvez fique preocupado com algo que está por vir ou espere ansiosamente algum evento; talvez crie estratégias para lidar com alguma crise iminente ou fantasie sobre um romance com a pessoa atraente no cubículo ao lado do seu. O que você *não faz* quando sua mente divaga é experimentar diretamente o momento presente.

Em certo sentido, não é difícil calar a sua rede padrão: basta fazer algo que exija concentração. Resolva umas palavras cruzadas ou tente fazer malabarismo com três bolas de tênis. Até chegar ao ponto em que o malabarismo se tornou automático, é provável que você não esteja mais fantasiando com a pessoa atraente no cubículo ao lado do seu.

É mais difícil abandonar a rede padrão quando você não está fazendo muita coisa – por exemplo, quando está sentado num salão de meditação com os olhos fechados. É por isso que você tenta focar a própria respiração: a mente precisa de *algum* objeto em que se concentrar para se desapegar da divagação habitual.

Mas, mesmo com o auxílio dessa muleta, talvez você se encontre na mesma posição que eu durante a fase inicial daquele retiro: sendo repetida e frequentemente levado do modo experiencial para o modo padrão. Sempre que você percebe que se deixou levar, é tentador sentir frustração, raiva ou (o meu favorito) sentimento de inferioridade. Mas a instrução padrão é não desperdiçar seu tempo com isso. Perceba apenas que sua mente estava divagando, tente observar para que lado ela estava indo (preocupação com o trabalho, expectativa pelo horário de almoço, decepção com o mau desempenho na corrida do fim de semana) e volte a se concentrar na respiração. Ao ressaltar o lado positivo da minha nuvem de atenção difusa, meu mestre estava tentando me incentivar a fazer exatamente isso.

Essa acabou sendo uma ótima orientação. Ao interromper o funcionamento da minha rede padrão, ao escapar dela, tomar consciência de que a minha mente estava divagando e retornar à respiração, eu ia diluindo a dominância dessa rede. À medida que conseguia manter a atenção na respiração por períodos mais longos de tempo, essa rede ia se tornando cada vez menos ativa. Essa é, no mínimo, uma boa dica. Estudos de imageamento do cérebro demonstraram esse processo em meditadores novatos. Eles também mostraram que meditadores muito experientes, pessoas que já meditaram dezenas de milhares de horas e se encontram numa categoria muito diferente da minha, mantêm a rede padrão radicalmente silenciosa[12] enquanto meditam.

Quando a rede padrão diminui – quando a mente para de divagar –, pode ser gostoso. Talvez surja uma sensação de libertação da mente inquieta, uma sensação de paz, até mesmo de paz profunda. Você pode não sentir isso toda vez que medita, mas, para algumas pessoas, a frequência com que isso acontece é uma das principais motivações para voltarem à almofada no dia seguinte, é uma grande parte do reforço positivo que sustenta a prática.

Mas, ao alcançar esse ponto em que já está usando a respiração para ganhar certa distância da divagação da mente, você chega a uma encruzilhada. Você pode então seguir dois caminhos diferentes, que correspondem a dois tipos diferentes de meditação.

Concentração e atenção plena

Um dos caminhos é sustentar o foco na respiração – esse mesmo que trouxe uma sensação agradável quando foi estabelecido – por muito, muito tempo, e tentar fortalecer e aprofundar a concentração, se tornando cada vez mais imerso na respiração. E então continuar nisso. Talvez você comece a se sentir cada vez melhor. Isso é chamado de meditação de concentração, e o objeto do foco não precisa ser a respiração. Dependendo da tradição, ele pode ser um mantra, a visualização de uma imagem, um som recorrente ou qualquer outra coisa.

Às vezes a meditação de concentração é chamada de meditação da serenidade – o que faz sentido, pois a concentração pode trazer serenidade. Na verdade, ela pode trazer mais que isso. Às vezes, se for sustentada por tempo suficiente, ela pode trazer sensações intensas de felicidade e êxtase.

Estou falando de *sensações intensas de felicidade e êxtase*. Na quinta noite do meu primeiro retiro, eu estava experimentando uma versão modificada da técnica padrão de concentração na respiração. Eu estava me concentrando na respiração quando inspirava, mas, ao expirar, voltava o foco aos sons. Foi fácil me concentrar nos sons, pois era uma noite quente de verão na zona rural de Massachusetts, as janelas do salão de meditação estavam abertas e um coro de insetos – suponho que fossem cigarras – cantava em alto volume. À medida que eu meditava, fui aprofundando o foco na respiração e no coro de insetos, e ambos pareceram crescer em intensidade enquanto absorviam minha atenção cada vez mais. A certa altura, depois de 25 ou 30 minutos de meditação, tive uma experiência intensa e radical, difícil de descrever. Mais adiante no livro, vou fazer o possível para descrevê-la, mas por enquanto basta dizer que foi muito, muito vívida.

Na verdade, eu queria acrescentar mais um "muito" à frase anterior. Nunca tive a experiência de tomar LSD seguido de uma dose de heroína, mas meu palpite é que seja algo parecido com a experiência que tive naquela noite: muito visual, quase alucinatória, de intensa felicidade. Lembro-me de sentir, especificamente na mandíbula, que eu tinha tomado uma injeção de algum narcótico poderoso. Todo o meu ser foi tomado pela alegria e por visões, e eu me senti como se tivesse atravessado o limiar para outro plano de existência.

Se o que vivi naquela noite lhe parece atraente, tenho más notícias. O tipo de meditação que me proporcionou essa experiência extrema – a meditação de concentração – não é o que abordarei neste livro. E o retiro em que eu estava não era sobre ele. Ao final, quando relatei orgulhosamente a Michael Grady, um dos dois mestres, o que tinha acontecido, ele respondeu com uma indiferença um pouco desanimadora: "Parece legal. Mas não se apegue a isso." Aquele retiro era voltado para a meditação da atenção plena, o segundo dos dois caminhos meditativos que se pode tomar.

Atenção plena e concentração são aspirações budistas tão importantes que cada uma constitui uma das oito partes do Caminho Óctuplo que um budista dedicado deve trilhar. São a sétima e a oitava partes, respectivamente. Mas isso não significa que sejam as partes culminantes, pois o termo *Caminho Óctuplo* é enganoso ao sugerir uma sequência. A ideia não é dominar totalmente o primeiro, a "visão correta", para depois passar para o segundo e o terceiro – "pensamento correto" e "fala correta" –, e assim por diante. Há uma interdependência muito grande entre cada um dos oito elementos para que o progresso seja tão linear. Por exemplo, progressos no sétimo e no oitavo – "atenção correta" e "concentração correta" – ajudarão a construir uma profunda compreensão empírica dos princípios budistas essenciais e, dessa forma, fortalecer a "visão correta".

Além do mais – e isto é mais relevante para este capítulo –, embora a atenção correta venha logo antes da concentração correta no Caminho Óctuplo, cultivar a atenção pode exigir que, antes, se cultive a concentração.

É por isso que a parte inicial da sessão de meditação mindfulness costuma envolver o foco da atenção na respiração ou em algum outro estímulo. É o desenvolvimento da concentração que liberta o meditador da rede padrão e interrompe o falatório mental que normalmente o preocupa.

Em seguida, tendo utilizado a meditação de concentração para estabilizar a sua atenção, você pode mudar o foco para qualquer objeto – geralmente coisas que estão acontecendo dentro de você, como emoções ou sensações físicas, embora também seja possível se concentrar em coisas do mundo exterior, como sons. Enquanto isso, a respiração passa para o segundo plano, embora possa continuar agindo como uma "âncora", algo que permanece presente no fundo da consciência mesmo enquanto você examina outras coisas e para onde a sua atenção pode retornar de tempos e tempos. O fundamental é que, independentemente do que estiver experimentando, você o faça com atenção plena, com aquela combinação irônica de proximidade e distanciamento crítico que mencionei ao descrever como percebi o que me causava o excesso de cafeína.

Sei que observar um sentimento ou sensação com atenção plena – como a ansiedade ou a inquietação, por exemplo – pode não ter o apelo exótico do êxtase psicodélico que a meditação de concentração me trouxe naquela noite de verão em Massachusetts. Mas existem várias recompensas na busca da meditação mindfulness, e algumas delas têm lá seus aspectos exóticos.

Atenção plena na vida real

Em primeiro lugar, a meditação da atenção plena é um bom treino. Observar os seus sentimentos com atenção quando está sentado em uma almofada de meditação pode melhorar sua capacidade de observá-los na vida cotidiana, o que significa que sua vida não será mais tão determinada por sentimentos enganosos ou improdutivos. Você passará menos tempo furioso com motoristas que – imperdoavelmente alheios ao compromisso importante para o qual você está atrasado – demoram dois segundos para pisar no acelerador depois que o semáforo fica verde; passará menos tempo gritando com seus filhos, seu cônjuge, consigo mesmo ou com quem quer que costume gritar; passará menos tempo inutilmente ressentido por conta de alguma indignidade que alguém cometeu contra você; passará menos tempo fantasiando a vingança contra esse alguém (não que essas fantasias não tragam algum prazer!); e assim por diante.

Outra virtude da meditação da atenção plena é torná-lo mais atento à beleza. Esse efeito é especialmente intenso em retiros, quando você passa muito tempo meditando e o seu isolamento do "mundo real" limita o número de coisas que espera ansiosamente, com que se preocupa ou de que se arrepende amargamente. Quando sua rede padrão é privada de combustível, fica mais fácil permanecer no modo experiencial.

Essa atenção aprofundada nas sensações cotidianas pode alterar radicalmente a sua consciência. O canto dos pássaros pode parecer surrealmente belo. Texturas de todos os tipos – de uma parede de tijolos, do asfalto, da madeira – podem se tornar encantadoras. Em uma caminhada pela floresta durante o retiro, eu me peguei acariciando – sim, literalmente acariciando – o intrincado tronco de uma árvore. E acredite quando digo que não sou uma pessoa do tipo que abraça árvores.

De maneira mais geral, não sou do tipo que se detém para sentir o perfume das rosas. Em um dia de trabalho normal, é assim que costumo almoçar: abro uma lata de sardinhas, pego um garfo, como direto da lata, de pé em frente à pia da cozinha, e jogo a lata no lixo. Pronto: o almoço está resolvido.

Mas, depois de alguns dias no meu primeiro retiro, comecei a adotar uma abordagem inversa em relação à alimentação. Isso parece ainda mais surpreendente quando levamos em conta como era a comida de lá: rigorosamente vegetariana, nada de petiscos industrializados e, o mais perturbador, não tinha chocolate todo dia.

Quando entrei na sala de jantar pela primeira vez, fiquei surpreso ao ver tantas pessoas comendo de olhos fechados. Mas logo entendi: fechar o campo visual aumenta em quase 100% a percepção do paladar. O resultado foi sublime. Uma garfada de salada – mastigada devagar, apreciada não só pelo sabor, mas também pela textura – podia resultar em 15 segundos de quase êxtase. Imagine só como ficava gostosa a broa de milho com manteiga!

Em um retiro, experiências visuais comuns podem se tornar emocionantes. Eu me lembro de estender a mão para abrir uma velha porta de tela e de repente me sentir como se estivesse assistindo a um filme – uma daquelas cenas em que uma tomada em close de um objeto comum indica que algo importante está para acontecer. Mas é claro que nada de importante aconteceu, a menos que se leve em conta a experiência visual emocionante que viria a seguir – e isso não costumava demorar muito. A certa altura, naquele primeiro retiro, eu estava no meu quarto fazendo anotações em fichas de papel quando ergui os olhos para a janela com a persiana fechada e registrei o seguinte: "Enquanto escrevia esta nota, me senti enlevado pela beleza do desenho das sombras – da luz do sol atravessando as árvores e a persiana. Parece um narcótico."

Falando em fármacos, se for para enaltecer as virtudes dos retiros de meditação, sinto-me obrigado a mencionar possíveis efeitos colaterais. O próprio silêncio e o isolamento que o libertam das preocupações cotidianas também podem lhe oferecer algum tempo para ficar imerso em outras preocupações – especialmente em questões pessoais ou familiares, que talvez o visitem de vez em quando no dia a dia e até retornem de tempos em tempos, mas que nunca se demoram. Além disso, permanecer em contato mais próximo do que o normal com o verdadeiro funcionamento da mente pode levá-lo a confrontar os problemas com um tipo novo e talvez inquietante de sinceridade. O que faz sentido. Uma parte importante do budismo é confrontar o sofrimento em vez de fugir dele, fazendo-o diminuir pelo simples fato de olhá-lo de frente sem se abalar.

Na minha experiência, isso costuma funcionar. Em retiros, costumo "trabalhar" questões que me atormentam, ganhando uma perspectiva nova e saudável desses problemas. Ainda assim, esse trabalho pode levar tempo e se tornar intenso. Às vezes eu digo para as pessoas que participar de um longo retiro de meditação é como praticar esportes radicais para a mente: há momentos sublimes e angustiantes. Fico feliz em poder dizer que, para mim, a proporção tem sido de mais ou menos 4 para 1.

Quando não estou em algum retiro e minha meditação matinal se limita a 30 minutos (às vezes, seguida por outra prática mais curta ao longo do dia), as recompensas são menos intensas. Nenhum dos meus vizinhos precisou chamar a polícia porque eu estava acariciando as árvores deles. Ainda assim, desde que mantenha a meditação diária, a probabilidade de dar uma parada enquanto passeio com meus cachorros para *olhar* para o tronco de uma árvore aumenta muito. E me sinto mais propenso a saborear as minhas sardinhas – e até chegar a realmente *ver* as árvores pela janela da cozinha enquanto como.

A esta altura, vou me abster de dar um longo sermão sobre "viver o momento", "estar no presente", "ficar no agora" ou qualquer outra combinação desses três verbos e substantivos. Com todo mundo cantando os louvores da atenção ao momento presente – de pastores evangélicos a jogadores profissionais de golfe –, esse tema não precisa de qualquer contribuição da minha parte.

Além do mais, exagerar na ênfase em viver no agora seria negligenciar o potencial da meditação mindfulness e, em certo sentido, correr o risco de causar mal-entendidos sobre a essência dos ensinamentos budistas. Como sugeri no primeiro capítulo, o *Satipatthana Sutta* – a antiga escritura conhecida como *Os quatro fundamentos da atenção plena* – não inclui nenhuma instrução para vivermos no agora. Na verdade, não há qualquer palavra no texto inteiro que possa ser traduzida como "agora" ou "o presente".[13] Isso não significa que "ficar no presente" não fizesse parte da experiência dos meditadores budistas de dois milênios atrás. Ao se concentrar na respiração ou nas sensações corporais, conforme os antigos textos prescrevem, você já estará no presente. Mas, se quiser adotar o budismo de verdade – se quiser tomar a pílula vermelha –, será necessário entender que ficar no presente não é o objetivo do exercício, embora seja parte inerente da meditação da atenção plena. Trata-se de um meio para chegar a um fim, e não de um fim em si mesmo.

Abordagens da iluminação

E isso nos traz à questão da iluminação. Tornar-se iluminado, no sentido budista do termo, envolveria se libertar totalmente das duas ilusões que tendem a ser a fonte do sofrimento: a ilusão sobre o que está "aqui dentro" – na mente – e a ilusão sobre o que está "lá fora", no mundo.[14] Se esse estado de perfeito esclarecimento não parecer atraente, devo acrescentar que outro termo usado para descrever esse estado é *libertação*, no sentido de libertação do sofrimento (ou ao menos de *dukkha*, seja qual for a tradução que você escolha usar para essa palavra tão multifacetada). Outro termo para esse estado é *nirvana*. Você com certeza já deve ter ouvido falar do nirvana.

Há certa controvérsia sobre a possibilidade de se alcançar a iluminação. Algumas pessoas a consideram uma meta realista para todos nós. Outras pensam se tratar de algo tão fugidio que, para se iluminar, é necessário partir para uma floresta na Ásia e trabalhar nesse projeto 24 horas por dia e sete dias por semana durante meses, se não anos. E outras, ainda, dizem que não é possível alcançá-la. Nesse sentido, a iluminação pura e verdadeira seria como o que os matemáticos chamam de assíntota: algo que se aproxima indefinidamente de um ponto sem jamais tocá-lo.

Quantas pessoas já alcançaram a iluminação ou mesmo se alguém já conseguiu são perguntas a que não estou qualificado para responder. Mas parece que alguns indivíduos conseguem dissipar tão completamente as ilusões sobre o que está "aqui dentro" e o que está "lá fora" que ultrapassam uma espécie de limiar. Eles atingem e mais ou menos mantêm um estado de consciência radicalmente diferente da consciência comum – e que, segundo relatam, é bastante agradável.

O que leva à pergunta óbvia: como eles conseguiram? O que se deve fazer para alcançar a iluminação – ou ao menos chegar perto o suficiente para se sentir transformado, para sentir que o mundo está inteiramente novo?

Existe uma forte tendência a se pensar nessas transformações como algo repentino e intenso. Afinal, não é assim que acontecem as grandes revelações espirituais? Moisés e a sarça ardente, Maomé na caverna, Paulo na estrada para Damasco? Até mesmo o Buda teria visto a luz em um episódio específico e épico de meditação. E, se você duvidar de quão vívido e dramático foi esse momento, basta conferir a cena da iluminação no filme *O pequeno Buda* (que, assim como *Matrix*, tem Keanu Reeves no papel principal e ótimos efeitos especiais!).

Se você encarar a meditação dessa forma – como algo cujo propósito é uma experiência dramática e esmagadora de revelação, de iluminação –, talvez conclua que, dos dois caminhos que descrevi, a meditação de concentração seria a rota mais garantida. Minha inadvertida experiência com esse tipo de meditação por um período mais longo, naquele primeiro retiro, sugere que esse seja o caso; minha sensação foi de subitamente adquirir uma visão radicalmente mais verdadeira das coisas, vivenciar uma espécie de grande revelação. Apesar de não considerar que essa experiência tenha de fato me deixado mais perto da iluminação, acho que algumas pessoas entram ou ao menos se aproximam muito desse território raro de uma forma súbita e dramática por meio da meditação de concentração.

No entanto, desde o meu primeiro retiro, passei a acreditar que, por mais radical e profunda que aquela experiência tenha sido, a meditação da atenção plena – apesar de parecer bem menos espetacular – pode levar a um lugar semelhante, um lugar de perspectiva abrupta e radicalmente alterada. A prática rotineira desse tipo de meditação – de observar o mundo dentro e fora de você com extrema atenção – pode fazer mais por você do que apenas atenuar sentimentos inquietantes e fortalecer o seu senso de beleza. De maneira lenta, gradual e sistemática, embora normalmente irregular, ela pode transformar a sua visão do que de fato existe "lá fora" e "aqui dentro". O que começa como uma busca modesta – uma forma de aliviar o estresse e a ansiedade, de apaziguar a raiva ou reduzir o sentimento de inferioridade – pode levar a percepções profundas da natureza das coisas e a sensações proporcionalmente profundas de liberdade e felicidade. Um esforço essencialmente terapêutico pode se transformar numa empreitada filosófica e espiritual. Esta é a terceira virtude da meditação da atenção plena: ela oferece um caminho para você se libertar da Matrix.

Gostaria de poder dizer que todo o parágrafo anterior é baseado na minha própria experiência, que eu ando por aí vendo as coisas com clareza quase perfeita, que passei por uma mudança grandiosa e duradoura de perspectiva e que vivo muito perto da felicidade. Infelizmente, não é o caso. Mas já conversei bastante com meditadores muito dedicados, que chegaram bem mais longe que eu nesse caminho, e por isso tenho a convicção de que o parágrafo anterior é verdadeiro. Nós vamos ler o depoimento de alguns deles; espero que esses relatos produzam essa mesma convicção em você.

Além disso, já vivenciei pessoalmente mudanças de perspectiva *bem radicais*, mesmo que às vezes transitórias. Já mencionei algumas delas – como os momentos de súbita transformação da minha relação com a ansiedade e o episódio do excesso de cafeína. E uma coisa que percebi ao falar com meditadores mais experientes é que eles quase sempre identificam essas e outras experiências que tive como algo que eles também vivenciaram em algum momento no passado. Na verdade, em muitos casos, essas experiências parecem ter pavimentado o caminho para uma iluminação mais abrangente. Embora eu ainda não tenha visto o edifício da iluminação por inteiro, parece que ao menos já vi alguns de seus tijolos.

Meditação de insight

Estritamente falando, não foi só a meditação da atenção plena que me permitiu vislumbrar esses tijolos. A meditação que pratiquei pertence a uma escola específica, conhecida como Vipāsana (pronuncia-se "vipássana"). Essa é uma palavra antiga que significa visão clara e costuma ser traduzida como "insight". O nome do lugar onde aconteceu meu primeiro retiro de meditação em 2003, a Insight Meditation Society, poderia muito bem se chamar Sociedade de Meditação Vipāsana.

O ensinamento da Vipāsana coloca tanta ênfase na atenção plena que algumas pessoas usam os dois termos de maneira intercambiável. Mas a distinção é importante. A meditação da atenção plena, ou mindfulness, é uma técnica que pode ser usada para diversos propósitos, começando com a simples redução do estresse. Porém a sua prática no contexto da estrutura tradicional da Vipāsana tem um objetivo final mais ambicioso: ganhar *insight*. E não apenas no sentido mais cotidiano de compreender algo novo. A ideia é perceber a verdadeira natureza da realidade. Textos budistas de mais de mil anos atrás explicam o que isso significa. Eles definem *Vipāsana* como a percepção do que é conhecido como "as três marcas da existência".

Duas dessas três marcas não parecem tão difíceis de entender. A primeira é a impermanência. Quem pode negar que nada dura para sempre? A segunda é *dukkha* – sofrimento, insatisfação. E quem entre nós nunca sofreu ou se sentiu insatisfeito? Em relação a essas duas marcas da existência, o propósito da meditação Vipāsana não é tanto tentar entendê-las – visto que sua compreensão básica é simples –, mas vê-las com uma nova sutileza, com tamanha clareza que se possa apreciar profundamente a sua onipresença. Mas com a terceira marca da existência, o "não-eu", a história é diferente. Com o não-eu, a mera compreensão já é um desafio.[15] Mas, segundo a doutrina budista, é de crucial importância compreender o não-eu se o seu objetivo for *Vipāsana*: ver a realidade com total clareza, a clareza que vai pavimentar o caminho para a iluminação.

O meu progresso no sentido de compreender o não-eu teve início naquele primeiro retiro de meditação. Na verdade, em retrospecto, tudo começou mais ou menos no momento em que eu disse ao meu mestre que a divagação da minha mente estava me impedindo de manter a concentração na respiração. Perceber que a sua mente está divagando não parece ser um insight muito profundo; e não é mesmo, a despeito da gentil insistência do meu mestre em valorizá-lo. Mas também não é algo insignificante. O que eu estava dizendo naquela ocasião era que eu – isto é, o meu "eu", meu senso de individualidade, aquilo sobre o que eu pensava ter controle – não controlo o aspecto mais fundamental da minha vida mental: as coisas em que estou pensando.

Como veremos no capítulo a seguir, a ausência de controle não é tudo, mas é parte do que o Buda tinha em mente ao ressaltar a importância de compreender o não-eu. E, mais adiante no livro, veremos que, por mais irônico que pareça, se debater com a noção de que o eu não existe é o primeiro passo na direção de colocar você – ou ao menos "você" – no controle.

5

A suposta não existência do eu

Ajahn Chah, um monge tailandês do século XX que ajudou muito a difundir a meditação Vipāsana no Ocidente, costumava alertar sobre a dificuldade de entender a noção budista de *anatta*, ou "não-eu". A ideia básica é que o eu – o seu eu, o meu eu –, de certa forma, não existe. "Para entender o não-eu você precisa meditar", ele aconselhava. Se você tentar entender a doutrina "usando apenas o intelecto, a sua cabeça vai explodir".[16]

Fico feliz em dizer que ele estava enganado quanto à cabeça explodir. Você pode tentar entender o não-eu sem meditar e sem medo de acabar explodindo. Não estou dizendo que você *vai conseguir*. Porém vou tentar ajudá-lo a chegar o mais perto possível do sucesso. No entanto, se ao final deste capítulo você continuar achando que não compreende bem a ideia, não se preocupe: você não está sozinho.

Em todo caso, Ajahn Chah não estava se referindo apenas à dificuldade de apreender essa noção racionalmente. Estava também ressaltando a importância, no budismo, da compreensão empírica de ideias essenciais por meio da meditação. Há uma grande diferença entre entender a doutrina do não-eu em termos abstratos e realmente assimilar – ou, em certo sentido, sentir –, em primeira mão, o que ela significa. E isso é especialmente verdadeiro se você quiser não apenas contemplar essa noção, mas, de fato, colocá-la em prática, utilizando seu potencial para se tornar mais feliz e até mesmo uma pessoa melhor – com uma nova conexão com as outras criaturas e uma nova generosidade em relação a elas. Segundo o budismo, entender verdadeira e profundamente que você não tem um eu pode torná-lo altruísta.

Veja como Walpola Rahula, monge budista que, em 1959, publicou um influente livro chamado *O ensinamento de Buda*, colocou a questão: "Segundo o ensinamento do Buda, a ideia do eu é uma convicção falsa e imaginária que não corresponde a qualquer realidade e produz os pensamentos nocivos de 'mim' e 'meu', desejos egoístas, ânsias, apego, ódio, animosidade, vaidade, orgulho, egoísmo e outros problemas, corrupções e impurezas. Ela é a fonte de todos os problemas no mundo, desde conflitos pessoais até guerras entre nações. Em suma, essa visão falsa é a origem de todo o mal que há no mundo."[17]

Isso nos faz pensar como seria bom se mais pessoas percebessem que não têm um eu! Mas aqui deparamos com um problema: a vivência completa do não-eu costuma ser uma experiência relatada apenas por meditadores que praticam há muito, muito tempo – com certeza há mais tempo que eu. Se, para salvar o mundo, precisamos que uma grande parcela da raça humana tenha essa experiência, talvez tenhamos que esperar por um bom tempo.

Mas temos que começar por algum lugar! E aqui temos boas notícias. A experiência do não-eu não é estritamente binária. Você não precisa pensar nela como um limiar que talvez consiga afinal atravessar, com efeitos transformadores, ou que nunca vai alcançar e, assim, não vai conseguir mudar nada. Por mais estranho que possa parecer, até mesmo com uma prática bastante modesta de meditação, você pode experimentar um pouco desse não-eu. Depois, com o passar do tempo, talvez o acesse um pouco mais profundamente. E – quem sabe – algum dia você poderá vivenciar a versão completa e transformadora da experiência. Mas, mesmo que isso não aconteça, você pode alcançar um progresso importante e duradouro, e os benefícios para você e para a humanidade podem ir se acumulando ao longo do caminho.

Na verdade, eu diria que o que Ajahn Chah chamou de compreender "usando apenas o intelecto" – tentar entender o não-eu conceitualmente, em termos abstratos – pode ajudar uma pessoa a entrar nesse caminho de progresso meditativo. E acho que vale a pena pensar acerca do argumento que o próprio Buda criou sobre o não-eu.

Antes de entrar nele, talvez eu deva fazer um advertência por cima da advertência de Ajahn Chah, pois o argumento do Buda tem peculiaridades que, de certa forma, aumentam o desafio inerente à compreensão do conceito. Ele analisa a mente humana de uma maneira que um psicólogo comum ou mesmo eu e você provavelmente não faríamos. Apesar de tudo, depois deste capítulo, vamos retornar à terra mais firme da ciência moderna. Enquanto isso, é bom reconhecer o valor prático real de tentar analisar a questão toda do modo como o Buda a percebia.

O sermão seminal sobre o não-eu

O ponto de partida lógico é o texto primordial *As características do não-eu*, considerado a primeira manifestação do Buda sobre esse assunto. A ocasião desse discurso foi um encontro com cinco monges. Nele, os acontecimentos seguem um padrão comum: o Buda apresenta aos monges a lógica por trás de algum aspecto do seu ensinamento e, no mesmo instante, eles ficam convencidos. Na verdade, nesse caso eles são instantaneamente *iluminados*. Ao final do discurso, todos fizeram a transição, passando de meros monges a *arhats*, seres iluminados. Consta que esses monges foram as primeiras cinco pessoas a alcançar esse nível depois do próprio Buda.

Que esse marco histórico tenha sido proporcionado pela compreensão do não-eu revela algo sobre a importância dessa doutrina no pensamento budista. E o fato de esse discurso específico ter sido o responsável por isso lhe confere um lugar de destaque no cânone budista. Assim como muitas doutrinas de muitas filosofias e religiões antigas, o não-eu está sujeito a interpretações variadas e, quando as pessoas discutem seu verdadeiro significado, elas podem se referir a diferentes textos budistas para apoiar seus argumentos. Porém este texto específico é o mais fundamental sobre o assunto.

A estratégia do Buda nesse discurso é abalar a confiança dos monges em suas ideias tradicionais sobre o eu ao perguntar exatamente onde, em um ser humano, podemos encontrar algo que mereça o rótulo *eu*. Ele conduz essa busca sistematicamente, passando pelo que se conhece como os cinco "agregados", que, de acordo com a filosofia budista, constituem um ser humano e sua experiência. Definir esses agregados com precisão tomaria um capítulo inteiro, mas para os presentes propósitos podemos classificá-los, em termos gerais como (1) o corpo físico (chamado de "forma" nesse discurso), que inclui os órgãos dos sentidos como os olhos e os ouvidos; (2) sensações básicas; (3) percepções (por exemplo, de visões e sons identificáveis); (4) "formações mentais" (uma categoria abrangente que inclui emoções complexas, pensamentos, inclinações, hábitos, decisões); e (5) "consciência" – em especial a consciência do conteúdo dos outros quatro agregados. O Buda percorre essa lista e pergunta qual dos cinco agregados pode ser referido como *eu*. Em outras palavras: Quais dos agregados evidenciam as características que você esperaria que o eu possuísse?

O que, por sua vez, levanta outra questão: quais características você *esperaria* que o eu possuísse? Em um nível mais fundamental, o que a palavra *eu* significava para o Buda? Infelizmente, ele não passou muito tempo definindo seus termos. Ainda assim, se você prestar atenção nos seus argumentos *contra* o eu, poderá ter uma noção do que ele chamava de *eu* – uma noção de quais propriedades específicas ele esperaria que algo digno do nome *eu* tivesse.

Para início de conversa, ele vincula a ideia do eu à ideia de *controle*. Veja o que ele diz sobre o agregado da "forma", o corpo físico: "Se a forma fosse o eu, a forma não conduziria ao sofrimento e seria possível mudá-la ao dizer: 'Que minha forma seja assim, que minha forma não seja assim.'" Mas, como ele observa, nosso corpo *conduz* ao sofrimento, e *não* é possível mudar isso num passe de mágica, dizendo "Que minha forma seja assim". Desse modo, a forma – aquilo de que o corpo humano é feito – não está sob nosso controle. Portanto, diz o Buda, isso deve significar que "a forma é não-eu".[18] Nós não somos o nosso corpo.

Em seguida ele discorre sobre os outros quatro agregados, um por um. "Se a sensação fosse o eu, ela não conduziria ao sofrimento" e você poderia mudar suas sensações, dizendo "Que minhas sensações sejam assim, que minhas sensações não sejam assim". Mas é claro que, em geral, *não temos* esse tipo de controle sobre as nossas sensações – e por isso sensações desagradáveis perduram mesmo quando preferiríamos que não perdurassem.[19] Por isso, conclui o Buda, sensações "são não-eu". O mesmo vale para percepções, formações mentais e a consciência. Será que alguma dessas coisas está mesmo sob controle – sob um controle tão completo que nunca conduzam ao sofrimento? E se elas não estão sob controle, como podemos pensar nelas como sendo parte do eu?

Nesse ponto, alguns leitores podem ficar confusos e sentir uma dúvida se formando: "Espere, o Buda está dizendo que o eu é algo que está *sob* controle? Pessoalmente, tendo mais a pensar no meu eu como aquilo que está *no* controle, mais ou menos como o CEO do meu ser." Claro que talvez você não seja um desses e nem entenda por que qualquer leitor faria uma pergunta dessas. Um dos problemas ao falarmos sobre o eu é que pessoas diferentes têm percepções diferentes sobre o que a palavra *eu* significa. Porém, caso você tenha essa dúvida, aqui vai algo que talvez lhe sirva como resposta.

Essa ideia do eu como uma espécie de CEO, como algo que está no controle, aparece com mais clareza em outros textos budistas, nos quais é a existência de um eu assim também é negada. E seria possível argumentar que, nesse discurso, o Buda está *implicitamente* negando a existência desse eu.[20] Em todo caso, vamos entrar na questão da existência – ou ausência – do eu como CEO no próximo capítulo. Por enquanto, meu conselho é que você não se preocupe em seguir cada nuance do argumento do Buda. O principal é captar sua textura. É a textura do argumento, a forma como o Buda conduz esse inventário do ser humano, item por item, enquanto procura sinais do eu, que será útil quando começarmos a pensar sobre como um meditador – até mesmo um iniciante – pode fazer uso da ideia de não-eu.

Controle não é a única propriedade que as pessoas tendem a associar ao eu, tampouco é a única que o Buda examina em seu discurso. Quando penso no meu eu, penso em algo que *persiste ao longo do tempo*. Já mudei muito desde que tinha 10 anos, mas será que não existe uma essência interior – minha identidade, meu eu – que, em certo sentido, tenha perdurado? Não será essa a única constante em meio ao fluxo?

Claro que o Buda se mostraria cético quanto a essa questão, visto que afirma que tudo está em fluxo e nada é permanente. Em *As características do não-eu*, ele aplica esse ceticismo a cada um dos cinco agregados. "O que vocês pensam disso, ó monges? Sensações são permanentes ou impermanentes?" Gentilmente, os monges respondem: "Impermanentes, ó Senhor."

O Buda continua: "A percepção é permanente ou impermanente?" E assim por diante – formações mentais, o corpo, a consciência: nenhum dos agregados é permanente, concordam os monges.

Assim, duas das propriedades normalmente associadas ao eu – controle e persistência ao longo do tempo – são consideradas ausentes, não evidentes em nenhum dos cinco componentes que parecem constituir os seres humanos. Esse é o cerne do argumento que o Buda faz em seu primeiro e mais famoso discurso sobre o não-eu e costuma ser considerado a base do argumento budista de que o eu não existe.

Não-eu significa *nenhum* eu?

Mas esse argumento central de que o eu não existe apresenta uma característica estranha: uma tendência ocasional a sugerir que o eu existe.

Perto do final do discurso, ao apresentar a lição de casa, o Buda instrui os monges a analisarem cada um dos agregados e dizerem: "Isso não é meu, eu não sou isso, isso não é o meu eu." Ele diz que o monge que seguir essa orientação de maneira inabalável "se tornará livre da paixão. Ao se libertar da paixão, ele se torna livre".

Certo, tudo bem. Mas se não existe eu, então qual é a natureza do "ele" que se torna livre quando todas as coisas que não são o eu tiverem sido abandonadas? Quem as terá abandonado? Se você não existe, então como pode dizer sobre cada agregado "Isso não é meu, eu não sou isso"? Se faz sentido dizer que existe algo que você não possui e que existe algo que você não é, então deve haver um você que você é, certo? Como pode o Buda, por um lado, insistir que o eu não existe e, por outro, continuar usando termos como *eu* e *você*, *ele* e *ela*?

Uma das respostas budistas comuns a essas perguntas é a seguinte: apesar de o eu não existir no sentido mais profundo, a linguagem humana não é muito boa em descrever a realidade em seu nível mais profundo. Portanto, por questões práticas – por uma convenção linguística –, é necessário falar sobre a existência de um *eu* e um *você*, um *ele* e um *ela*. Em outras palavras: o eu não existe num sentido "definitivo", mas existe num sentido "convencional".

Pronto. Agora está tudo esclarecido? Não, né? Então que tal esta formulação menos formal dessa mesma ideia básica, feita por um mestre budista: "Você é real. Mas você não é realmente real."

Continua confuso? Então talvez você deva experimentar outra abordagem para resolver o paradoxo: considere a possibilidade de que, em seu famoso sermão, o Buda *não tivesse a intenção de negar a existência do eu.* Caso você esteja se perguntando por que a segunda metade da frase está grifada, é para ressaltar como essa ideia é radical, ao menos em meio a pensadores budistas tradicionais. Ainda assim, é uma ideia que já foi levada a sério por alguns estudiosos dissidentes.[21] Vale a pena analisá-la.

Uma heresia analisada

Uma observação que esses estudiosos dissidentes tendem a fazer é que em nenhuma parte desse primeiro discurso seminal o Buda chega a dizer que o eu não existe. Ele diz que cada um dos cinco agregados é não-eu, mas não afirma que o exame deles constitua uma busca completa pelo eu. Talvez em uma pessoa exista algo além dos cinco agregados!

Bem, pode ser, mas se você levantar essa possibilidade, terá que enfrentar a resistência de muitos estudiosos budistas não dissidentes, que insistem que, de acordo com a filosofia budista, os cinco agregados são tudo o que existe em uma pessoa, mesmo que o Buda não tenha feito essa afirmação nesse discurso específico. E é verdade que o caráter exaustivo dos cinco agregados se tornou um dos pilares da filosofia budista. Assim como a ideia de que o eu não existe. Mas não estamos perguntando se esses dois pontos são parte da filosofia budista; na verdade, queremos saber se eles eram *originalmente* parte dessa visão – se o próprio Buda os afirmou. E a realidade é que nenhum dos dois está explícito nessa que é considerada a primeira grande declaração do Buda acerca do assunto.

Em todo caso, esta é uma possível maneira de explicar o que o Buda tinha em mente quando falou como se existisse um "você" que pudesse abandonar os cinco agregados e se tornar livre depois disso: talvez, na perspectiva dele, houvesse algo além dos cinco agregados em uma pessoa.

Há também uma segunda hipótese relacionada a essa e que talvez possa explicar onde nós encontramos o "você" que é livre depois de abandonar os agregados: talvez os agregados não sejam todos iguais. Talvez um deles – a consciência – seja especial. Talvez, quando "você" se liberta dos cinco, esse seja aquele agregado que é libertado, que se desembaraça dos outros quatro. E talvez seja isto que "você" se torna após abrir mão da ideia do eu: um tipo de forma purificada de consciência.

Existe um problema óbvio nessa hipótese que os estudiosos mais ortodoxos seriam rápidos em apontar: em seu primeiro discurso sobre o não-eu, o Buda realmente fala que "você" abandona a consciência tão completamente quanto abandona os outros agregados – em outras palavras, é como se o "você" que resta após a libertação não esteja mais associado à consciência do que aos outros agregados.

É um argumento válido. Por outro lado, existem discursos – não muitos, mas alguns – em que o Buda parece cantar uma canção ligeiramente diferente. Em um deles, ao descrever o que acontece quando você leva o ensinamento do não-eu a sério e abandona o seu apego aos cinco agregados, ele diz que a própria consciência é "libertada". Além disso, quando descreve o estado dessa consciência libertada, ele passa quase diretamente a descrever o estado do indivíduo que foi libertado. Ele diz sobre a consciência: "Estando libertada, ela fica estável; estando estável, ela fica satisfeita; estando satisfeita, ela não se agita. Sem agitação, o indivíduo pessoalmente alcança o nirvana."[22]

Ao formular dessa maneira – falando da libertação da própria consciência –, o Buda estrutura a relação entre a consciência e os outros quatro agregados de um jeito interessante. Em sua forma ordinária – com a qual todos nós, seres não iluminados, estamos familiarizados –, a consciência está "apegada" aos outros quatro agregados, diz ele; ela está apegada às sensações, às formações mentais, à percepção, ao corpo.

Isso não significa apenas que a consciência tem *acesso* às percepções, sensações corporais, e assim por diante; afinal, mesmo a consciência de um ser plenamente iluminado teria *acesso* a essas coisas, caso contrário – se não houvesse acesso nem mesmo às percepções, por exemplo – não restaria muita coisa ou talvez não sobrasse nada *de que* os seres iluminados pudessem ter consciência. Na verdade, "apego" se refere a uma conexão mais forte entre a consciência e os outros agregados. O apego é produto de uma "avidez", como diz o Buda, das pessoas pelos agregados; existe um agarrar-se a eles, uma relação de possessividade. Em outras palavras, esse "apego" persiste enquanto a pessoa não se dá conta de que os agregados são "não-eu". A pessoa se agarra a emoções, pensamentos e outros elementos dos agregados como se lhe pertencessem. Mas não pertencem.[23]

Esse discurso – o discurso do Buda sobre o apego – sugere um modelo de atraente simplicidade: a libertação consiste em mudar a relação entre a sua consciência e as coisas que costumamos considerar seus "conteúdos" – suas sensações, seus pensamentos e assim por diante. Quando você percebe que essas coisas são "não-eu", a relação da sua consciência com elas se torna mais de contemplação que de apego, e sua consciência é libertada. E o "você" que resta – o você que naquele primeiro discurso sobre o não-eu o Buda retrata como livre – é a consciência libertada.

Gostaria de poder dizer que essa hipótese resolve com facilidade e de maneira definitiva o enigma que me propus responder, ou seja: se os cinco agregados são tudo o que há em uma pessoa, onde você encontra o "ele" que, naquele primeiro discurso sobre o não-eu, é considerado livre? Infelizmente, quanto mais profundo for o seu mergulho no discurso sobre o apego – ao confrontar suas ambiguidades e aparentes inconsistências, considerar questões de tradução e comentários antigos a respeito –, mais difícil se torna chegar com confiança a uma hipótese tão simples.[24] Além do mais, não se pode negar que, por diversas vezes no primeiro discurso sobre as características do não-eu e em outros momentos, o Buda *afirma* que a consciência é não-eu, algo de que "você" precisa abrir mão para que a libertação aconteça – o que parece incompatível com a perspectiva de que "você" pode habitar tranquilamente o agregado da consciência uma vez que ele esteja desapegado dos outros quatro.

Mas não desista dessa perspectiva ainda. Alguns filósofos do budismo sugeriram que talvez haja dois tipos de consciência – dois modos ou duas camadas de consciência, seja qual for a terminologia que você prefira usar. Um é o tipo de consciência *do qual* você é libertado; o outro é o tipo de consciência que permanece com "você" – que é você – depois da libertação. O primeiro tipo está emaranhado – completamente apegado – aos conteúdos dos outros agregados; o segundo é uma percepção mais objetiva desses conteúdos, uma consciência mais contemplativa que persiste depois que o apego foi rompido.

Meditadores avançados às vezes relatam ter experimentado uma "consciência testemunha", que parece mais ou menos compatível com essa definição do segundo tipo de consciência. Alguns deles a experimentam por bastante tempo. Talvez, se ela durasse para sempre, eles pudessem alegar estarem iluminados. Talvez essa "consciência testemunha" seja o "você" que resta após a libertação.[25]

Talvez. Ou quem sabe devêssemos apenas reconhecer que Ajahn Chah tinha alguma razão: tentar compreender a ideia do não-eu "com o intelecto" pode fazer sua cabeça explodir. E pode ser que, à luz dessa possibilidade, devêssemos parar de intelectualizar aqui mesmo.

É claro que a sua cabeça, embora intacta, talvez esteja em um estado mais ou menos confuso. Mas tenho boas notícias: você não precisa dissipar sua confusão neste instante; pode esperar alguns anos, até ter meditado o suficiente para se tornar plenamente iluminado. E então, tendo compreendido o não-eu diretamente, você pode explicá-lo para mim.

Enquanto isso, eis o que eu recomendo:

Continue levando em conta a premissa que você provavelmente passou a vida inteira considerando. Que em algum lugar dentro de você existe algo que merece ser chamado de *eu*. E não sinta que está cometendo uma violação criminosa do dogma budista só por pensar em si mesmo como um eu. *No entanto*, esteja aberto para a possibilidade radical de o seu eu, no nível mais profundo, não ser de forma alguma o que você sempre pensou que fosse. Se você seguisse a orientação budista e abandonasse os enormes blocos de paisagem psicológica que acha que pertencem a você, isso produziria uma mudança de tirar o fôlego sobre o que significa ser humano. Se você conquistasse esse estado que o Buda recomenda, sua vivência seria algo muito diferente da nossa experiência atual de ter um eu.

Qual seria exatamente essa sensação? Eu não sou a melhor pessoa para responder, visto que nunca abandonei blocos *enormes* de paisagem psicológica. Mas tive aquela experiência que descrevi no capítulo 2 – o meu primeiro "sucesso" ao meditar. A tensão que senti no maxilar, a sensação provocada pelo excesso de cafeína que me deu vontade de ranger os dentes, de repente, deixou de parecer uma parte de mim. E, naquele momento, deixou de parecer desagradável. Eu ainda estava *consciente* daquela sensação no maxilar, mas minha consciência não estava mais *apegada* a ela, eu não tinha mais um sentimento de posse em relação a ela. Eu não tinha aberto mão do meu envolvimento com todas as sensações, como o Buda recomenda, mas abrira mão daquela sensação específica. Pode-se dizer que percebi que aquela sensação não precisava fazer parte do meu eu; eu redefini meu eu de forma a excluí-la.

É claro que, em certo sentido, a sensação ainda fazia parte da minha consciência – a qual, no entanto, agora a contemplava da mesma maneira que contempla as árvores balançando ao vento que vejo pela janela enquanto escrevo esta frase. Eu não tinha nenhum sentimento de posse em relação à tensão que me deu vontade de ranger os dentes, por isso pude percebê-la com desapego e tranquilidade.

Tirando a dor da dor de dente

Falando em dente, eis o que Edward Conze, um eminente estudioso budista do século XX, escreveu sobre a concepção budista do eu: "Se há um dente e houver uma deterioração nesse dente, isso é um processo que se passa no dente e no nervo ligado a ele. Mas caso o meu 'eu' se identifique com o dente, se convença de que é o 'meu' dente – e às vezes não é preciso muito para se convencer – e acredite que o que acontecer com o dente vai afetar a *mim*, tende a resultar daí uma certa inquietação no pensamento." Nesse sentido "a crença em um 'eu' é considerada por todos os budistas a condição indispensável para o surgimento do sofrimento". Em outras palavras, antes de qualquer coisa, a dor no seu dente só pode incomodá-lo se você possuir o dente, para início de conversa.[26]

Na verdade, eu conheço um homem que já meditou por muito tempo, e uma vez testou essa premissa. Antes de tratar uma cárie, ele decidiu fazer uma espécie de experimento e pediu ao dentista que dispensasse a anestesia. Ele não chegou a dizer que *adorou* a experiência, mas contou que foi preferível à habitual experiência pós-dentista de passar horas com o rosto parcialmente paralisado.

Pessoalmente, prefiro ficar com o rosto parcialmente paralisado. Acho que não seria capaz de entrar em um estado de atenção plena na cadeira do dentista. Mas certa vez fiz algo parecido por volta do décimo dia em um retiro de meditação de duas semanas. Um dente – que precisava de tratamento de canal – começou a doer sempre que eu tomava alguma coisa. A dor era aguda e às vezes lancinante, mesmo quando eu tomava líquidos na temperatura ambiente. Então, só para ver o que aconteceria, sentei no meu quarto e meditei por 30 minutos. Depois tomei um imenso gole de água, fazendo questão de banhar o dente com ela.

O resultado foi dramático e estranho. O dente latejou tanto que fui dominado pelas ondas dessa sensação, que, no entanto, não foi ruim de maneira uniforme; ela ficou bem no limiar entre o amargo e o doce, oscilando entre os dois. Às vezes era até impressionante em sua intensidade e, pode-se dizer, em sua magnitude e beleza. Talvez a maneira mais simples de descrever a diferença entre essa experiência e a minha vivência comum com dores de dente seja dizer que houve menos "Ai!" e mais "Uau!" do que o habitual.

Eu não teria sido capaz de fazer isso se não estivesse num retiro. Os 30 minutos diários da minha meditação cotidiana não me colocariam em posição de encarar uma forte dor de dente de forma tão objetiva, a ponto de eliminar boa parte do sofrimento. Ainda assim, essa experiência atestou o fato de que, estritamente falando, até mesmo a *posse* de uma dor muito intensa é opcional.

É claro que, graças à odontologia moderna, uma dor de dente não é uma questão tão grave quanto era nos tempos do Buda. O grande problema é a *ansiedade*. E, como já observei, eu consegui me distanciar da ansiedade na noite anterior à palestra que fiz em Camden, no Maine. A ansiedade passou a parecer algo que eu estava observando tanto quanto estava sentindo, algo que eu estava vivenciando com distanciamento. Talvez o Buda dissesse que a minha consciência havia se "desapegado" da ansiedade.

Podemos olhar tudo isso de um ângulo um pouco diferente: o segredo para abrir mão de um ou dois pedaços do meu eu foi separar o ato da observação do ato da avaliação. Continuei sentindo a ansiedade, mas deixei de considerá-la boa ou má. Como vimos no capítulo 2, sentimentos e sensações foram projetados pela seleção natural para representar *julgamentos* sobre as coisas, avaliações sobre elas; a seleção natural "quer" que você experimente as coisas como sendo boas ou más. O Buda acreditava que quanto menos você julga as coisas – inclusive os conteúdos da sua mente –, maior é a sua clareza na hora de considerá-las e menos iludido você está.

Assumindo o controle ao abrir mão

Uma lição que extraí da experiência de me afastar de todas essas sensações desagradáveis – da tensão no maxilar por causa do excesso de cafeína, da dor de dente, da ansiedade – foi o paradoxo do controle. Em sua persistência inicial e incômoda, todas essas sensações demonstraram que não estavam sob o meu controle – aliás, muito pelo contrário, pareciam estar me controlando! E, segundo a concepção de "eu" do Buda, por sua vez, minha falta de controle sobre elas provou que elas não eram parte do meu eu. Mas, assim que eu segui essa lógica – deixando de *ver* essas coisas que eu não podia controlar como parte do meu eu –, me libertei delas e, em certo sentido, retomei o controle. Ou talvez fosse melhor colocar da seguinte forma: minha falta de controle sobre elas deixou de ser um problema.

Observe quantas vezes as palavras *eu, me, meu* e *minha* aparecem no parágrafo anterior – talvez isso seja uma prova de quão longe estou de concretizar o não-eu. Em nenhum momento, enquanto tive essas experiências ou ao pensar nelas depois, cheguei perto de abandonar por completo o conceito de eu. Mas me ater a alguma noção do eu não me impediu de vivenciar uma redefinição bastante significativa do meu eu – uma redefinição que talvez tenha sido o primeiro passo na direção de algum dia experimentar plenamente o não-eu!

Talvez seja até útil se ater a alguma concepção do eu por algum tempo; pode ser que isso o ajude a chegar ao ponto em que você não acredita mais que o eu exista. Como escreveu o acadêmico Peter Harvey: "Talvez seja possível, então, considerar que a ideia do Eu cumpra um papel semelhante ao do foguete que propulsiona uma carga para o espaço, contra a força da gravidade. Ele fornece a força que conduz a mente para além do "campo gravitacional" do apego aos fatores de personalidade [os agregados]. Tendo feito isso, ele 'cai e queima', como um conceito em si mesmo sem fundamento."[27]

Em todo caso, acredita Harvey, o ensinamento do não-eu "não é tanto algo a se pensar como algo a ser *feito*".[28] E, quem sabe, talvez essa fosse a perspectiva do Buda sobre a questão. Talvez ele não estivesse realmente querendo articular uma doutrina, e sim tentando nos conduzir por um caminho. E esse caminho envolve mostrar quantas coisas você considera parte do seu eu, mas não precisam ser vistas dessa forma. Nessa perspectiva, naquele primeiro discurso sobre o não-eu, o Buda não estava fazendo uma palestra sobre metafísica ou a questão mente-corpo ou qualquer coisa tão puramente filosófica; estava apenas tentando fazer os monges pensarem sobre a própria mente de uma forma que os conduziria à libertação.[29]

Talvez isso explique o aspecto do discurso que as pessoas que pensam no eu como um CEO estranham: que o critério do Buda para rotular uma parte sua como *não-eu* seja ela *não estar* sob controle, em vez de não estar *no controle*. Talvez ele estivesse se referindo apenas a algo que "seja inútil considerar como parte do seu eu" ou com que "não devemos nos identificar". Nesse caso, ele estaria basicamente dizendo: "Olhe, se parte de você não está sob o seu controle e por isso faz com que você sofra, faça um favor a si mesmo e pare de se identificar com essa parte!" Essa interpretação é compatível com a orientação que ele apresenta perto do fim do discurso, quando diz que a atitude adequada em relação a cada um dos cinco agregados é dizer: "Isso não é meu, eu não sou isso, isso não é o meu eu."

Em certo sentido, estamos de volta à estaca zero, ao conselho introdutório de Ajahn Chah sobre a doutrina do não-eu: não *pense* tanto nisso – apenas *aja*. Mas espero que você tenha considerado útil pensar sobre o assunto. Mais adiante, vamos conhecer alguém que parece não apenas ter pensado sobre isso, mas também ter agido – alguém que afirma que depois de abandonar a ideia de possuir pedaços cada vez maiores do que costumamos considerar o eu, finalmente conseguiu abrir mão da coisa toda. Mas, por enquanto, meu conselho para meditadores iniciantes é: *Não leve a ideia do não-eu muito a sério*. Talvez o caminho contemplativo mais cedo ou mais tarde o leve à experiência plena do não-eu e você passe a acreditar que, num sentido profundo e difícil de definir, não existe um "eu" aí.

Até lá, deixe-se guiar pelas lições menos radicais do discurso do Buda. Pense em si mesmo como alguém que, a princípio, tem o poder de estabelecer um relacionamento diferente com os próprios pensamentos, impulsos, sensações e percepções – o poder de se desapegar de alguns deles; o poder de rejeitá-los, de definir as fronteiras do seu eu de uma maneira que os exclua. Pense que algum nível de libertação é possível – e não se preocupe com o fato de isso parecer implicar que existe um eu a ser libertado. Existem coisas piores que ser um eu livre.

A propósito, correndo o risco de tirar um pouco do drama dessa questão toda, na minha opinião pessoal, esses argumentos sobre em que o Buda realmente acreditava a respeito do eu são um tanto irrelevantes. É praticamente impossível que todas as falas atribuídas a ele nos textos budistas tenham sido ditas pelo Buda. Na verdade, alguns estudiosos diriam que existe pouco, ou nada, nesses textos que possamos atribuir a ele com muita convicção. Assim como o "Jesus histórico", o "Buda histórico" é difícil de discernir através das brumas da história. Assim como os relatos do Evangelho sobre Jesus são produto de uma evolução, de acréscimos orais e textuais, o mesmo vale para relatos antigos dos pronunciamentos do Buda. Mesmo supondo que a maioria desses relatos tenha sido originalmente baseada em coisas que ele chegou a dizer, os textos foram sujeitos a emendas, intencionais ou não, à medida que atravessavam gerações e gerações. Sob essa luz, não surpreende que haja inconsistências e mesmo contradições no cânone budista.

Ainda assim, em meio a todas as discordâncias sobre o que o Buda disse e o que ele quis dizer, há alguns temas que todos concordam que fazem parte da tradição budista desde o começo. E um deles é a ideia de que a concepção do eu é, na melhor das hipóteses, muito equivocada. Associamos o eu ao controle e a uma persistência estável ao longo do tempo, mas, num exame mais profundo, estamos muito menos sob controle e somos muito mais fluidos; nossa identidade é muito menos fixa do que pensamos.

No capítulo seguinte, vamos começar a ver o que a psicologia moderna tem a dizer a respeito de tudo isso. Será que a psicologia tende a confirmar a visão budista? Será que ela sugere que a nossa concepção habitual do eu – como um núcleo sólido e duradouro que mantém todo o sistema sob controle – é de fato uma ilusão? Será que ela confere credibilidade à ideia budista de que "rejeitar" grandes pedaços do eu – e, talvez um dia, a coisa toda – pode deixá-lo mais perto da verdade? Na minha opinião, as respostas são sim, sim e sim.

6

O seu CEO está desaparecido

Parece que o famoso discurso do Buda sobre o não-eu não converteu todo mundo imediatamente à sua forma de pensar. Algum tempo depois de proferi-lo, segundo as escrituras budistas, ele deparou com um homem chamado Aggivessana, um fanfarrão que havia reunido uma grande plateia para vê-lo derrotar o Buda num debate sobre o eu. Aggivessana começa o debate contestando a afirmação do Buda de que o eu não pode ser encontrado em nenhum dos cinco agregados. Ele declara: "A forma é o meu eu, as sensações são o meu eu, a percepção é o meu eu, as formações mentais são o meu eu, a consciência é o meu eu."[30]

Foi uma provocação bem escancarada, um ataque direto à visão de mundo do Buda – que, no entanto, sendo o Buda, permanece calmo. Ele diz: "Muito bem, Aggivessana, eu vou interrogá-lo sobre essa questão."

Se você já leu muitos discursos do Buda, sabe que as convicções de Aggivessana não vão sobreviver intactas ao diálogo que se segue. A única pergunta é qual ferramenta de retórica o Buda vai usar para dissipar a confusão de seu interlocutor. Ele opta pela metáfora do "rei".

O Buda pergunta: "Um nobre e consagrado rei guerreiro – como o rei Pasendai de Kosala ou o rei Ajatasattu Vedehiputta de Magadha – usaria o próprio poder em seu reino para executar os que merecem ser executados, multar os que merecem ser multados e banir os que merecem ser banidos?"

"Sim, mestre Gautama", responde Aggivessana. "Ele usaria, e mereceria usá-lo."

Então o Buda diz: "O que você acha, Aggivessana? Quando diz 'a forma é o meu eu', você exerce poder sobre essa forma: 'que a minha forma seja assim, que a minha forma seja assado'?" Aggivessana não diz nada. O Buda repete a pergunta. O outro permanece em silêncio.

Agora o Buda usa artilharia pesada. Ele lembra a Aggivessana que "quando alguém deixa de responder por três vezes a uma pergunta legítima feita pelo Tathagata [o Buda], sua cabeça se parte em sete pedaços no mesmo instante". Nesse momento, Aggivessana olha para o alto e, como um mau agouro, vê um espírito segurando um raio de ferro (o espírito tem o nome apropriado de "Raio-na-mão"). O espírito se manifesta, advertindo-o: "Se deixar de responder por três vezes a uma pergunta legítima feita pelo Abençoado, vou partir sua cabeça em sete pedaços no mesmo instante."

Com esse incentivo, Aggivessana responde à pergunta do Buda: "Não, mestre Gautama." Ele admite que não tem controle total sobre o próprio corpo. Então o Buda discorre sobre os outros agregados – sensações, percepção, e assim por diante. Aggivessana percebe que, de fato, não tem poder sobre essas coisas como um rei sobre o próprio reino.

Assim, o Buda ilustra seu argumento. Você – o "você" que experimenta sensações, tem percepções e elabora pensamentos – não tem mesmo total controle sobre essas coisas. Se você pensa que em algum lugar dentro da sua cabeça existe uma espécie de governante supremo, um diretor executivo, bem, há algumas dúvidas sobre onde exatamente ele poderia ser encontrado.

Dois mil e quinhentos anos depois, a ciência da psicologia está falando a mesma coisa que o Buda. Bem, não *exatamente* a mesma coisa; psicólogos não ficam dizendo que você não é o rei do seu reino pessoal – mesmo porque hoje em dia não existem muitos reis com esse tipo de poder. Os psicólogos usam uma terminologia mais moderna. Como explica Robert Kurzban, professor de psicologia na Universidade da Pensilvânia: "'Você' não é o presidente, o diretor executivo, o primeiro-ministro."[31]

Essa é uma questão aceita entre os psicólogos de forma quase unânime: o eu consciente não é uma autoridade executiva todo-poderosa. Na verdade, segundo a psicologia moderna, o eu consciente tem ainda menos poder do que o que lhe foi atribuído por Aggivessana depois que o Buda esclareceu seu raciocínio. Aggivessana se limitou a reconhecer que, pensando melhor, os diversos agregados não estão sob controle *total*. Afinal, se estivessem, provavelmente o Buda teria perguntado por que então eles causam tanto sofrimento. A psicologia moderna está fazendo uma afirmação mais contundente: sabe como você pode concluir, assim como Aggivessana depois de pensar melhor, que não está no controle absoluto. Pois saiba que você tem menos controle ainda.

A menos que "pensar melhor" queira dizer "conduzir o tipo de reflexão que ocorre quando se está chegando ao fim de um retiro de meditação silenciosa de uma semana". Se o retiro tem o efeito desejado, a essa altura sua mente está muito mais calma que o habitual e você percebe seu conteúdo com muito mais objetividade. E alguns conteúdos da consciência que você normalmente acha que está gerando parecem estar sendo criados por alguma outra coisa. Mais de uma vez eu ouvi um mestre de meditação dizer que "os pensamentos se pensam sozinhos". Curiosamente, ao final de um retiro isso pode começar a fazer sentido.

Então, se a mente consciente não está no controle, *o que* está? Como veremos, a resposta pode ser: nada especificamente. Quanto mais de perto observamos a mente, mais ela parece consistir em vários atores diferentes, que às vezes colaboram entre si, mas outras vezes lutam pelo controle, com a vitória indo para aquele que, de alguma maneira, for o mais forte. Em outras palavras, a mente é uma selva – e você não é o rei da selva. A boa notícia é que, paradoxalmente, perceber que você não é o rei pode ser o primeiro passo na direção de conseguir algum poder real.

Claro, é difícil admitir que você não é o rei, e não apenas porque parece ótimo ser rei. É porque nos *sentimos* reis; sentimos que o nosso eu consciente está encarregado do nosso comportamento, decidindo o que fazer e quando. Mas diversos experimentos conduzidos nas últimas décadas têm questionado essa conclusão intuitiva.

Duas mentes

Entre os mais radicais estão os famosos experimentos com "cérebros divididos". Eles foram realizados com pessoas cujos hemisférios cerebrais esquerdo e direito haviam sido separados por uma cirurgia que rompe os aglomerados de fibras que os conectam (em geral, o propósito dessa cirurgia é controlar convulsões em casos graves de epilepsia). Acontece que essa cirurgia tem pouco efeito sobre o comportamento; em circunstâncias normais, pessoas com o cérebro dividido agem normalmente. Mas, nos anos 1960, os neurocientistas Roger Sperry e Michael Gazzaniga conceberam experimentos que levaram esses pacientes a se comportarem de maneira estranha.

O elemento-chave desses experimentos consistia em confinar a informação a apenas um dos hemisférios, limitando a exposição à metade do campo visual do paciente. Por exemplo, se uma palavra fosse exposta somente ao campo visual esquerdo, que é processado pelo hemisfério direito, ela não poderia chegar ao hemisfério esquerdo, já que os dois tinham sido cirurgicamente separados.

Na maioria das pessoas, é o hemisfério esquerdo que controla a linguagem. Dessa forma, pacientes cujo hemisfério direito fosse exposto à palavra *noz*, por exemplo, não relatavam nenhuma consciência disso. Mas sua mão esquerda – que é controlada pelo hemisfério direito – escolhia uma noz em meio a diversos objetos colocados numa caixa.

Por si só, essa descoberta poderia ser suficiente para colocar em questão as suas noções tradicionais do "eu" consciente. Agora considere esta: nesses pacientes, quando é encarregado de explicar comportamentos iniciados pelo hemisfério direito, o hemisfério esquerdo tenta produzir uma história plausível. Se você enviar o comando "ande" para o hemisfério direito, eles vão se levantar e andar. Mas, se perguntar aonde eles estão indo, a resposta virá do hemisfério esquerdo, que não estava a par do comando. E esse hemisfério produzirá uma resposta que, do ponto de vista dele, será razoável. Um homem respondeu, de maneira bastante plausível, que estava indo pegar um refrigerante. E a pessoa que cria a explicação improvisada – ou pelo menos o hemisfério esquerdo da pessoa, a parte responsável pela comunicação – parece acreditar na história.

Em um dos experimentos, a imagem de um pé de galinha foi mostrada ao hemisfério esquerdo de um paciente, enquanto uma cena com neve foi exibida ao seu hemisfério direito. Em seguida, uma série de imagens foi apresentada para os dois hemisférios e o paciente tinha que escolher uma das imagens. A mão esquerda do paciente apontou para uma pá, supostamente porque a cena da neve tinha sido vista pelo hemisfério que controla a mão esquerda e neve é algo que removemos usando uma pá. A mão direita apontou para uma galinha. Gazzaniga recorda o que aconteceu em seguida: "Então perguntamos por que ele escolheu aqueles itens. O centro de fala, em seu hemisfério esquerdo, respondeu: 'Ah, é simples. O pé de galinha combina com a galinha', explicando com facilidade o que sabia, pois tinha visto o pé de galinha. A seguir, olhando para a mão esquerda apontando a pá, ele disse, sem hesitar: 'E você precisa de uma pá para limpar o galinheiro'."[32] Mais uma vez, a parte do cérebro que controla a linguagem produziu uma explicação coerente para o comportamento, ainda que falsa – e parecia completamente convencida da verdade de sua explicação.

Os experimentos com cérebros divididos demonstraram com clareza a capacidade do eu consciente de convencer a si mesmo de que está no comando, quando, na verdade, não está. No entanto, eles foram feitos com pessoas que não têm um cérebro normal. E quanto ao resto de nós, cujos hemisférios direito e esquerdo não são separados? Será que nosso cérebro realmente se vale dessa capacidade de se autoenganar?

Há boas razões para acreditar que a resposta seja sim. Em um experimento citado com frequência, os psicólogos Richard Nisbett e Timothy Wilson pediram a consumidoras que avaliassem quatro pares de meias-calças e escolhessem o melhor. Acontece que as pessoas têm uma forte tendência a escolher o par na extrema direita. Mas, quando questionadas sobre o motivo pelo qual escolheram aquele par, nenhuma delas respondeu "porque está na extrema direita". Elas preferiram justificar sua escolha em termos da qualidade da meia-calça, às vezes entrando em detalhes quanto ao tecido, a textura, e assim por diante. A despeito dessas explicações, os quatro pares de meias-calças eram idênticos.

Psicólogos desenvolveram diversas formas de levar as pessoas a fazerem coisas sem perceber. Uma das técnicas comuns é apresentar uma informação de maneira subliminar – por exemplo, colocando uma palavra para piscar na tela por uma fração de segundo, por menos tempo do que o necessário para que a mente consciente possa registrá-la.

Em um estudo realizado na Inglaterra, foi dito aos participantes que eles receberiam uma recompensa financeira proporcional à força com que apertassem um instrumento em diferentes tentativas e que o prêmio iria variar de uma tentativa para a outra. Enquanto esperavam pela tentativa seguinte, olhando para a tela que informaria a força com que tinham conseguido apertar o objeto, a imagem de uma moeda piscava na tela, de maior ou menor valor. Mesmo quando a imagem era exibida subliminarmente, o prêmio em jogo influenciava a força aplicada pelos participantes.

Esse experimento tinha um segundo aspecto. Os participantes eram submetidos a um exame cerebral. Os cientistas prestaram especial atenção na região do cérebro associada à motivação e à emoção, onde se supõe que sejam processadas as informações sobre recompensas. Essa parte do cérebro mostrava mais atividade quando a recompensa financeira era maior – e isso acontecia independentemente de a informação ter sido apresentada de maneira subliminar ou consciente. Os cientistas escreveram: "De maneira consistente, a mesma região basal na parte anterior do cérebro foi relacionada à motivação subliminar e à motivação consciente."[33]

Mas será que "motivação consciente" é o termo correto? Ele poderia levar à interpretação de que a motivação *se origina* na vontade consciente. E esse experimento sugere um cenário diferente: a engrenagem do cérebro que traduz o incentivo em motivação é a mesma, independentemente de você estar consciente do incentivo e dessa tradução; portanto, a consciência talvez não acrescente nada ao processo. Em outras palavras, talvez não se trate tanto de uma "motivação consciente", mas da "consciência *da* motivação". Com ou sem consciência disso, as mesmas engrenagens físicas responsáveis pela motivação parecem estar a cargo da maior parte do trabalho pesado.[34]

Claro, você pode *sentir* que a consciência do incentivo foi o que fez você usar mais força durante o experimento. Mas o que ele sugere é que talvez isso seja uma ilusão. Essa não é a única interpretação possível, mas ela se destaca e talvez tivesse sido bem-vista pelo Buda: você acha que está dirigindo o filme, mas, na verdade, está apenas assistindo. Ou – correndo o risco de complicar as coisas mais ainda – é o filme que está dirigindo você. A menos que você consiga se libertar dele.

Questões sobre o nível real de controle da mente consciente já foram levantadas a partir de vários ângulos experimentais diferentes. Em uma série de experimentos famosos conduzidos no começo dos anos 1980 por Benjamin Libet, pesquisadores monitoraram o cérebro de voluntários enquanto eles "decidiam" iniciar uma ação. Os pesquisadores concluíram que o cérebro dava início à ação antes de a pessoa ter consciência da "decisão" de fazê-lo.

Esse corpus de pesquisas ainda está tomando forma. Nem todas as descobertas vão se sustentar a longo prazo, à medida que os experimentos forem repetidos. E em alguns casos, inclusive nos estudos de Libet,[35] há questões não resolvidas quanto à interpretação.[36] Ainda assim, parece, no mínimo, justo dizer que o papel do eu consciente no comportamento não é nem de longe tão grande quanto se pensava. E a razão pela qual esse papel foi tão exagerado é que *sentimos* que a mente consciente é muito poderosa; em outras palavras, ela está naturalmente iludida quanto à própria natureza.

Os benefícios darwinianos do autoengano

Para filósofos budistas, isso talvez faça muito sentido – mas também pode ser muito intrigante. Por que a seleção natural projetaria um cérebro que deixa as pessoas iludidas em relação a si mesmas? Uma resposta possível é que, quando acreditamos em algo acerca de nós mesmos, pode ser mais fácil convencer outras pessoas a acreditarem na mesma coisa. E certamente é vantajoso – ou, mais especificamente, foi vantajoso para os genes dos nossos antepassados caçadores-coletores – convencer o mundo de que somos atores coerentes e consistentes, que têm as coisas sob controle.

Sabe o homem cujo hemisfério direito recebeu a instrução de andar e, ao ser perguntado aonde estava indo, disse que ia pegar um refrigerante? A resposta dele não era verdadeira, mas inspirou certa confiança a seu respeito. Ele passou a impressão de ser uma pessoa no controle de si, que não anda por aí fazendo coisas sem razão. Compare-o com outro homem que ofereceu um relato mais honesto: "Na verdade eu não sei por que me levantei nem para onde ia. Às vezes faço coisas por razões que não fazem o menor sentido para mim." Se esses dois sujeitos fossem os seus vizinhos num vilarejo de caçadores-coletores, com qual deles você gostaria de sair para caçar? Com qual gostaria de fazer amizade? Durante a evolução humana, as respostas a essas perguntas foram importantes: se você fosse considerado alguém cuja colaboração e amizade não valem a pena, os seus genes estariam em perigo.

Em suma, a partir da perspectiva da seleção natural, é vantajoso contar uma história coerente sobre si, retratar a si mesmo como um ator racional e autoconsciente. Então, quando as suas motivações reais não são acessíveis para a parte do seu cérebro que se comunica com o mundo, faz sentido que ela fabrique histórias sobre a sua motivação.

É claro que coerência de motivação, apesar de ser uma qualidade desejável num amigo ou colaborador, não é algo decisivo por si só. Quando alguém tem metas claras e consistentes, mas nunca consegue cumpri-las, não contribui muito para o trabalho em equipe e quebra as próprias promessas, essa pessoa não reúne muitos amigos e colaboradores. Então é de esperar que contemos histórias sobre nós mesmos que, além de coerentes, também sejam lisonjeiras – e acreditemos nelas.

E é o que fazemos, e muito. Em 1980, o psicólogo Anthony Greenwald inventou o termo *benefectância* para descrever a forma como as pessoas naturalmente se apresentam para o mundo – como benéficas e eficientes.[37] Desde então, muitos experimentos já demonstraram que as pessoas não só fazem esse tipo de propaganda a respeito de si mesmas como realmente acreditam no que estão dizendo.

E talvez elas tenham razão! *Existem* pessoas benéficas e eficientes no mundo. Mas seria impossível que a *maioria* das pessoas ficasse acima da média nesses aspectos. Ainda assim, inúmeros estudos demonstraram que as pessoas pensam que estão acima da média em muitas dimensões – que vão das habilidades atléticas às sociais. E esse tipo de autoelogio consegue resistir com firmeza a evidências. Um estudo realizado com 50 pessoas demonstrou que, na média, elas se avaliavam como motoristas proficientes – o que é ainda mais curioso, considerando que as 50 haviam se envolvido em acidentes de trânsito no ano anterior e a polícia havia considerado dois terços delas responsáveis por esses acidentes.[38]

Se existe algo que nos impressiona ainda mais que nossa própria competência é a nossa fibra moral. Uma das descobertas que comprovam esse argumento é que qualquer pessoa média acredita que faz mais coisas boas e menos coisas ruins que uma pessoa média.[39] Quase meio milênio depois da morte de Montaigne, a ciência validou o raciocínio por trás de seu talvez excessivamente modesto comentário: "Eu me considero um homem na média, a não ser pelo fato de me considerar um homem na média."

E não é que nos consideremos acima da média somente quando comparados à vaga ideia da população em geral. Quando somos colocados em uma equipe muito pequena, tendemos a nos convencer de que somos mais valiosos do que a média dos outros membros do grupo. Em um estudo,[40] acadêmicos que haviam trabalhado em pesquisas publicadas conjuntamente foram questionados sobre qual fração dos resultados poderia ser atribuída ao seu trabalho individual. Numa equipe de quatro pessoas, a soma dos créditos de cada participante foi calculada em 140%. A palavra-chave na frase anterior é *créditos*. Quando os esforços em equipe fracassam, o valor que damos à nossa contribuição pessoal diminui.

Muitas vezes essas formas de autoengano são percebidas – ao menos nas *outras* pessoas. Em um estudo realizado nos Estados Unidos,[41] pesquisadores descreveram oito tipos diferentes de vieses muito frequentes, como "as pessoas tendem a assumir o crédito pelo sucesso, mas negar a responsabilidade pelo fracasso; elas veem os próprios êxitos como resultado de qualidades pessoais, como motivação ou habilidade, mas os próprios fracassos como resultado de fatores externos, como exigências de trabalho irreais ou instruções inadequadas". Nos oito casos, o participante médio relatou que seria menos suscetível a esse viés do que o americano médio. Kurzban resumiu seus resultados da seguinte forma: "Nós pensamos que somos melhores que a média *por não termos o viés de pensar que somos melhores que a média.*"[42]

Nossos vieses egocêntricos são auxiliados pela forma como a memória funciona.[43] Apesar de alguns acontecimentos dolorosos se fixarem com firmeza em nossas lembranças – talvez para que possamos evitar repetir os erros que levaram a eles –, em geral somos mais propensos a nos lembrar dos eventos que nos refletem de maneira favorável e menos daqueles que nos refletem de maneira negativa. Também nos lembramos de experiências positivas com mais detalhes, como se os acontecimentos positivos fossem especialmente mais apropriados para serem compartilhados. Essa assimetria de detalhes narrativos não existe nas nossas lembranças de coisas positivas e negativas que tenham acontecido com outras pessoas.

Além do mais, quando contamos uma experiência para alguém, o próprio ato de relatar altera a nossa memória da experiência. Então, se modificamos um pouco a história a cada vez que a contamos – omitindo fatos inconvenientes, exagerando fatos convenientes –, com o passar do tempo podemos alterar a nossa convicção sobre o que de fato aconteceu. O que, supostamente, faz com que seja mais fácil convencer outras pessoas de que a nossa história é real.

É claro que nem *sempre* as pessoas se têm em tão alta conta. A baixa autoestima existe – e existem explicações, especulativas porém plausíveis, sobre por que sua existência faz sentido do ponto de vista darwiniano. Há também outras diferenças entre as pessoas que conseguem influenciar as histórias que contam – e em que acreditam – sobre si mesmas. Em um estudo, pessoas com alta pontuação numa escala de extroversão e pessoas com alta pontuação numa escala de neuroses escreveram diários que relatavam suas experiências emocionais cotidianas.[44] As extrovertidas se lembraram de mais experiências positivas do que haviam de fato vivido, enquanto as neuróticas se lembraram de mais experiências negativas do que haviam vivido. Isso é prova de que a autopromoção, embora seja a norma em nossa espécie, não é uma lei inexorável. Mas deve-se notar que tanto os extrovertidos quanto os neuróticos estavam errados: a diferença na personalidade deles os conduziu a tipos diferentes de ilusão, mas em ambos os casos o termo crucial é *ilusão*.

As histórias que contamos a nós mesmos também podem variar em diferentes culturas. Na média, os asiáticos fazem menos autopromoção em alguns aspectos do que os ocidentais, embora em outros – especialmente em se tratando de virtudes "coletivistas", como lealdade ao grupo – os asiáticos apresentem a tendência de se autopromover mais que os ocidentais.[45] Ainda assim, o padrão se mantém consistente ao redor do planeta, e isso vale especialmente em relação a virtudes éticas como a imparcialidade; na média, as pessoas acham que estão acima da média em termos morais. Essa é uma forma de autopromoção muito relevante, pois ajuda a alimentar a hipocrisia que estimula e mantém conflitos – de pequenas disputas individuais a guerras.

Levando tudo isso em consideração, vivemos sob pelo menos dois tipos de ilusão. Uma sobre a natureza do eu consciente, que pensamos ter mais controle sobre as coisas do que de fato tem. Outra sobre o exato tipo de pessoa que realmente somos – todo mundo se acha capaz e honesto. A primeira dessas ilusões diz respeito ao nosso eu, enquanto a outra diz respeito à nossa pessoa. Ambas funcionam em sinergia. A primeira nos ajuda a convencer o mundo de que somos atores coerentes e consistentes: não tomamos atitudes sem uma boa razão que faça sentido; se o nosso comportamento merece crédito ou culpa, também existe um ser interior que merece esse crédito ou culpa. A segunda nos ajuda a convencer o mundo de que nós merecemos o crédito, não a culpa; que somos mais éticos do que as outras pessoas e mais produtivos do que o colega de equipe. Nós temos benefectância.

Em outras palavras, se você pudesse incluir no cérebro um componente que agisse como um relações públicas, ele seria parecido com seu eu consciente. O antropólogo Jerome Barkow escreveu: "Pode-se argumentar que a principal função evolutiva do eu é servir como órgão de gerenciamento das impressões que queremos passar (em vez de, nos termos da psicologia popular,[46] um tomador de decisões)." A única coisa que eu acrescentaria é que a própria psicologia popular parece ser uma parte da função evolutiva; para nos apresentarmos como pessoas capazes e honestas, precisamos acreditar no poder do nosso eu.

Sobre várias mentes

Se o eu consciente não é um CEO, que administra todo o comportamento como ele pensa fazer, como o comportamento é *administrado*? Como as decisões são tomadas?

Uma resposta cada vez mais comum no campo da psicologia, especialmente da psicologia evolucionista, defende que a mente é "modular". Segundo essa perspectiva, a sua mente é composta por diversos módulos especializados – para avaliar situações e reagir a elas – e a interação entre todos eles molda o seu comportamento. Além disso, boa parte dessa interação ocorre sem consciência da sua parte.

Embora ainda seja recente e não esteja totalmente desenvolvido, o modelo modular da mente é muito promissor. Para começo de conversa, ele faz sentido em termos evolutivos: a mente foi formada pouco a pouco, pedaço por pedaço, e à medida que a nossa espécie foi se deparando com novos desafios, novos pedaços lhe foram sendo acrescentados. Como veremos, esse modelo ajuda a explicar alguns dos grandes conflitos internos da vida, como a decisão de trair ou não seu cônjuge, de usar drogas ou não, de comer ou não mais uma rosquinha açucarada. E, o que talvez seja mais relevante para os nossos propósitos, pensar na mente a partir do modelo modular nos ajuda a compreender algumas coisas que ouvimos dos mestres de meditação, como quando dizem que "os pensamentos se pensam sozinhos" e que perceber isso pode ser libertador.

Mas esse modelo da mente tem um grande problema: seu nome. A palavra *módulo* parece implorar por uma má interpretação. Por isso, antes de abordar o funcionamento da mente modular, vou tentar evitar mal-entendidos listando três maneiras pelas quais você *não deve* conceber esses módulos:

1. *Os módulos não são um bando de compartimentos físicos.* Não é possível apontar uma parte do cérebro e dizer: "Este é o módulo que me ajuda a inferir o que as pessoas estão pensando a partir do que elas dizem, de sua linguagem corporal e de suas expressões faciais." Os psicólogos até acreditam que existe um módulo assim: o módulo da "teoria da mente" (o autismo foi relacionado a deficiências nele). Mas, quando os cientistas tentam localizar esse módulo por meio de exames de imagem do cérebro, constatam que ele é muito disperso e ativa diferentes regiões cerebrais – ora ativando mais uma região, ora ativando mais outra.
2. *Os diferentes módulos não são como as lâminas de um canivete suíço ou aplicativos de um smartphone.* Digo isso com certa hesitação, pois os proponentes do paradigma modular às vezes usam essas mesmas metáforas. Mas a verdade é que existe muito mais interação e sobreposição entre os diferentes módulos mentais do que é possível observar num canivete suíço ou mesmo em um smartphone.

   Por exemplo, alguns psicólogos defendem a existência de um módulo para "detecção de trapaceiros", que ajuda a descobrir em quem se pode confiar. Esse módulo supostamente ativaria partes do módulo da "teoria da mente", além de outras partes do cérebro. Ele talvez possa, digamos, se comunicar com algum tipo de módulo de rotulagem que atribua avaliações negativas ou positivas às pessoas, dependendo de elas passarem ou não no teste para detectar trapaceiros.

Para complicar ainda mais as coisas, existem diferentes *espécies* de trapaceiros. Existem os trapaceiros transacionais – o vendedor de carros inescrupuloso – e os trapaceiros sexuais, parceiros e parceiras que se mostram infiéis. Faz sentido pensar que esses dois tipos de detecção são executados por um único módulo? Provavelmente existe *algum* nível de sobreposição entre eles; talvez possamos, por exemplo, detectar em ambos os casos se a pessoa consegue nos olhar nos olhos quando diz algo que desconfiamos ser falso. Mas a sobreposição não é completa: os sistemas motivacionais que operam sobre o maquinário de detecção de trapaceiros diferem nos dois casos; não é o ciúme que me faz prestar atenção redobrada às expressões faciais de um vendedor de carros e, se eu concluir que não devo confiar nele, isso não provoca em mim um acesso de fúria e ciúme (a menos que eu chegue a essa conclusão quando o carro que ele me vendeu parar no meio da rua; aí talvez eu tenha um ataque de fúria, mas sem ciúme). Falando de maneira geral, a divisão de trabalho e a separação entre os nossos módulos mentais é muito menos bem definida do que a palavra *módulo* sugere, bem como a extensão da interação entre eles. Por isso, se você preferir usar termos como *redes* ou *sistemas*, sinta-se à vontade.

3. *Os módulos não funcionam como os departamentos no organograma de uma empresa.* Talvez isso seja um pouco repetitivo, dado que acabei de ressaltar como os módulos são fluidos, interativos e sobrepostos. Além de tudo, essa discussão está num contexto em que tento explicar que a nossa mente não tem um CEO. Ainda assim, vale a pena levar em conta como o funcionamento da mente difere do funcionamento idealizado de uma empresa. Em meio às características que costumam faltar aos módulos estão obediência e harmonia. Sim, às vezes eles podem cooperar entre si, mas outras vezes competem – e essa competição pode ser feroz. Certa vez alguém analisou diversas grandes empresas a partir de seus organogramas, e a Microsoft, famosa por seu alto nível de disputas internas, foi retratada como um pelotão de fuzilamento circular. Nossa mente não sofre *tantos* conflitos internos assim, mas às vezes ela pode se assemelhar ao organograma da Microsoft. Como escreveu Gazzaniga, o pioneiro em experimentos com cérebros divididos: "Embora haja um processamento hierárqui-

co dentro dos módulos, não parece haver qualquer hierarquia entre eles. Nenhum desses módulos responde a um chefe de departamento – é um sistema caótico e auto-organizado."[47]

Existe certa dose de conflito nessa última frase. "Caótico" e "auto-organizado" têm conotações diferentes. Mas esses dois termos não precisam ser aplicados ao mesmo tempo. Às vezes a mente parece um caos, às vezes parece mais organizada, como se a situação caótica tivesse sido resolvida. Além disso, a noção de organização pode ser enganosa, pois a situação caótica pode estar ocorrendo em um nível subconsciente e ser resolvida sem sair dele. "Qualquer noção de que você se torne consciente em um determinado momento é a que subiu à tona e saiu vencedora, a que se tornou dominante", escreve Gazzaniga. "O que ocorre no seu cérebro é uma briga de cachorro grande, com sistemas diferentes competindo para chegar à superfície e vencer o prêmio do reconhecimento consciente."[48]

Quando fala de uma "briga de cachorro grande" dentro da sua cabeça, Gazzaniga não está apenas se referindo aos conflitos mais óbvios do tipo o médico e o monstro, entre aquela parte em você que quer comer uma rosquinha (ou talvez até mesmo roubar uma rosquinha!) e aquela parte que o aconselha a ser comedido. Na verdade, em disputas desse *tipo*, o *próprio* conflito costuma ser parte da consciência. Vamos abordar essa espécie de luta entre módulos mais adiante, no capítulo em que vou analisar o problema normalmente conhecido como "autocontrole". Gazzaniga está se referindo mais a disputas que são resolvidas em um nível inconsciente ou subconsciente. As coisas nas quais eu presto atenção, as histórias que conto sobre as coisas em que presto atenção, as histórias que conto sobre mim mesmo – tudo isso resulta de escolhas, e "eu", o "eu" consciente, aquilo que considero o meu eu, em geral não é o responsável por elas.

Isso é quase o suficiente para fazê-lo questionar se aquilo que você considera o seu eu merece mesmo esse rótulo. Kurzban escreveu: "No fim, se for verdade que seu cérebro consiste em diversos pequenos módulos com diferentes funções e se apenas um pequeno número deles for consciente, talvez não haja qualquer razão para considerar alguns deles como sendo 'o seu verdadeiro eu' ou qualquer outra coisa particularmente especial."[49] Quando escreveu esse trecho – em um livro chamado *Why Everyone (Else) is a Hypocrite: Evolution and the Modular Mind* [Por que todos (os outros) são hipócritas: evolução e a mente modular]–, Kurzban não estava familiarizado com a ideia budista do não-eu. Mas, milênios após o surgimento dessa ideia, a ciência o levou na mesma direção.

Discordo da sugestão de Kurzban de que a mente consciente não seja algo "especial". Eu diria que a mente consciente é especial... por ser consciente, ora. Como tal, ela pode sentir prazer e dor, alegria e tristeza. A capacidade para sentir, para ter experiências subjetivas de forma geral, é o que dá significado à vida e relevância às questões morais. Imagine um planeta cheio de robôs humanoides, incapazes de ter experiências subjetivas. Haveria algo obviamente errado em destruí-los ou algo obviamente certo em construir mais deles?

Ainda assim, a mente consciente – o "eu" consciente – não é especial no sentido que costumamos supor. Não está no controle de tanta coisa quanto pensamos. Ela tem menos o papel de um presidente da República que o de um presidente da Câmara dos Deputados, que preside votações e anuncia o resultado, mas não controla os votos. É claro que o presidente da Câmara pode agir nos bastidores de forma a exercer alguma influência sobre os votos. E não podemos descartar a possibilidade de que a mente consciente também exerça certa influência aqui e ali.

Na verdade, talvez seja útil pensar na meditação como um processo que pega uma mente consciente capaz de exercer alguma influência e a transforma em algo que pode ter muita influência – talvez até mesmo algo mais parecido com o papel de um presidente da República. E, para isso, pode ser que seja útil compreender como o cérebro determina qual módulo está no controle em dado momento. Essa questão será analisada no próximo capítulo.

7

Os módulos mentais que controlam a sua vida

Quando eu estava no primeiro ano da faculdade, fiquei sabendo que eu possuía uma função de utilidade intertemporal. Não foi um diagnóstico; "função de utilidade intertemporal" não é uma doença, mas algo que todo mundo tem. É uma equação que descreve, grosso modo, sua disposição para adiar a gratificação – sua disposição para abrir mão de algo que você gosta para obter mais desse algo no futuro.

Por exemplo, eu poderia estar disposto a abrir mão de 100 reais do meu salário hoje se tivesse a garantia de ganhar 125 reais daqui a um ano. Mas meu amigo, cuja função de utilidade intertemporal foi calibrada de forma um pouco diferente, talvez exija 150 reais daqui a um ano para abrir mão de 100 reais agora.

Isso também é chamado de "desconto temporal". As pessoas tendem a "descontar" do futuro por terem a sensação de que receber 100 reais daqui a um ano não é tão bom quanto receber a mesma quantia hoje. Nesse exemplo, o meu amigo desconta mais do futuro do que eu.

Em todo caso, de acordo com os modelos apresentados nas minhas aulas de economia, seja qual for a calibragem da minha função de utilidade intertemporal – qualquer que seja o meu desconto do futuro –, essa função permanecerá igual amanhã, na semana que vem, no mês que vem e no ano que vem. A minha taxa de desconto é uma característica estável e duradoura da minha psicologia.

Acho que o Buda teria questionado essa afirmação. Ele tendia a não considerar as coisas duradouras – mais ainda as que são parte da psicologia de uma pessoa. Acho que se ele tivesse sido meu colega de turma, teria se levantado durante a aula de economia e dito: "O que vocês pensam disso, ó monges? Formações mentais são permanentes ou impermanentes?"

Talvez ele não fosse tão intrusivo. Mas, segundo as escrituras budistas, ele disse exatamente isso em outro contexto, durante um dos seus sermões sobre o não-eu, o discurso que abordamos no capítulo 5. Naquele capítulo e no capítulo 6, dei especial destaque a uma parte do argumento do Buda sobre o não-eu: a ideia de que os "cinco agregados" não estão sob o nosso controle; como ele afirmou depois: eles não têm com você a mesma relação que o reino tem com o rei.

Outro aspecto importante do argumento do Buda sobre o não-eu, algo que abordei apenas de passagem, trata do fluxo, da impermanência. Depois que ele pergunta aos monges se "as formações mentais são permanentes ou impermanentes", ele recebe a resposta previsível: "Impermanentes, ó Senhor."

O Buda prossegue, perguntando se faz sentido dizer de coisas impermanentes: "isso é meu, isso sou eu, isso é o meu eu".

"Não, ó Senhor."

Então o Buda repete o raciocínio com os outros quatro agregados. Ele insiste, em cada caso, que algo sujeito a mudança não deve ser considerado parte do eu, mas sem chegar a dizer explicitamente por quê.[50] Para oferecer a explicação mais completa, seria necessário examinar as ideias sobre o eu que circulavam na época dele. Mas certamente, deixando de lado o contexto intelectual do Buda, seu argumento exerce certa atração sobre o nosso bom senso: nós tendemos a pensar no eu – o "eu" interior, o "eu" real – como algo duradouro, algo que persiste enquanto passamos de crianças a adultos e a idosos.

Porém, na verdade, é claro que nós mudamos. E não apenas passando da infância à vida adulta. Mudamos a todo momento. E às vezes mudamos em dimensões que costumam ser consideradas constantes.

O que nos traz de volta à minha função de utilidade intertemporal. Psicólogos descobriram que quando homens olham para imagens de mulheres que acham atraentes, sua função de utilidade intertemporal, sua taxa de desconto do futuro, muda. Eles se tornam menos propensos a abrir mão de dinheiro a curto prazo – sim, os experimentos ofereceram dinheiro de verdade – em troca de uma quantia maior no futuro.

Por que razão a filosofia financeira mais básica de alguém mudaria depois da exibição de fotos de mulheres? Vamos chegar lá. Mas, por enquanto, eis uma pista: o processo parece envolver os módulos mentais de que tratamos no capítulo anterior. Falando em termos mais abrangentes, o fluxo psicológico, ou a impermanência, que no pensamento budista coloca em questão a existência do eu, pode ser parcialmente descrita como o funcionamento desses módulos. Considerar as coisas nesses termos ajuda a esclarecer um paradoxo central da prática de meditação budista: aceitar que o seu eu não está no controle, e que em certo sentido pode nem mesmo existir, pode colocar o seu eu – ou algo parecido – no controle.

Esse experimento de desconto temporal[51] pertence a uma categoria de experimentos em que os psicólogos manipulam o estado de espírito dos participantes para verificar como suas inclinações se alteram. Muitas vezes o resultado é o mesmo: algo que poderia ser considerado uma característica muito estável da mente de uma pessoa acaba se revelando não tão estável assim.

Por exemplo: você tende a ser maria vai com as outras ou do contra? Resposta certa: depende! Um estudo no *Journal of Marketing Research*[52] sugeriu maneiras pelas quais publicitários podem aumentar o impacto de seus anúncios ao adequá-los ao contexto de mídia em que são inseridos. Os pesquisadores exibiram trechos de dois filmes diferentes: o aterrorizante *O iluminado* e o romântico *Antes do amanhecer*. Em seguida, as pessoas de ambos os grupos viram um dos dois anúncios de um museu de arte. No primeiro, o argumento era "Mais de 1 milhão de visitantes todo ano". No segundo, era "Destaque-se na multidão".

As pessoas que assistiram a *O iluminado* gostaram mais do museu, se sentiram mais inclinadas a visitá-lo, quando foram expostas ao primeiro discurso, supostamente porque um estado de medo nos deixa inclinados a considerar multidões um lugar seguro. Pessoas que assistiram a *Antes do amanhecer* tiveram a reação oposta, talvez porque sentimentos românticos nos deixem predispostos a um ambiente mais íntimo.

Isso pode não parecer tão extraordinário. Todo mundo sabe que nos comportamos de diferentes maneiras dependendo do nosso humor, por isso faz sentido que nos colocar num clima de romance mude o nosso comportamento. Mas as pessoas que conduziram esse experimento não acham que o paradigma do "humor" seja o mais apropriado nesse caso. Douglas Kenrick e Vladas Griskevicius, psicólogos que colaboraram no estudo, acreditam que temos múltiplos "sub-eus" – ou módulos, como Kenrick às vezes se refere a eles – e acham que, nesse caso, o filme a que você assiste determina qual sub-eu, ou módulo, determina a sua reação ao anúncio. O filme romântico coloca o seu módulo de "aquisição de parceiro sexual" no controle. O filme assustador coloca o seu módulo de "autopreservação" no controle.

Eu consigo imaginar que o Buda gostaria desse tipo de linguagem. A forma alternativa de descrever a situação – dizer que "eu" ajo de maneiras diferentes quando meu "humor" está diferente – é apenas um modo de evitar a pergunta que ele estava fazendo: Se as suas preferências mudam de um momento para o outro, em que sentido há um mesmo "você" de um momento para o outro? Será que essa imagem da mudança de humor pode ser apenas uma maneira de esconder o fato de que o você de hoje e o você de amanhã não são o mesmo?

Poderíamos passar o dia inteiro debatendo essa questão. Mas vale notar que, no decorrer das últimas duas décadas, um bom número de psicólogos passou a concordar com Kenrick e Griskevicius – e também com Kurzban e Gazzaniga, citados no capítulo anterior – que a dinâmica da mente é bem representada por um modelo modular. Nessa perspectiva, se você construísse um robô cujo cérebro funcionasse como o cérebro humano e pedisse que cientistas da computação descrevessem o seu funcionamento, eles diriam que esse cérebro consiste em vários módulos parcialmente sobrepostos, em módulos dentro de módulos, e que as circunstâncias do robô determinam quais módulos estão no controle naquele momento. Esses cientistas da computação teriam dificuldade para apontar uma parte da programação do robô e dizer: "Essa parte é o robô em si."

A coisa mais próxima de um eu seria o algoritmo que determina quais circunstâncias colocam quais módulos no comando. E esse algoritmo não pode ser aquilo a que nos referimos quando falamos do "eu consciente" em humanos – o eu-CEO –, pois seres humanos não decidem conscientemente entrar no modo romance ou no modo medo. De fato, se um psicólogo contasse aos participantes de uma pesquisa que sua resposta a um filme mudou as suas reações a anúncios ou que sua resposta a fotos de mulheres alterou sua taxa de desconto temporal, eles provavelmente ficariam surpresos.

Então, se o eu consciente não é o que nos "muda de canal", colocando outro módulo no comando, quem faz isso? Bem, a ativação de módulos está intimamente associada aos sentimentos. *O iluminado* faz você sentir medo, e esse medo parece ter exercido um papel na ativação do módulo de autopreservação, com sua tendência a buscar abrigo em multidões. *Antes do amanhecer* ativou sentimentos românticos, e esses sentimentos parecem ter evocado o módulo de aquisição de parceiro sexual, com sua inclinação à intimidade.

Essa ideia – de que módulos são ativados por sentimentos – lança nova luz sobre a conexão entre duas partes fundamentais do budismo: a ideia do não apego aos sentimentos e a ideia do não-eu. Já vimos um tipo de conexão: quando abre mão de um sentimento ao observá-lo com atenção plena, você está abrindo mão de algo que havia considerado parte do seu eu; está pouco a pouco desmontando o eu. Mas agora vemos que chamar isso de "desmontar" pode ser um termo fraco demais para a magnitude do que está fazendo. Sentimentos não são apenas pequenas partes daquilo que, antes, você considerava eu; eles estão mais próximos do centro disso; eles fazem o que "você" achava que estava fazendo: tomam as decisões. São os sentimentos que "decidem" qual módulo ficará no controle por um tempo, e são os módulos que, por sua vez, decidem o que você vai fazer durante esse tempo. Sob essa luz, fica um pouco mais claro por que perder o apego a sentimentos poderia ajudá-lo a alcançar um ponto em que parece não haver mais eu.

Ciúme: o tirano da mente

Às vezes a conexão módulo-sentimento é tão intensa que é inconfundível: o próprio sentimento é avassalador e o módulo que ele evoca é simplesmente transformador. Pense no ciúme sexual, como analisado por Leda Cosmides e John Tooby.[53] Cosmides e Tooby, que ajudaram a estabelecer as bases da psicologia evolucionista nos anos 1980 e 1990, estão entre os primeiros defensores influentes de uma perspectiva modular da mente. À medida que seu pensamento foi se desenvolvendo, eles começaram a questionar como os módulos mentais estão ligados às emoções. E concluíram que o que as emoções fazem – aquilo para que as emoções *servem* – é ativar e coordenar as funções modulares que são, em termos darwinianos, apropriadas para o momento (o que não quer dizer que sejam apropriadas em termos morais ou mesmo que sirvam ao bem-estar da pessoa que estão conduzindo, mas apenas que ajudaram nossos ancestrais a propagar os próprios genes). Tooby e Cosmides usam o ciúme como exemplo:

> A emoção de ciúme sexual constitui um modo organizado de operação projetado especificamente para ativar os programas que regem todos os mecanismos psicológicos de forma a prepará-los para lidar com a infidelidade exposta. Processos fisiológicos se preparam para coisas como violência [...], a meta de deter, ferir ou matar o rival emerge; a meta de punir, deter ou abandonar o parceiro aparece; o desejo de se tornar mais atraente para competir por outros parceiros aparece; a memória é ativada para reanalisar o passado; avaliações confiáveis formadas no passado são postas em dúvida; a estimativa geral da confiabilidade do sexo oposto (ou até mesmo de qualquer pessoa) pode diminuir; programas associados a conteúdos de vergonha podem ser ativados na busca por situações em que o indivíduo pode exibir publicamente atos de violência ou punição que funcionam para combater uma percepção social (imaginada ou real) de fraqueza; e assim por diante.

É muita coisa! Realmente, é tanta coisa – tantas mudanças na atitude, no foco e na disposição de uma pessoa – que seria possível afirmar que um novo eu emergiu e tomou o controle da mente. No século XVII, John Dryden escreveu um poema intitulado "Ciúme: o tirano da mente" – e é assim mesmo que funciona; pelo menos por um tempo, o ciúme se torna o governante indiscutível da mente. Certamente, como qualquer pessoa que já passou por um episódio de fúria ciumenta pode confirmar, em momentos como esse, algo toma conta da mente.

O sentimento de ciúme é tão poderoso que talvez seja difícil se imaginar resistindo a ele. Mas a resistência, estritamente falando, não é a melhor maneira de lidar com isso. Em vez disso, a ideia seria observar o sentimento com atenção plena quando ele começa a surgir, de forma a não se apegar demais a ele. Se você não ceder ao seu apelo – não permitir, nas palavras do

Buda, que sua consciência se "apegue" a ele –, presumivelmente o módulo do ciúme não será ativado. Observar sentimentos sem apego é a melhor maneira de impedir que os módulos assumam o controle da sua consciência. Falar é fácil, eu sei.

Se você conseguisse cortar o seu apego ao ciúme, isso não deveria torná-lo incapaz de lidar com a situação. Você ainda pode refletir sobre a infidelidade do seu parceiro e decidir se quer terminar o relacionamento. Não se rendendo ao ciúme, você terá uma capacidade maior para determinar se a infidelidade é um *fato* e para escolher uma reação mais sensata – e, de qualquer forma, estará menos propenso a matar alguém.

O ciúme é um exemplo bastante dramático de como um módulo pode assumir o controle da mente. Quando alguém grita ou arremessa coisas, trata-se de uma dica de que o cérebro está sob nova administração. E mesmo quando ainda não chegou ao ponto da fúria, o ciúme tem características nitidamente obsessivas, compelindo a mente a seguir as mesmas linhas de raciocínio de novo e de novo.

Mas mesmo emoções mais sutis, com efeitos menos óbvios, podem trazer pequenas mudanças que são suficientes para produzir um novo estado de espírito. Considere novamente o experimento no qual assistir a um filme romântico tornou as pessoas avessas a multidões. Essa reação por si só não é muito transformadora, mas as coisas não acontecem "por si sós"; trata-se de uma das diversas mudanças causadas pela ativação do que Kenrick e Griskevicius chamaram de "sub-eu de aquisição de parceiro sexual".

O que nos traz de volta à função de utilidade intertemporal e, especificamente, ao fato de que homens tendem a aumentar o desconto do futuro quando veem mulheres que consideram atraentes. O que está acontecendo nesse caso? Será esse outro aspecto do hipotético módulo de aquisição de parceiros sexuais?

A inspiração de Margo Wilson e Martin Daly, que conduziram esse estudo sobre o desconto temporal (e que, assim como Tooby e Cosmides, foram pioneiros da psicologia evolucionista), teve como base suas reflexões sobre a história da nossa espécie. Há boas razões para acreditar que, durante a evolução, homens com acesso a recursos (tais como alimento) e com alto status social tinham mais chances de atrair parceiras. Então, se existe de fato um módulo de aquisição de parceiro sexual, seria esperado que apresentasse o seguinte algoritmo: homens que veem uma oportunidade de curto prazo para um relacionamento tiram vantagem de qualquer chance para adquirir recursos a curto prazo, mesmo que isso implique abrir mão de oportunidades mais distantes. Eles querem os recursos – o que, em um ambiente moderno, significa dinheiro – agora.

É claro que os homens nesses experimentos não perceberam oportunidades reais de um relacionamento; eles apenas viram fotos de mulheres. Mas no ambiente ancestral não havia fotografias, por isso qualquer imagem realista de uma mulher implicava a presença física de uma. É por isso que a mente dos homens nesse experimento pôde ser "enganada" por meras fotos, embora eles "soubessem" conscientemente que aquelas mulheres não estavam disponíveis. Assim, entre outras coisas, esse experimento é mais um lembrete de que os módulos não apenas podem ser ativados sem participação do eu consciente, como também sem que o eu consciente tenha ideia da lógica darwiniana por trás dessa ativação.

O desconto temporal não é a única característica psicológica que, no modo de aquisição de parceiro sexual, pode se revelar mais fluida do que se imagina. Faria sentido pensar que as ambições profissionais das pessoas, embora obviamente sujeitas a *alguma* mudança no decorrer do tempo, não flutuam muito de uma hora para outra. Mas parece que sim. Em um estudo,[54] psicólogos pediram que alguns homens preenchessem questionários sobre seus planos de carreira; alguns fizeram isso em uma sala onde também havia mulheres preenchendo formulários e outros em uma sala só com homens. O experimento mostrou que os homens que estavam na presença de mulheres ficaram mais inclinados a avaliar a acumulação de riqueza como uma meta importante.

Talvez isso não tenha significado uma mudança real em suas ambições. Talvez o módulo de aquisição de parceiro sexual não estivesse modificando seus planos a longo prazo, mas apenas ativando temporariamente um submódulo de "autopromoção". Em outras palavras: pode ser que a presença de mulheres predisponha a mente de um homem heterossexual a tentar impressioná-las com planos ousados para obter futuras riquezas, independentemente de quão realistas sejam ou de quanto tempo essa ousadia vá durar. Mas, se for este o caso, o eu consciente desses homens pareceu não estar a par dessa lógica estratégica. Afinal, eles estavam registrando esses planos ousados num questionário privado, sem qualquer razão para achar que aquelas mulheres o leriam.

Assim, voltamos à moral dos experimentos com cérebros divididos: as pessoas são capazes de convencer a si mesmas de qualquer história que esteja de acordo com os seus interesses (ou com os seus "interesses", conforme definidos pela seleção natural) sobre a própria motivação. Mas esses não eram pacientes com cérebros divididos; eram seres humanos anatomicamente normais, controlados por uma mente cujo funcionamento era normal. Ou, pelo menos, controlados pela parte da mente que estava no comando naquele momento.

Assim, três coisas podem mudar em pessoas que percebem uma oportunidade de relacionamento sexual: elas podem se tornar avessas a multidões, ganhando uma súbita propensão a frequentar ambientes íntimos, sua função de utilidade intertemporal pode ser recalibrada e seus planos de carreira podem se tornar mais materialistas[55] – ao menos por algum tempo. Essas três mudanças dificilmente englobam toda a lista de coisas que podem acontecer com a mente de alguém em modo de acasalamento. Mas você já pode entender por que é tentador pensar que um módulo – ou um "sub-eu", como Kenrick e Griskevicius colocam – assume o controle da mente quando as pessoas estão na presença de um potencial parceiro sexual que lhes parece atraente.

Módulos caóticos

Ao mesmo tempo, devemos ter consciência da natureza caótica da mente para não ficarmos excessivamente encantados com a metáfora modular. E às vezes Kenrick e Griskevicius parecem muito encantados. Eles dividem a mente em sete "sub-eus" bem definidos, com os seguintes propósitos: autopreservação, atração de parceiros sexuais, conservação de parceiros, afiliação (fazer e manter amigos), cuidados aos parentes, status social e prevenção de doenças. Essa taxonomia tem suas virtudes; são sete áreas do funcionamento mental que, sem dúvida, receberam muita ênfase na construção da mente pela seleção natural. Ainda assim, você não precisa olhar por muito tempo para essa lista para se lembrar de que não é fácil traçar limites claros entre os módulos.

Por exemplo, quando os homens naquele estudo sobre a carreira enfeitaram as próprias metas profissionais, isso poderia ser definido como uma tentativa de atrair uma parceira, mas também poderia ser definido como uma tentativa de aumentar o próprio status aos olhos de uma parceria em potencial; além do mais, esse é o tipo de coisa que eles também poderiam ter feito para elevar o próprio status aos olhos de alguém que *não* fosse uma parceria em potencial. Nesse caso, será que devemos pensar que o módulo de aquisição de parceiros sexuais tem um submódulo de "status social"? Ou devemos pensar que o módulo de aquisição de parceiros sexuais faz uso de alguma funcionalidade que reside no módulo separado de "status social" proposto por Kenrick e Griskevicius? Esse tipo de enigma consiste em uma das razões pelas quais alertei sobre os perigos de pensar na mente como um canivete suíço ou um smartphone.

Outro problema com a metáfora do smartphone é que passar de um módulo para outro pode ser mais sutil do que alternar entre aplicativos. Embora o "modo de aquisição de parceiros sexuais" pareça algo bem distinto, o sentimento que o ativa pode não ser tão intenso quanto o que ativa o ciúme, por exemplo. Talvez não haja nenhuma insinuação de amor ou desejo sexual; pode haver apenas uma intensa sensação de atração e interesse. O estado de espírito provocado também não é tão marcante quanto o do ciúme. Ainda assim, é um estado de espírito distinto e é despertado por um sentimento.

À luz do enganoso rigor da metáfora do módulo, não há problema se você preferir a expressão que acabei de usar – "estado de espírito" – a "módulo que assumiu o controle". Em todo caso, podemos tirar daí duas lições importantes: (1) Não se trata de um estado de espírito no qual o "eu" consciente "decidiu" entrar, mas de um estado ativado por um sentimento, enquanto o "eu" consciente, apesar de, a princípio, ter acesso ao sentimento, talvez não o perceba ou não perceba que um *novo* estado foi produzido (o que acaba com a noção do eu consciente como um CEO). (2) Você pode compreender por que o Buda enfatizou quão fluidas e impermanentes as várias partes da mente são e por que considerou esse fluxo relevante para o argumento do não-eu; se o eu fosse uma essência imutável, seria muito difícil imaginar onde exatamente ele estaria localizado em meio às transições contínuas de um estado de espírito para o seguinte.

De fato, se existe algo constante em meio ao fluxo, algo que realmente *seja* duradouro e essencialmente imutável no decorrer do tempo, esse algo é uma ilusão: a ilusão de que existe um CEO, um rei, e que "eu" – o eu consciente – sou isso. No capítulo anterior, vimos que essa ilusão faz sentido em termos evolutivos. O eu consciente é o eu que fala, o eu que se comunica com o mundo, e por isso tem acesso a perspectivas cujo propósito é serem compartilhadas com o resto do mundo. Essas perspectivas incluem a noção de que existe um eu executivo, que ainda por cima parece capaz e respeitável! Neste capítulo, vimos como a mente consciente, além de sustentar essa ilusão persistente, também tem acesso a outras ilusões mais temporárias – sobre ambições profissionais, por exemplo –, dependendo de qual sentimento coloca qual módulo no controle e de qual perspectiva ele deseja compartilhar com o mundo.

Talvez pareça que essas ilusões não merecem ser tratadas com tanto furor. O que há de errado com homens e mulheres cederem à autoilusão tentando impressionar uns aos outros? Nada, suponho. Algumas ilusões são inofensivas; algumas são até mesmo benéficas. Longe de mim tentar persuadi-lo a abandonar todas as suas ilusões. De forma geral, a minha filosofia é *viver e deixar viver*: se você está gostando da Matrix, aproveite.

A não ser, talvez, que suas ilusões prejudiquem outras pessoas na sua vida ou contribuam para problemas maiores no mundo. E isso pode acontecer. Entrar no modo de autopreservação, por exemplo, faz mais do que simplesmente nos tornar mais simpáticos a multidões. Em um estudo,[56] participantes que assistiram a uma parte de um filme assustador (*O silêncio dos inocentes*) e depois viram fotos de homens de um grupo étnico diferente avaliaram as expressões faciais nas imagens como muito mais hostis, quando comparados a outros que não tinham assistido a um filme assustador.

É claro que dá para imaginar que esse tipo de ilusão, o exagero em relação às ameaças, pode ser útil. Se você está caminhando por uma vizinhança desconhecida, talvez seja vantajoso errar para o lado da precaução e ir embora. Por outro lado, essa tendência a exagerar a hostilidade de determinadas pessoas desconhecidas pode nos impedir de ter interações amistosas e construtivas com alguém de outra etnia. Além do mais, às vezes o que está em jogo é mais importante que o destino de uma pessoa caminhando por uma vizinhança desconhecida. Políticos ativam essa mesma tendência mental para nos fazer superestimar ameaças de uma maneira que pode levar a guerras ou a antagonismos étnicos.

Quanto ao módulo de aquisição de parceiros sexuais, ele faz mais do que simplesmente nos levar a abandonar a multidão e buscar um bistrô íntimo; ele também estrutura toda a conversa no bistrô. Talvez nos leve a dizer coisas pouco lisonjeiras sobre supostos rivais para competir pela afeição da pessoa com quem estamos. E essa desvalorização dos rivais não está mais próxima da verdade do que a nossa autopromoção – que também estará presente na conversa. Mas a desvalorização é sentida sinceramente: tendemos a acreditar nas histórias negativas que contamos sobre rivais,[57] pois assim é mais fácil disseminá-las.

O Buda parece ter enxergado essa dinâmica com clareza. Um texto atribuído a ele diz:

A evidência dos sentidos
E seu funcionamento inspiram tanto desdém
Pelos outros e uma convicção tão
Arrogante de que ele *está certo*
Que todos os seus rivais são classificados
Como "tolos miseráveis e insensatos".[58]

Então o que podemos fazer a respeito de tudo isso? Se a nossa mente está sempre sendo capturada por diferentes módulos, e cada módulo traz consigo diferentes ilusões, como mudar a situação? A resposta não é simples, mas o que já deveria estar claro é que assumir mais controle sobre ela talvez tenha algo a ver com sentimentos. Uma ligação entre ilusão e sentimentos era mais ou menos evidente no capítulo 3, quando apontei que alguns sentimentos são "falsos" em um ou outro sentido, e que, por isso, manter certo distanciamento crítico em relação a eles pode esclarecer as coisas. Mas a defesa de não nos deixarmos envolver pelos sentimentos parece ainda mais interessante quando percebemos que a ligação desses sentimentos com a ilusão também pode ser descrita de outra maneira. Sentimentos não trazem apenas ilusões específicas e transitórias; eles também podem trazer à tona toda uma nova mentalidade, de forma a alterar por algum tempo uma série de percepções e inclinações nossas, para melhor ou para pior.

Nesse ponto, o pensamento budista e a psicologia moderna convergem: na maneira como costumamos levar a vida humana, não existe um eu, um CEO consciente no controle da situação: parece haver diversos eus diferentes que se revezam no controle da situação – em certo sentido, *assumindo* o controle da situação. Se a maneira pela qual eles fazem isso é através dos sentimentos, faz sentido pensar que uma forma de mudar a situação seja alterando o papel que os sentimentos exercem na vida cotidiana. E não conheço nenhum jeito melhor de fazer isso do que através da meditação da atenção plena.

8

Como os pensamentos se pensam sozinhos

Você conhece aquele velho ditado sobre meditação zen, meditação tibetana e meditação Vipāsana? Provavelmente não. É um ditado que se propõe a captar as diferenças entre essas três tradições contemplativas do budismo – a Vipāsana, com sua ênfase na atenção plena; a tibetana, que costuma conduzir a mente para imagens visuais; e a zen, que às vezes envolve refletir sobre aqueles versos enigmáticos chamados de koans. Eis o ditado: a zen é para poetas, a tibetana é para artistas e a Vipāsana é para psicólogos.

Como a maioria dos estereótipos, esse exagera os contrastes, mas contém um raciocínio válido: a meditação da atenção plena, o principal veículo da Vipāsana, é uma boa maneira de estudar a mente humana. Ou ao menos de estudar *uma* mente humana: a sua. Você senta, deixa a poeira mental assentar e observa o funcionamento da própria mente.

Estritamente falando, não é isso que os psicólogos fazem. A psicologia é uma ciência, e as ciências, por definição, geram dados publicamente observáveis, resultados experimentais visíveis para todos. Por outro lado, as coisas que você vê quando observa a própria mente não podem ser vistas por mais ninguém. Não são dados estritamente falando. Portanto, você não está agindo como um psicólogo experimental durante a meditação. Se você emergir de um estado meditativo e declarar que o eu não existe, isso não é uma evidência científica de que o eu não existe.

A relação entre ciência e meditação funciona de maneira inversa. Não são as observações meditativas sobre a mente que validam teorias, são as teorias que podem ajudar a validar observações meditativas sobre a mente. Se durante a meditação você perceber coisas que são consistentes com modelos científicos verossímeis do funcionamento da mente, isso pode ser uma razão a mais para acreditar que a meditação realmente está ajudando você a ver as dinâmicas da própria mente com clareza.

Pense no modelo modular da mente, por exemplo. Existem boas razões científicas para levá-lo a sério. Bem, se esse modelo modular é realmente uma representação precisa da mente e se a meditação Vipāsana – a meditação do insight – realmente nos dá insights acerca de seu funcionamento, faz sentido esperar que ela nos proporcione vislumbres de uma mente modular em funcionamento.

Eu acho que ela faz isso, sim. Acredito que algumas das experiências que as pessoas têm durante a meditação da atenção plena fazem bastante sentido à luz do modelo modular da mente. E não estou falando apenas de experiências surpreendentes – epifanias que podemos ter após meses de isolamento e meditação, como a percepção repentina de que não existe nenhum eu lá dentro. Também estou falando sobre etapas experimentais no caminho meditativo que podem acabar levando a epifanias desse tipo, mas que são muito mais comuns.

Uma dessas etapas consiste na experiência meditativa mais comum de todas: perceber que é muito difícil meditar, porque a sua mente se recusa a ficar imóvel. Como já sugeri, ver que a sua mente está divagando é ver parte do que o Buda quis dizer quando desafiou as concepções tradicionais do eu; se existisse um eu CEO, faria sentido que a mente obedecesse aos seus comandos e se concentrasse na respiração quando recebesse essa ordem. A partir dessa primeira constatação, estamos em posição de ir mais fundo e entender que observar a mente nesse estágio de rebeldia – tentando assistir à rede padrão funcionando a todo o vapor – pode fazer mais do que sugerir que o seu "eu" consciente não está dando as cartas. Isso também pode lançar luz sobre *quem* está dando as cartas então, revelando uma imagem da mente muito consistente com o modelo modular.

Para entender o que quero dizer, basta seguir estes quatro passos fáceis: (1) sente-se em uma almofada; (2) tente se concentrar na sua respiração; (3) (este é o mais fácil) não consiga se manter concentrado na respiração por muito tempo; (4) observe que *tipos* de pensamentos estão fazendo com que você perca a concentração. Esses pensamentos podem variar, dependendo da sua idade e de outros fatores, mas alguns bons exemplos de formas comuns de divagações mentais seriam:

1. Imaginar como seria ter um encontro com o homem ou a mulher atraente que você conheceu no trabalho – talvez imaginando as coisas inteligentes ou cativantes que poderia dizer, as formas pelas quais impressionaria essa pessoa.
2. Refletir sobre a interação que teve com ele ou com ela ontem e se perguntar se as palavras dele ou dela significam mesmo o que você esperava que significassem.
3. Refletir sobre uma interação em que um rival ou uma rival sutilmente insultou você.
4. Entregar-se brevemente a uma fantasia de vingança na qual tal rival sofre um constrangimento público que revele sua baixeza e indignidade.
5. Imaginar como vai ser chegar em casa e tomar aquela tão merecida cerveja depois de um longo dia fantasiando a ruína de rivais.
6. Relembrar aquela bela jogada que você fez no último minuto da partida de ontem, lembrando como os seus parceiros de jogo ficaram impressionados – para não falar do comentário casual que você fez depois e dos risos que provocou.
7. Preocupar-se com a apresentação em PowerPoint que você precisa fazer amanhã.
8. Preocupar-se com a sua filha que está na pré-escola ou sentir culpa por não ter ligado ontem para a sua mãe idosa.
9. Irritar-se com aquele suposto amigo que não pôde fazer para você o mesmo tipo de favor que você faz para ele com frequência.
10. Ficar na expectativa do jantar que você terá com um amigo, quando poderá desabafar sobre o outro "amigo". E assim por diante.

Há três temas recorrentes nessa lista. Em primeiro lugar, esses pensamentos envolvem o passado e o futuro, não o presente; a única coisa que você não está fazendo enquanto eles passam pela sua cabeça é prestar atenção no que de fato está acontecendo neste momento, no mundo real. Em segundo lugar, todos envolvem você. Por padrão, a maioria dos nossos pensamentos é autorreferencial. Isso não é surpreendente, dado que a seleção natural projetou o cérebro para focar os nossos interesses (ou pelo menos os nossos "interesses", da forma como a seleção natural os definiu). Em terceiro lugar, a maior parte dos pensamentos envolve outras pessoas. Isso também não surpreende, uma vez que as pessoas são animais sociais. De fato, existe um alto grau de sobreposição entre a rede padrão e aquilo que exames de imagem do cérebro identificaram como a "rede da teoria da mente"[59] – a parte do cérebro envolvida em pensar sobre o que as outras pessoas estão pensando.

Também existe uma quarta temática aqui, um quarto elemento que quase todas essas divagações mentais têm em comum. Você consegue identificá-lo?

Dica: Qual foi o assunto dos dois capítulos anteriores? Exato! Módulos! Embora as sucessões de pensamentos que o afastam da experiência direta possam conduzi-lo a muitos lugares diferentes, quase todos esses locais parecem estar na província de um dos tipos de módulos mentais previamente descritos, que fazem perfeito sentido em termos evolutivos: os que lidam com a atração de parceiros sexuais, com a manutenção desses parceiros, com a elevação de status (o que pode significar a depreciação de rivais), com o cuidado da própria família, com o cuidado das amizades (o que pode envolver garantir que elas sejam recíprocas e que você não esteja sendo explorado), e assim por diante.

A única exceção clara – o único pensamento relacionado acima que não parece se encaixar em um dos grandes módulos – é o número 5: a expectativa por aquela tão merecida cerveja. Não é provável que a evolução tenha dotado o ser humano de um "módulo de tomar cerveja". Mas a cerveja – assim como muitas outras drogas recreativas – é uma invenção que escamoteia a lógica da evolução: ela acessa diretamente o centro de recompensas que em geral só seria ativado de maneira mais árdua, através das atividades que ajudaram nossos ancestrais a passar os próprios genes para as gerações seguintes.

Quando sua mente está divagando, talvez a sensação seja, bem... de divagação mental – como se ela estivesse passeando pela paisagem de módulos e experimentando um a um, entregando-se por algum tempo a um, depois seguindo adiante para outro. Mas outra descrição possível seria dizer que, na verdade, os diferentes módulos estão competindo pela sua atenção e, quando a mente "divaga" de um para outro, o que está acontecendo é que o módulo seguinte ganhou força suficiente para lutar pelo controle da sua consciência com o anterior.

Longe de mim insistir para que você aceite algum desses pontos de vista da divagação da mente. Por enquanto quero apenas ressaltar duas coisas: (1) Psicólogos que adotam o modelo modular da mente tendem a optar pela segunda perspectiva – de que o eu consciente não escolhe os módulos, mas é controlado por aqueles que prevaleceram sobre os rivais e, dessa forma, como explicou Gazzaniga no capítulo 6, conseguiram "vencer o prêmio do reconhecimento consciente". (2) Se você participar de um retiro de meditação Vipāsana e, aos poucos, desenvolver a capacidade de se concentrar na própria respiração, provavelmente vai se sentir mais inclinado a aderir à segunda hipótese: vai parecer cada vez mais que, em vez de estar vagando pelo próprio terreno, a sua mente está sendo sequestrada por invasores.

E, mais cedo ou mais tarde, esses fenômenos vão parecer menos sequestros do que meras tentativas. Pensamentos vão surgir, mas não vão prender sua atenção por tanto tempo antes de você voltar para a respiração; você não se deixará levar por eles; o trem vai parar na estação e você vai observá-lo partir sem embarcar nele.

Na verdade, eu não deveria ter escrito essa última frase com tanta autoridade – como se com frequência eu observasse, com completo desapego, muitos trens parando na estação e partindo sem mim. Minha experiência típica é mais a de embarcar no trem e, depois que ele já tiver saído da estação e começado a ganhar velocidade, eu perceber que não quero continuar nele e pular fora.

Isso tem sido um tanto frustrante para mim. Por um lado, desenvolvi uma capacidade razoável de observar meus *sentimentos e sensações* com alguma objetividade – realmente vê-los surgir, como se assistisse a algum personagem entrando no palco (pelo menos sou muito bom em fazer isso durante a meditação; na vida cotidiana só consigo de vez em quando). Mas tenho mais dificuldade em observar os meus *pensamentos* com tamanho desapego. Para reformular o meu problema: lembra quando Gazzaniga disse que, em qualquer dado momento, o pensamento do qual você está consciente é o que "subiu à tona"? Bem, eu tenho dificuldade em ver essa "subida à tona". Então, se você quiser uma descrição vívida disso, é melhor ouvi-la de outra pessoa. Como Joseph Goldstein, por exemplo.

Em 1975, Goldstein, junto com Sharon Salzberg e Jack Kornfield, fundou a Insight Meditation Society, onde participei do meu primeiro retiro de meditação, em 2003. Os três estiveram na Ásia no início da vida adulta; todos conheceram os ensinamentos da Vipāsana por lá e se tornaram figuras importantes no budismo ocidental, oferecendo muitos cursos e escrevendo prolificamente. O livro seminal escrito por Goldstein em 1976, *A experiência do insight*, faz dele uma boa pessoa para falar sobre... a experiência do insight. Uma vez insisti para que me dissesse como é observar os próprios pensamentos com desapego (ou, usando o termo que ele prefere, com não-apego).

Como é observar os próprios pensamentos

Uma das formas de captar a ideia, disse Goldstein, é "imaginar que todos os pensamentos que surgem na sua mente estão vindo da pessoa ao seu lado". Nesse caso, como você se relacionaria com esses pensamentos? O que ele quer dizer é que você não se identificaria com eles. "O pensamento em si aparece e desaparece como um som, mas identificar-se com ele é algo que acrescentamos à equação por conta própria."

Eu perguntei: "Então, na meditação, pode haver a sensação de que os pensamentos estão vindo do nada, por assim dizer, quase como se fossem vozes?"

"Sim", ele respondeu.

Sempre fico feliz em ajudar pessoas sãs a não parecerem loucas, por isso acrescentei: "No entanto não é como se você literalmente estivesse ouvindo coisas... certo?"

"Sim, correto."

Gostei do rumo que aquilo estava tomando. Ele parecia estar dizendo que os pensamentos, que normalmente achamos que emanam do eu consciente, na verdade são *direcionados para* aquilo que consideramos ser o eu consciente, e depois nós é que acolhemos esses pensamentos como se eles pertencessem àquele eu. Por sua vez, isso parecia estar de acordo com a ideia de que os módulos geram pensamentos fora da consciência e, de alguma forma, os injetam na consciência. Então eu insisti nesse ponto.

"Deixe-me ver se entendi bem. Durante a meditação, você pode começar a ver que... apesar de ter passado a vida inteira achando que estava pensando os pensamentos – que a coisa que você chama de 'você' tem pensamentos –, seria mais próximo da realidade dizer que os pensamentos tentam capturar você, aquilo que chama de 'você'."

"Certo."

"Eles vêm de algum lugar no seu corpo, de algum lugar no seu cérebro."

"Sim."

Até aí tudo bem. Mas então eu insisti demais para o gosto de Goldstein. Eu disse: "Mas qualquer que seja a parte do cérebro ou do corpo que você chama de você parece mais um prisioneiro dos pensamentos; os pensamentos tentam alcançar e agarrar..."

"Esse seria um jeito interessante de descrever o processo, e a sensação é mesmo essa. Mas eu formularia de maneira um pouco diferente. Os pensamentos apenas surgem, e existe um forte hábito da mente em se identificar com eles. Então não é tanto que eles tenham a *intenção* de nos alcançar e agarrar, mas sim que existe essa identificação habitual muito forte. Foi assim que vivemos a vida toda, e tentar romper esse condicionamento exige prática, exige desenvolver a atenção plena do pensamento em vez de se perder nele."

Esse último ponto, a ideia de que se identificar com os pensamentos é um hábito surgido por meio de "condicionamento", é algo com que tenho alguma implicância. Acho que algumas das nossas ilusões mais genéricas – inclusive, talvez, a ideia de que "nós" geramos nossos pensamentos – estão muito fortemente enraizadas em nós pela seleção natural. Embora sejam influenciadas por experiências de vida, no quadro geral elas estão mais próximas dos instintos do que de maus hábitos, o que explica por que é tão difícil nos livrarmos delas.

Mas estou fugindo do assunto. Eu aceito a essência da definição de Goldstein. Eu não queria dizer que os pensamentos literalmente *tentam* capturar a nossa atenção.

Na verdade, o modelo modular da mente me levou a atribuir aos pensamentos menos capacidade de ação do que alguns mestres de meditação sugerem. Embora esses mestres estejam inclinados a dizer que "os pensamentos se pensam sozinhos", estritamente falando, acredito que são os *módulos* que pensam os pensamentos. Ou, melhor dizendo, os módulos geram pensamentos, que, se de alguma forma se revelarem mais fortes que as criações de módulos rivais, se tornam pensamentos *pensados* – isto é, entram na consciência. Ainda assim, você pode entender por que, ao observar a mente durante a meditação, pode parecer que os "pensamentos se pensam sozinhos" – pois os módulos fazem seu trabalho fora da consciência e, até onde a mente consciente é capaz de ver, os pensamentos estão surgindo do nada.

Em todo caso, o que esses mestres de meditação estão tentando dizer leva à mesma conclusão que o modelo da mente modular: o eu consciente não cria pensamentos, ele os *recebe*. E essa recepção, ao que parece, é a parte do processo que Goldstein observou com muito mais objetividade e clareza do que fui capaz – a parte em que os pensamentos entram na consciência, a parte em que eles "vêm à tona".

Depois de dizer a Goldstein que não foi minha intenção dar a entender que os pensamentos realmente nutrem um desejo por capturar nossa consciência, perguntei se ainda assim, às vezes, eles parecem coisas ativas, e não passivas. "Em outras palavras", falei, "eles são atores na sua consciência com quem você tem de lidar, e a gente tem o hábito de ir atrás deles, mas isso não é necessário."

"Correto. E eles se tornam muito menos ativos quando os vemos por aquilo que são. Quando não somos puxados para dentro do drama que estão representando. É um pouco como ir ao cinema. Nós vamos ao cinema e assistimos a uma história muito envolvente, somos puxados para dentro da história e sentimos muitas emoções [...] ficamos emocionados, assustados, apaixonados [...] e depois nos recostamos na poltrona e vemos que tudo não passa de pixels de luz projetados numa tela. Tudo que pensávamos estar acontecendo não está acontecendo de verdade. Funciona da mesma maneira com os pensamentos. Somos envolvidos pela história, pelo drama, e nos esquecemos de sua natureza essencialmente insubstancial."

Escapar desse drama – ver os pensamentos como algo que está passando à nossa frente, e não como algo que emana de nós – pode nos aproximar da experiência do não-eu, de "ver" que não existe um "eu" lá dentro produzindo pensamentos ou fazendo qualquer outra coisa, aquele momento em que o que parece uma verdade metafísica se revela. Mas, como vimos no capítulo 5, algumas pessoas dizem que o ensinamento original do Buda sobre o não-eu não deve ser visto como uma verdade metafísica, mas como uma estratégia pragmática: independentemente de haver ou não um eu, abrir mão de partes daquilo que você considera o seu eu pode ajudar a esclarecer a sua visão do mundo e a torná-lo uma pessoa melhor e mais feliz. E essa estratégia pragmática do não-eu, assim como a descoberta metafísica do não-eu, pode ser auxiliada pelo tipo de perspectiva que Goldstein descreveu.

Nas palavras dele: "Quando temos essa base de sabedoria acerca da natureza do pensamento, conquistamos mais poder para escolher quais pensamentos são saudáveis [...] e quais pensamentos não são tão saudáveis – e desses podemos abrir mão."

Até aqui, portanto, a meditação Vipāsana parece ser muito boa à luz do modelo modular da mente. E também em dois estágios bem diferentes do caminho meditativo: na primeira vez que sentar numa almofada, quando se concentrar na respiração parecer impossível graças à intrusão dos pensamentos, e bem mais adiante, quando, assim como Goldstein, você tiver adquirido a capacidade de observar os pensamentos subindo à tona para a consciência, permanecendo por algum tempo e logo evaporando sem levar a sua mente junto. No primeiro caso – ao lutar para manter a concentração –, você vê que os pensamentos estão capturando você, enquanto no segundo, você os vê não conseguindo capturá-lo. Em ambas as situações, entretanto, você se dá conta de que os pensamentos não estão vindo de "você", do seu eu consciente. Assim, as duas experiências fazem sentido se os pensamentos forem de fato lançados para a consciência por módulos que estão além do alcance da consciência. Em outras palavras: se o modelo modular estiver correto, a visão dos pensamentos que a meditação nos proporciona é mais verdadeira do que o ponto de vista cotidiano e irrefletido segundo o qual os pensamentos emanam de um eu CEO.

E a validação que a meditação Vipāsana recebe do modelo modular não termina por aqui. Assim como a visão consciente dos pensamentos faz sentido à luz desse modelo, o mesmo acontece com a visão consciente de sentimentos e sensações. Como já vimos, no modelo modular, os sentimentos são responsáveis por conceder a um módulo o controle temporário sobre o que está acontecendo. Você vê alguém que o atrai e de repente entra no módulo de aquisição de parceiros sexuais, fica em busca de intimidade, passa a ser uma pessoa muito atenciosa, talvez se exiba, enfim, tornando-se alguém diferente em muitos sentidos. Se você vê um rival ameaçador, os sentimentos produzidos o levam a buscar algo diferente da intimidade (embora o comportamento de se exibir, dependendo das circunstâncias, ainda possa ocorrer). Faz sentido pensar que, se esses *sentimentos e sensações* – de atração e afeição ou de aversão por um rival – não tivessem sido levados a sério para começo de conversa, os módulos correspondentes não teriam assumido o controle. Por essa razão, uma das ideias por trás da meditação da atenção plena – de que estabelecer certo distanciamento crítico dos seus sentimentos e sensações pode proporcionar mais controle sobre o que está sob seu comando a cada momento – faz total sentido à luz do modelo modular da mente.

Qual é o combustível dos pensamentos?

Existe uma relação mais sutil, mais detalhada e, admito, mais especulativa entre a visão consciente de sentimentos e sensações e o modelo modular da mente. O primeiro passo para entender essa relação é prestar muita atenção enquanto estiver meditando. Sinto-me tentado a substituir essa última frase por "prestar muita atenção enquanto *não estiver conseguindo* meditar", pois a parte da meditação à qual me refiro é a parte em que você não consegue manter a concentração na respiração porque os pensamentos intrusivos continuam surgindo. Mas, se você prestar muita atenção nessa *incapacidade* de meditar, claro que isso deixa de ser um fracasso – pois prestar atenção no que quer que esteja acontecendo *já* é a meditação da atenção plena.

Em todo caso, eis o que aprendi sobre pensamentos intrusivos que surgem quando estou tentando me concentrar na respiração: quase sempre eles parecem estar associados a sentimentos. Além do mais, a capacidade deles de capturar a minha atenção – ou, em outras palavras, de me manter cativado, incapaz de *perceber* que estão prendendo a minha atenção – depende da força desses sentimentos. Se você não acredita em mim, sente-se, feche os olhos, concentre-se na respiração e, quando não conseguir se concentrar na própria respiração (o que não deve levar muito tempo!), tente focar a atenção nas coisas que o estão impedindo de manter a concentração. E não me refiro a apenas focar os pensamentos que possam estar distraindo você – tente detectar o sentimento associado ao pensamento que o está distraindo.

Às vezes a relação entre pensamento e sentimento fica óbvia porque os sentimentos envolvidos são muito fortes, até mesmo instintivos. Se você estiver pensando em dormir com alguém que é casado, lutando com a possibilidade de o seu parceiro ou parceira estar dormindo com outra pessoa ou tendo fantasias sobre punir seu rival ou sua rival por dormir com uma pessoa casada, os sentimentos associados – desejo, ciúme, vingança – são crus e poderosos demais para passarem despercebidos.

Mas os meandros menos obviamente animais da mente, os mais "humanos", também têm, associados a eles, sentimentos bem óbvios. Você reflete sobre um triunfo social recente – talvez uma piada que tenha contado e que foi bem recebida – e a sensação é *boa*, então você continua refletindo por algum tempo, talvez pensando em como poderia ter acrescentado um desfecho inteligente à piada e se comprometendo em fazer isso da próxima vez. Ou você pode pensar sobre um prazo importante que talvez não vá conseguir cumprir e ficar preocupado – e a preocupação mantém sua atenção presa ao desastre iminente, até você elaborar um plano de ação ou convencer a si mesmo de que o prazo não é tão importante assim; isso vai fazer com que sua preocupação desapareça, enquanto o pensamento associado ao sentimento desaparece junto.

Mesmo um dos meandros mais intelectuais da mente – a especulação – parece vir acompanhado de sentimentos. Se me sento para meditar, percebo que estou me entregando à minha curiosidade em relação a algum assunto – ponderando sobre algum enigma – e presto muita atenção no que está acontecendo, posso ver que há algo de agradável nessa ponderação, um tipo de incentivo contínuo que me mantém percorrendo o caminho do enigma em busca de uma solução; e se eu encontro a solução, sou recompensado com uma onda de satisfação. Como John Ruskin explicou no século XIX: "A curiosidade é um dom, uma capacidade de sentir prazer com o conhecimento."

Ao menos às vezes a curiosidade realmente parece ser isto – um prazer tão refinado que você mal o percebe. Mas Samuel Johnson, escrevendo no século XVIII, explica a questão de outra forma: "A gratificação da curiosidade, em vez de gerar prazer, nos liberta do desconforto; sentimos mais dor pela ignorância do que prazer pelo conhecimento."

No final das contas, isto é verdade – às vezes a busca por saber algo traz uma sensação de urgência, uma ânsia perturbadora. Querer descobrir se o mercado de ações, no qual estão investidas todas as suas economias, continuou sua mais recente queda hoje é diferente de se perguntar por que o mercado de ações quebrou em 1929. Tentar descobrir se seu cônjuge dormiu com outra pessoa é diferente de se perguntar se a mulher do vizinho está dormindo com outro vizinho – e mais diferente ainda de se perguntar o que faz com que pessoas casadas durmam com vizinhos. Ou o que faz os passarinhos cantarem, as estrelas brilharem ou qualquer outra coisa fazer o que quer que faça. A curiosidade ser mais uma ânsia desesperada ou um fascínio agradável depende de quanto seu assunto for direta e urgentemente relevante para os nossos interesses, conforme definidos pela seleção natural; quanto menos direta e urgente for a relação, mais sutil e agradável será o sentimento.

Mas o ponto central é que todos os tipos de curiosidade – da busca desenfreada ao passeio agradável pelos caminhos da especulação – parecem envolver *sentimentos*. Por isso não surpreende que exames de imagem do cérebro demonstrem que o funcionamento mental de alguém que está experimentando uma sensação de curiosidade envolve uma atividade no sistema dopaminérgico, o mesmo envolvido na lógica de motivação e recompensa, no desejo e no prazer.[60]

Enfim, foi isto que aprendi durante as muitas horas em que não consegui meditar (em que não consegui meditar, mas às vezes consegui observar esse fracasso com atenção plena): os pensamentos que capturam a minha mente e a levam para longe estão associados a sentimentos – por mais sutis que possam ser. Fico feliz em relatar que essa ligação entre sentimentos e pensamentos foi observada por pessoas cuja capacidade de introspecção meditativa está muito mais desenvolvida que a minha. Em junho de 2015, pouco depois de enviar um esboço deste livro para o meu editor, eu me recompensei com um retiro de meditação de duas semanas no Forest Refuge, uma sucursal da Insight Meditation Society voltada para meditadores experientes. O mestre encarregado dessas duas semanas foi um psicoterapeuta e ex-monge budista chamado Akincano Marc Weber. Uma noite, durante uma palestra, ele disse: "Todo pensamento tem um combustível, e esse combustível é emocional."

A palavra *combustível* sugere a resposta para uma questão importante: quando a sua mente está divagando, quando a rede padrão está no controle, como é decidido qual módulo vai poder impelir o seu pensamento para dentro da consciência naquele momento? Já conhecemos algumas referências de pesquisadores que acreditam que na mente há uma espécie de competição entre os módulos pela dominância – uma "briga de cachorro grande". Mas o que determina qual cachorro vence? O que faz com que um seja mais poderoso que o outro?

Sentimentos como conteúdo

Até onde posso dizer, o melhor candidato a responsável por isso são os sentimentos. De todos os pensamentos envolvidos em uma competição subterrânea a qualquer dado momento, talvez seja aquele associado a sentimentos mais fortes o que ganhe passagem para a consciência.[61]

Isso tudo é pura conjetura, e posso muito bem estar enganado, mas faria muito sentido se essa fosse a maneira de a seleção natural organizar a mente. Afinal, sentimentos são julgamentos a respeito de como as coisas se relacionam com os interesses darwinianos de um animal. Então, do ponto de vista da seleção natural, sentimentos dariam ótimos rótulos para pensamentos e diriam coisas como "alta prioridade", "média prioridade" ou "baixa prioridade". Se você está às vésperas de algum evento que vai influenciar muito o seu status social – uma apresentação importante, uma grande festa que está preparando –, os pensamentos relativos a esses preparativos serão de alta prioridade e, portanto, de alta ansiedade. Mas se ainda faltarem semanas para o evento, esses mesmos pensamentos serão de baixa prioridade, e a ansiedade será menor. Se você e o seu melhor amigo acabaram de ter uma briga séria, pensar no que fazer e dizer sobre esse assunto é uma questão de certa importância – mais urgente que pensar em um conhecido que você pode ter ofendido; isso explicaria a diferença entre sentimentos de grande inquietação interior e uma leve preocupação.

Em todos esses casos, os sentimentos associados aos pensamentos vão ser proporcionais, em intensidade, à importância atribuída pela seleção natural a cada pensamento. E quando a rede padrão assume o controle – quando sua mente não está concentrada em falar com alguém, ler um livro, praticar um esporte ou alguma outra tarefa imersiva –, são os pensamentos mais "importantes", aqueles rotulados com os sentimentos mais fortes, que se tornam prioritários.

É claro que haverá ocasiões em que o pensamento mais importante competindo para ser admitido na consciência pode não ser tão relevante assim; felizmente, às vezes a vida está livre de questões que exigem nossa atenção urgente. Nesse caso, o sentimento ligado ao pensamento que entra na consciência por meio da rede padrão talvez não seja muito forte. Mas desconfio que, se você prestar bastante atenção – o que é muito mais fácil durante a meditação –, sempre será possível perceber algum sentimento de certa intensidade, positivo ou negativo, associado ao pensamento que entrou na consciência. Pois, sem um sentimento associado, o pensamento nem sequer teria conseguido atrair a sua atenção. Entre outras coisas, sentimentos e sensações são a forma pela qual o seu cérebro rotula a importância dos pensamentos – e essa importância (atribuída pela seleção natural) determina quais pensamentos têm acesso à consciência.

Mais uma vez, não quero sugerir que isso seja um consenso na psicologia. Na verdade, mesmo que nos restrinjamos a psicólogos que adotaram um modelo modular da mente parecido com o que descrevi, não deve haver apenas uma visão acerca do que determina quais módulos são admitidos na consciência. Mas essa me parece a mais plausível entre as hipóteses disponíveis. Tudo isso faz sentido em termos darwinianos e se encaixa com os resultados da introspecção meditativa. E, embora introspecção não produza dados, é um auxílio legítimo na hora de decidir quais hipóteses merecem mais atenção.

Essa hipótese específica pode ajudar a explicar algo sobre o progresso meditativo. Como já mencionei, acho mais fácil observar meus sentimentos com certo desapego do que os meus pensamentos. E não acredito que eu seja uma aberração. Muitos meditadores parecem ter mais facilidade com sentimentos do que com pensamentos. Isso faz sentido se os sentimentos de fato são a cola que gruda os pensamentos na consciência, que faz com que você se apodere deles sem pensar duas vezes. Afinal, supostamente não é possível começar a dissolver essa cola – para conseguir se distanciar dos seus pensamentos – antes de vê-la com clareza, antes de aprender a considerar os próprios sentimentos com um pouco de objetividade.

Nesse caso, você teria de ser capaz de perceber até mesmo sentimentos muito *sutis* com objetividade antes de conseguir divisar uma grande variedade de pensamentos dessa forma. Então faz sentido pensar que são os meditadores mais avançados, como Joseph Goldstein, que conseguem ver com mais clareza os próprios pensamentos deixando de criar apego – vendo-os surgir e ir embora sem a mente se agarrar a eles.

Esta hipótese – de que os sentimentos são, entre outras coisas, o meio pelo qual a mente atribui rótulos de prioridade aos pensamentos – é consistente com uma tendência mais geral da psicologia nas últimas décadas: deixar de falar sobre processos "afetivos" e "cognitivos" como se eles estivessem em compartimentos separados da mente e reconhecer como estão emaranhados entre si. E essa tendência ainda revela outro exemplo de como a psicologia moderna foi antecipada pelo budismo antigo. No famoso sutra chamado *O grande discurso sobre a destruição do desejo,* Buda diz que um "objeto mental" – categoria que inclui os pensamentos – é como um gosto ou odor: quando uma pessoa está "experimentando um sabor com a língua", "sentindo um odor com o nariz" ou "conhecendo um objeto mental com a mente", essa pessoa "deseja o objeto mental prazeroso" e "repele o desprazeroso".[62]

Como veremos mais adiante, o fino entrelaçamento entre afeto e cognição ajuda a explicar uma das proposições budistas aparentemente mais malucas: que as coisas que percebemos no mundo lá fora – árvores, aviões, pedras – não existem – pelo menos não no sentido em que costumamos pensar que existem. E como veremos no próximo capítulo, esse emaranhado de afeto e cognição pode nos ajudar a lidar com um mistério que já mencionei: se o eu não existe, quais são as dinâmicas reais daquilo que costuma ser chamado de "autocontrole"? E o que o budismo nos diz sobre como obter um pouco desse controle do "eu"?

9

Autocontrole

No século XVIII, o filósofo escocês David Hume escreveu que a razão humana é "escrava das paixões".[63] Se Hume tivesse usado o termo "paixões" da mesma forma que o utilizamos hoje, sua observação não seria digna de nota. É claro que, quando somos tomados por sentimentos intensos como desejo sexual ou vingança, as nossas faculdades mentais não estão no controle da situação. Mas Hume usou o termo "paixões" em um sentido diferente; ele estava se referindo a sentimentos e sensações, de maneira geral. Estava dizendo que, embora o pensamento racional exerça um papel importante nas motivações humanas, de certa forma ele nunca está de fato em posição de tomar decisões. Quando optamos por fazer algo, nós tomamos a decisão com base em um sentimento.

De onde Hume tirou essa ideia? Aparentemente, da introspecção – observando com atenção o funcionamento da própria mente. Em certo sentido, Hume estava praticando a atenção plena antes de a meditação mindfulness entrar na moda. Para os padrões dos filósofos ocidentais, Hume era bem oriental. Muitas de suas ideias se alinham quase perfeitamente com o pensamento budista, inclusive um dos argumentos que ele elaborou contra a existência do eu. Alguns acadêmicos sugerem que talvez isso não seja coincidência, que talvez Hume tenha se deparado com ideias budistas mesmo em uma época em que as ideias orientais mal haviam começado a sair da Ásia.[64] Mas, sem dúvida, a ideia de que os sentimentos têm mais controle sobre nossas decisões do que imaginamos certamente é budista em espírito.

Agora, 250 anos depois de Hume alcançar o budismo, a ciência está alcançando Hume. Já desenvolvemos ferramentas para observar o nosso maquinário mental, para ver quais partes do cérebro se tornam ativas quando tomamos decisões. E as ideias de Hume sobre a relação entre razão e sentimentos, há muito consideradas radicais, estão parecendo bem relevantes.

Considere uma decisão objetiva, como a de comprar ou não alguma coisa. É tentador considerá-la um exercício de deliberação racional. Você olha para o produto, para o preço e se pergunta sobre várias questões: com que frequência você usaria o produto? A compra levaria muito do seu dinheiro? O que mais seria possível comprar com essa quantia? Depois de responder a esses questionamentos, você tranquilamente pesa os prós e contras e toma uma decisão.

Mas pesar prós e contras pode não ser um processo tão tranquilo assim, segundo um experimento conduzido por cientistas cognitivos de Stanford, do Carnegie Mellon e do MIT.[65] Eles deram algum dinheiro para os participantes e lhes ofereceram uma série de coisas para comprar: fones de ouvido sem fio, uma escova de dentes elétrica, um DVD de *Star Wars* e assim por diante. Enquanto analisavam cada produto e o seu preço, o cérebro dessas pessoas era escaneado. Ficou claro que os pesquisadores podiam facilmente prever se alguém compraria ou não algum produto ao observar quais partes do cérebro ficavam mais ativas e quais ficavam menos ativas. E essas partes não são majoritariamente associadas a deliberações racionais, mas a sentimentos. Como, por exemplo, o núcleo accumbens, que exerce um papel na distribuição do prazer e fica mais ativo quando as pessoas estão na expectativa de ganhar recompensas ou veem coisas de que gostam. Quanto mais ativo ficava o núcleo accumbens enquanto os participantes observavam um produto, maior propensão eles tinham a comprá-lo. Do outro lado temos a ínsula, que fica muito ativa quando as pessoas anteveem sensações dolorosas e outras coisas desagradáveis. Quanto mais ativa ficava a ínsula quando as pessoas viam o preço, menor era a propensão a comprar aquele produto.

Embora a avaliação dos prós e contras de uma compra pareça algo puramente racional, até mesmo mecânico, esse experimento sugere que o cérebro faz essa avaliação em meio a uma disputa entre sentimentos conflitantes.

Mesmo o fator preço – um índice totalmente quantitativo, o tipo de coisa que pode ser incluída com facilidade no algoritmo de tomada de decisões de um computador – entra na equação na forma de um sentimento, de certo grau de aversão. E o sentimento mais forte – de atração ou de aversão – vence.

Claro que esses sentimentos podem ser *influenciados* pela razão. Se você lembrar que a última escova de dentes elétrica que comprou acabou não sendo usada e deduzir que o mesmo deve acontecer com a próxima, qualquer sentimento de atração pela escova perde a força. Agora, se você lembrar que os 20 dólares que estão pedindo pela escova são menos do que você gastou no jantar na sexta-feira passada, sua aversão ao preço – a atividade na sua ínsula – pode diminuir.

Por que o sentimento controla o pensamento

Então a razão tem, sim, alguma influência sobre o que a pessoa finalmente acaba fazendo. Ainda assim, esse experimento sugere que a razão talvez só possa cumprir esse papel influenciando o motivador definitivo: sentimentos e sensações. Como Hume enunciou: "A razão, por si só, jamais pode ser o motivo por trás de qualquer ação da vontade."[66] Em última análise, comprar algo se resume a sentir-se bem a respeito da compra – ou, ao menos, melhor do que você se sentiria recusando a compra. É claro que você pode se arrepender de ter recusado. É bem possível se arrepender de ter deixado de fazer uma compra: o "arrependimento do não comprador" é tão verdadeiro quanto o "arrependimento do comprador". Porém, de qualquer forma, a palavra central aqui é *arrependimento*. O "arrependimento do dia seguinte" surge na forma de um *sentimento* porque essa foi a base da decisão do dia anterior, para começo de conversa.

Tudo isso faz sentido em termos evolutivos. Afinal, os sentimentos e sensações são nossos motivadores originais. A seleção natural usou sensações boas e ruins para direcionar os animais, respectivamente, a se aproximarem ou se esquivarem de certas coisas, a coletá-las ou rejeitá-las; as sensações boas foram atribuídas a coisas como alimentação, enquanto as ruins foram atribuídas a coisas como ser devorado. Com o passar do tempo, pouco a pouco, os animais foram ficando mais inteligentes, mas, do ponto de vista da seleção natural, o propósito da inteligência não é *substituir* sentimentos e sensações, mas torná-los mais bem embasados: a inteligência torna mais sofisticado o processo de discernir entre o que os animais devem procurar e o que devem evitar, entre o que devem coletar e rejeitar – ou seja, o que está associado a sensações boas e o que está associado às ruins. Assim, com o passar do tempo evolutivo, embora os cálculos por trás desse mecanismo tenham se tornado cada vez mais elaborados, os sentimentos e as sensações continuam sendo o que realmente nos direciona ao longo da vida. Podemos comprar um agasalho com um ótimo revestimento, cujas virtudes confirmamos por meio de rigorosas pesquisas on-line e extensas análises, mas a razão para finalmente fecharmos o negócio é que toda essa ponderação racional nos proporciona uma sensação agradável por comprá-lo.

Na verdade, só chegamos a pensar nessa questão porque sentir frio no inverno gera uma sensação ruim. São os sentimentos e as sensações que nos dizem em que devemos pensar; e depois, quando tudo já foi pensado, eles nos dizem o que fazer. No decorrer da nossa linhagem evolutiva, o pensamento passou a exercer um papel cada vez maior nas nossas ações, mas ele sempre começa e termina nos sentimentos.

Outra coisa que pode acontecer no decorrer do tempo evolutivo é que os sentimentos passam a ser atribuídos a cada vez mais coisas. À medida que a nossa espécie foi se tornando mais complexa socialmente, obter comida e sexo passou a depender de fazer parte de um cenário social e a incluir metas como forjar alianças e ser tido em alta estima. Assim, fazer amigos e ganhar o respeito dos pares passou a gerar uma sensação boa, e ser rejeitado passou a gerar sentimentos ruins. Por sua vez, isso abriu espaço para novas vias de pensamento: descobrir por que um amigo se voltou contra você, imaginar maneiras de impressionar as pessoas, e assim por diante. De qualquer forma, essa rede crescente de sentimentos e pensamentos é uma extensão do sistema de valores básico de que a evolução nos dotou – um sistema que recompensa a sobrevivência e a capacidade de passar os próprios genes adiante.

Como a seleção natural tende a ser econômica, a biologia por trás desses sentimentos e pensamentos é uma extensão direta das razões biológicas por trás daqueles valores originais. Estudos de exames de imagem do cérebro revelaram que as partes responsáveis por intermediar a dor física são as mesmas que intermedeiam a dor da rejeição social. O que explica por que opiáceos e outros anestésicos podem amenizar a inquietação gerada por contratempos sociais. De acordo com um estudo, até mesmo doses maiores de Tylenol podem amenizar a dor da rejeição social.[67]

Razão e chocolate

Tudo isso nos traz à questão do chocolate. Aliás, um dos itens em oferta naquele estudo com imagens do cérebro durante as compras foi uma barra de chocolate Godiva. Mas, ainda que não fosse, provavelmente eu estaria falando em chocolate mesmo assim, pois estou tentando abordar a questão do autocontrole – e, quando se trata de autocontrole, o chocolate está bem alto na minha lista de desafios, junto com as rosquinhas açucaradas e assistir a programas esportivos na TV em vez de escrever este livro.

O autocontrole costuma ser definido como uma questão da prevalência da razão sobre os sentimentos. Platão evocou a metáfora do cocheiro (o eu racional) que mantém os cavalos (as paixões rebeldes) sob controle. Essa ideia sobreviveu, mais ou menos intacta, por cerca de 2.500 anos. Algumas pessoas chegam a afirmar que a neurociência localizou o cocheiro. O córtex pré-frontal,[68] que fica bem atrás da sua testa, é exaltado nos livros do ensino médio e em museus como aquilo que nos torna humanos. Costuma-se dizer que é o "centro executivo" do cérebro, dotando-nos da capacidade de desenvolver raciocínios prolongados, fazer planos e ter autocontrole. Dá para notar que os nossos antepassados australopitecos não eram muito bons nesses quesitos – basta ver como a testa deles era pequena!

O córtex pré-frontal certamente é importante; tenho tanto orgulho do meu quanto qualquer outra pessoa. Além do mais, há boas razões para acreditar que essa parte do cérebro exerce *algum* papel importante naquilo que conhecemos como autocontrole. Estudos revelam que quanto mais formidável é a tentação, maior é a atividade no córtex pré-frontal da pessoa que resiste a ela.

Ainda assim, se Hume estiver certo, essa atividade pré-frontal não deveria ser vista como a razão "vencendo a tentação" ou "opondo-se aos sentimentos". A razão não exerce sua influência se opondo diretamente a um sentimento, mas dando força a um sentimento *oposto*. Sim, aquela barra de chocolate parece gostosa e a ideia de comê-la é tentadora, mas refletir sobre aquele artigo que você leu sobre os malefícios de uma taxa elevada de açúcar no sangue faz com que essa ideia acabe resultando em culpa. E é a culpa, não a reflexão, que se põe em combate direto contra a vontade de comer o chocolate. "A razão, por si só" argumentou Hume, "jamais pode se opor à paixão na determinação da vontade."[69] Nada "pode se opor ou retardar o impulso da paixão, a não ser um impulso contrário".[70]

De acordo com esse ponto de vista, o córtex pré-frontal não é um tipo de módulo de comando que a evolução inventou quando fomos promovidos de meros animais a seres humanos; não se trata de algo que finalmente domou nossos sentimentos rebeldes e nos colocou sob controle racional. Não, os poderes da razão situados no córtex pré-frontal estão, eles mesmos, sob o controle dos sentimentos. O sistema de valores embutido nos sentimentos – a concepção da seleção natural sobre o que é bom e o que é ruim, o que devemos buscar e o que devemos evitar – continua a ser, essencialmente, o predominante.

A seleção natural nos fez *desejar* alimentos com determinados sabores e também nos fez *desejar* uma vida longa e saudável. A luta pelo autocontrole – ao menos nesse caso específico – é um embate entre esses dois valores e os sentimentos e sensações associados a eles. Se a razão tem algum papel nesse cenário, é apenas como representante desses valores. É o *desejo* de ter uma vida longa e saudável que leva o nosso raciocínio a prestar atenção na relação entre consumo de açúcar e longevidade, e é *por meio* desse desejo que o uso da razão pode derrotar o desejo pelo chocolate. É nesse sentido que a razão continua sendo "escrava" das paixões, como disse Hume – e, portanto, escrava do sistema de valores mais abrangente da seleção natural.

Quanto mais aprendemos sobre o funcionamento do cérebro, mais sentido faz o ponto de vista de Hume. Joshua Greene, neurocientista de Harvard, escreveu a respeito de uma região específica no córtex pré-frontal chamada de córtex pré-frontal dorsolateral (DLPFC, na sigla em inglês): "O DLPFC, o centro do raciocínio abstrato, está intrinsecamente interconectado com o sistema dopaminérgico, responsável por atribuir valores a objetos e ações. De uma perspectiva neurológica e evolutiva, nossos sistemas de raciocínio não são máquinas lógicas independentes. Eles foram desenvolvidos a partir de sistemas de mamíferos mais primitivos responsáveis por selecionar comportamentos gratificantes – próteses cognitivas para mamíferos empreendedores." Em outras palavras, como o próprio Greene observa, parece que Hume estava certo.[71]

E o córtex pré-frontal não foi o único sistema que costumamos definir de maneira simplista. A parte do cérebro conhecida como sistema límbico frequentemente é identificada como o "centro das emoções", mas essa definição também se mostrou equivocada. Segundo escreveu o neurocientista Luiz Pessoa: "Regiões 'afetivas' do cérebro participam da cognição, por um lado, e regiões 'cognitivas' do cérebro participam da emoção." Em seu livro *The Cognitive-Emotional Brain* [O cérebro emocional-cognitivo, em tradução livre], Pessoa, como muitos escritores na história da psicologia, evoca a imagem da carruagem de Platão – no entanto, ao contrário da maioria dos autores, para rejeitá-la.[72]

O seu juiz interior realmente julga?

Não surpreende que a ideia de Platão – de um cocheiro puramente racional – tenha exercido tanta influência por tanto tempo. Afinal, quando você está decidindo se vai ou não se permitir comprar um chocolate, por exemplo, não parece que há um "eu" racional pesando a questão – tipo um juiz que avalia os argumentos a favor e contra comprar um chocolate? Por um lado, você está alguns quilos acima do peso; além disso, comer chocolate tarde da noite pode atrapalhar o sono. Por outro lado, se você comesse o chocolate, teria mais energia e poderia trabalhar um pouco; além disso, você merece um mimo, considerando como trabalhou duro ontem (em parte, talvez, graças ao chocolate que comeu!).

Depois de considerar os argumentos de ambos os lados, você – o juiz – dá seu veredito. Sendo um juiz rígido, você decide que não, não pode comer o chocolate hoje. Em outro dia, você talvez seja um juiz mais leniente e decida que pode, sim, comer a barra de chocolate. E está encerrada a sessão no tribunal. Ou, melhor dizendo, em recesso, porque logo vem o julgamento seguinte: depois de comprar o chocolate, você começa a ponderar se vai esperar até chegar em casa para comê-lo.

De qualquer jeito, parece haver um momento no qual *você* decide. Então o que há de errado com a definição de um "eu" racional julgando o caso? Uma vez fiz essa pergunta para Rob Kurzban. Como ele é um dos psicólogos a propor que talvez o eu não exista, eu tinha certeza de que ele teria um jeito de descrever a decisão do chocolate sem envolver um "eu" racional agindo como juiz.

De fato, quando lhe perguntei o que havia de errado em dizer algo como "eu avaliei os prós e os contras e decidi não comer o chocolate", ele me disse que, estritamente falando, seria melhor formular de outro modo: "Existem determinados sistemas na sua cabeça que foram projetados para serem motivados a ingerir alimentos hipercalóricos, e esses sistemas têm determinados motivos, convicções ou representações; e existem outros sistemas na sua cabeça que têm motivações associadas à saúde de longo prazo e têm determinadas convicções sobre o chocolate." No fim, os módulos do segundo tipo, focados no longo prazo, "inibiram o comportamento que estava sendo facilitado pelos módulos de curto prazo". Em outras palavras, nenhum dos módulos era mais "racional" do que o outro, eles apenas tinham metas distintas e, nesse dia específico, um deles foi o mais forte.

Talvez você pergunte o que exatamente quero dizer com "mais forte". Bem, se Hume estava certo, e se os dados do experimento das compras foram corretamente interpretados, tudo não passa de uma disputa entre sentimentos. Um módulo de longo prazo talvez produza o sentimento de culpa quando você vai pegar o chocolate; talvez produza também uma sensação de orgulho quando você resiste ao poder de atração do chocolate. Do outro lado da disputa está a ânsia por chocolate, gerada pelo módulo de curto prazo. Mas talvez esse módulo também disponha de táticas mais sutis. Talvez tenha sido ele que resgatou a memória daquele artigo sobre os benefícios de longo prazo de antioxidantes. Será que ele pensou que o módulo de longo prazo ficaria interessado naquele artigo?

Tudo isso acaba destacando um mistério: por que a nossa mente consciente precisa gastar tanto tempo testemunhando a apresentação dessas razões – ou seja, para que participar dessa "deliberação"? Se afinal é apenas algo que dá a ideia de um julgamento – se tudo se resume a uma disputa de poder entre módulos que evocaram qualquer que tenha sido a lógica para apoiar o seu lado –, será que a coisa toda não podia acontecer de maneira subconsciente, liberando a mente consciente para fazer algo mais construtivo, como ponderar a respeito do problema mente-corpo? Bem, lembre-se de que a mente consciente – a parte da sua mente que se comunica com o mundo – parece ser uma espécie de relações públicas. "O meu palpite", disse Kurzban, "é que a razão pela qual sua mente consciente observa o debate, inclusive o raciocínio vencedor, é para que caso alguém o confronte ou pergunte por que você fez x, y ou z, você seja capaz de apresentar uma lógica plausível."

Assim, se você sai de uma loja enfiando uma barra inteira de chocolate na boca e alguém olha para você com curiosidade, você pode dizer: "Isso é para poder trabalhar mais um pouco durante a tarde." Supostamente, isso fará com que a pessoa o tenha em mais alta conta do que se você tivesse dito: "Eu estou fora de controle, tá bom?"

Às vezes o risco social é mais alto do que a impressão que um estranho de passagem pode ter a seu respeito. Se todo mundo que o conhece descobrir que você andou traindo seu parceiro ou parceira, não adianta dizer: "Eu fui dominado por desejos sexuais projetados pela seleção natural para maximizar o legado genético." Isso só faria com que os outros passassem a dizer que você é do tipo que trai. E claro que você não é esse tipo de pessoa! Por isso tem de ser capaz de dizer algo como: "Mas você precisa entender: a pessoa que eu amo andava emocionalmente distante e não estava satisfazendo a minha profunda necessidade de companhia e intimidade." Nesse caso, os outros vão dizer que não podem culpá-lo. E será bom se você já tiver escutado esse lado do argumento e o visto sair vencedor da disputa antes de pular a cerca. Assim você estará pronto.

Isso não quer dizer que a única razão pela qual ficamos cientes do nosso processo racional é para conseguir oferecer justificativas do nosso comportamento para um público ingênuo. Às vezes, enquanto deliberamos sobre uma decisão importante, consultamos amigos ou parentes a respeito do que devemos fazer; e essas consultas vão ser mais produtivas se já estivermos cientes de alguns argumentos a favor da decisão ou contra. É claro que, mesmo nesse exemplo, talvez haja uma motivação de relações públicas. "Consultar" pode ser um jeito de verificar de antemão se não vamos fazer algo que vai antagonizar pessoas importantes na nossa vida ou impedir de obter o apoio delas caso a nossa decisão antagonize outras pessoas. Mas – especialmente quando estamos falando com pessoas que de fato se preocupam com nossos interesses – “consultar” pode significar apenas isso mesmo, uma busca por orientação.

Em todo caso, um ponto positivo de a sua mente consciente estar em contato com os raciocínios gerados por módulos concorrentes é que você pode compartilhá-los com outras pessoas e receber retorno delas antes de tomar uma decisão. Na verdade, eu deveria formular isso da seguinte forma: você pode compartilhar o seu raciocínio com outras pessoas, e a resposta delas vai recalibrar os *sentimentos e sensações* produzidos por cada uma das opções.

Talvez você tenha percebido uma tendência neste capítulo: quanto mais pensamos a respeito das relações entre razão e sentimento, menores parecem as nossas chances de manter o comportamento sob um controle realmente racional. Primeiro aprendemos que, pelo visto, Hume estava certo: a nossa “faculdade racional” nunca está mesmo no controle; pois os seus objetivos – aquilo a respeito do que ela raciocina – são determinados por sentimentos e ela só pode influenciar o nosso comportamento se influenciar os nossos sentimentos. Em seguida aprendemos que, na verdade, até o termo *faculdade racional* sugere uma capacidade de deliberação e ordenação que não é própria da mente humana. A perspectiva apresentada aqui sugere que não dispomos de uma faculdade racional, mas sim de *faculdades* racionais; parece que os módulos têm a capacidade de recrutar razões a favor de suas metas.

Por sua vez, isso indica que “raciocinar” pode ser um eufemismo para o que fazem essas “faculdades racionais”. Claro, um módulo pode dizer algo realmente razoável e bem documentado, como “se você comer esse chocolate, terá dificuldade para dormir”. Mas outro módulo dirá algo como “você vai trabalhar mais se comer esse chocolate” – mesmo que, segundo o seu histórico, o mais provável seja que você acabe navegando pelas redes sociais com inusitado fervor. E é difícil separar as razões válidas das inválidas, porque às vezes as razões menos válidas trazem uma *sensação boa* – e sentimentos e sensações tendem a prevalecer.

Mas anime-se! O fato de os sentimentos e as sensações serem atores decisivos nesse drama não significa que você seja impotente para intervir. Nós dispomos de uma ferramenta – a meditação da atenção plena – que é adequada para intervir no nível dos sentimentos e alterar a influência deles. Então talvez haja alguma esperança de lidar com o desafio geralmente mais associado com o "autocontrole" – a entrega exagerada a vários tipos de apetites.

De fato, existem inclusive técnicas meditativas específicas para ajudar as pessoas a lidarem com desafios como, por exemplo, o vício em tabaco. Mas, antes de falarmos delas, vale a pena compreender como e por que alguns apetites se tornaram dominantes, para começo de conversa: qual é a lógica evolutiva por trás do poder que eles conquistaram em nossa mente?

O problema é mesmo a "autodisciplina"?

Se você fuma – ou é viciado em qualquer outra coisa, de heroína a pornografia ou chocolate –, provavelmente houve ao menos uma ocasião na qual você passou um bom tempo pensando se deveria ceder ou não a essa forma de gratificação. Talvez isso tenha acontecido quando, depois de experimentá-la algumas vezes, você reconheceu seu poder de atração e em algum nível percebeu que, mais cedo ou mais tarde, acabaria dominado por ela. Mas, em um dado momento, as deliberações devem ter favorecido a gratificação de curto prazo. À medida que o tempo foi passando e as oportunidades para gratificação continuaram surgindo, você começou a dedicar cada vez menos tempo à deliberação. Então a motivação pela gratificação imediata se tornou tão forte que resistir passou a ser inútil. É assim que essas coisas funcionam.

Técnicos de futebol têm um jeito de definir essa dinâmica. Eles dizem que a autodisciplina é como um músculo. Se você usá-lo, ele fica mais forte; se não usá-lo, ele fica mais fraco. Esse clichê parece captar bem o padrão mais geral. Se a parte de você que está argumentando contra ceder à tentação prevalecer algumas vezes – se ela for "exercitada" direito –, suas chances de sucesso serão maiores na próxima vez; caso ela perca algumas vezes seguidas, há boas chances de esse ser o início de uma longa série de derrotas.

Essa metáfora do "músculo" é tão apropriada que alguns psicólogos que estudam esse assunto já a usaram para descrever a conclusão de suas descobertas. Uma questão interessante que esses psicólogos não costumam abordar é *por que* essa metáfora é tão boa. Em outras palavras, por que sucessos iniciais em questões de autodisciplina levam a mais sucessos, enquanto lapsos iniciais levam a mais lapsos? Se a autodisciplina é mesmo boa para o organismo, não faz sentido que a seleção natural tenha feito com que alguns lapsos iniciais sejam capazes de destruí-la com tanta facilidade. E, no entanto, não há como negar que algumas injeções de heroína podem levar ao fim de uma vida produtiva. Por quê?

Uma maneira de responder a essa pergunta é eliminando a metáfora útil, porém limitante, de ver a "autodisciplina como um músculo". Vamos traduzir a pergunta em termos modulares: quando o módulo a favor de ceder à tentação vence alguns debates, sua força aumenta a tal ponto que os módulos rivais nem sequer se dão ao trabalho de elaborar argumentos contrários. Por que a seleção natural projetaria as coisas dessa forma, fazendo com que o módulo vencedor se torne cada vez mais forte?

Imagine um dos seus ancestrais há 20 mil anos – o seu tataratataratataravô (e põe tatara nisso). Imagine que ele é um homem muito jovem. Imagine que um de seus módulos – grosso modo, o mesmo que Freud chamou de "libido" – o esteja estimulando a fazer investidas sexuais a uma mulher. Enquanto isso, outro módulo aconselha cautela, dizendo coisas como: "Mas talvez ela rejeite suas investidas e você fique humilhado, talvez ela diga a outras pessoas que o rejeitou e você fique ainda mais humilhado." Ou, se ela já tiver um parceiro, talvez o módulo cauteloso diga: "E se ela contar ao marido fortão sobre as suas investidas indesejadas e ele fizer picadinho de você?"

Agora vamos supor que o primeiro módulo vença e o seu ancestral se aproxime da mulher. E vamos supor também que ele estivesse certo: as investidas não são recusadas, o sexo ocorre e o marido fortão permanece alheio a tudo. Bem, da próxima vez que houver um conflito entre essas duas vozes – uma aconselhando a investida sexual e a outra aconselhando a contenção –, não faria sentido dar o benefício da dúvida à primeira? Afinal, ela estava certa da última vez. E esse fato sugere duas coisas: que não é absurdo pensar que as mulheres consideram esse ancestral atraente e que o cérebro desse ancestral sabe interpretar os sinais de interesse exibidos pelas mulheres.

Por outro lado, se as investidas tivessem sido recusadas e seu ancestral tivesse sido humilhado e se tornado motivo de chacota de todo o vilarejo de caçadores-coletores – ou, pior ainda, se tomasse uma surra do marido fortão antes de se tornar motivo de chacota –, as coisas seriam diferentes. Aí faria sentido dar menos poder ao módulo libidinoso da próxima vez. E também faria sentido dar mais poder ao módulo que aconselhou cautela. Afinal, ele estava certo da última vez.

A questão é que faz sentido que a seleção natural tenha projetado uma mente modular dessa forma – fazendo com que os módulos "vencedores" conquistem mais poder quando seu julgamento se prova correto. E note que, às vezes, a forma como isso ocorre envolve uma gratificação sexual. Se o módulo libidinoso aconselha uma investida sexual e isso leva a um orgasmo, seu conselho terá mais peso da próxima vez.

É claro que no mundo moderno essa dinâmica funciona de maneira diferente. Um módulo que o aconselhe a visitar um site de pornografia pode levar à gratificação sexual, fazendo com que esse conselho tenha mais peso da próxima vez – apesar do fato de que passar tempo em sites pornográficos não faz nada para melhorar suas perspectivas reprodutivas, podendo até mesmo ter efeito contrário. Ou se um módulo o aconselhar a cheirar cocaína e isso resultar numa poderosa explosão de autoestima – o que, num ambiente de caçadores-coletores, teria sido a recompensa pela boa impressão causada em seus pares e resultaria no fortalecimento não de um módulo que o levasse a cheirar cocaína, mas de um que o levasse a repetir qualquer comportamento que tenha impressionado os seus pares. É dessa forma que, no mundo moderno, a gratificação pode reforçar comportamentos muito diferentes dos que originalmente ela foi projetada para reforçar.

Há duas virtudes em definir o problema do autocontrole dessa forma – como um módulo que se torna cada vez mais forte e não como um músculo para todos os fins chamado "autodisciplina", que só fica cada vez mais fraco. Primeiro, essa visão ajuda a explicar por que o problema é tão traiçoeiro. É difícil imaginar por que a seleção natural projetaria um "músculo" chamado "autodisciplina" de forma que alguns fracassos iniciais o levassem a uma impotência duradoura. Mas é fácil imaginar por que a seleção natural projetaria módulos que ficam mais fortes à medida que seu sucesso se repete e por que, de uma forma ou de outra, ela usaria a gratificação como a definição do sucesso.

Uma nova abordagem

A segunda virtude de conceber o problema da autodisciplina em termos modulares é que isso pode sugerir novas maneiras de lidar com esse problema. Há uma diferença entre pensar que a meta é o fortalecimento do músculo da autodisciplina e pensar que a meta é o enfraquecimento de um módulo que se tornou dominante.

Se você partir da primeira abordagem, a tendência é *lutar* contra as suas tentações. Você sente vontade de sair para comprar cigarro e tenta tirar esse pensamento da cabeça. Afinal, existe essa coisa chamada "autodisciplina" e você tem que exercitá-la – é preciso ir para o campo de batalha e derrotar o inimigo!

Mas imagine se, em vez disso, você pensa que o problema é o fato de um módulo específico ter criado um hábito especialmente forte. Como você tenta superá-lo? Talvez devesse experimentar algo como a meditação da atenção plena. Para entender a que estou me referindo, vamos analisar a mais atual e sofisticada abordagem da meditação mindfulness para superar vícios.

Quem me explicou essa abordagem foi Judson Brewer, que estudou o assunto na Escola de Medicina de Yale (e também conduziu um dos principais estudos demonstrando que a meditação enfraquece a rede padrão). Brewer disse que a ideia principal não é *lutar* contra a vontade de fumar um cigarro, por exemplo – o que não significa que você deva ceder e acender um cigarro. Significa apenas que você não deve tentar empurrar a vontade para fora da sua mente. Em vez disso, você aplica a mesma técnica da atenção plena que usaria para lidar com outros sentimentos incômodos – ansiedade, ressentimento, melancolia, ódio. Calmamente (ou com o máximo de calma possível, dadas as circunstâncias), você examina o sentimento ou a sensação. Em que parte do seu corpo você sente o desejo de fumar? Qual é a textura desse desejo? É agudo? Fraco e pesado? À medida que faz isso, essa vontade vai deixando de parecer ser parte de você. E assim será revelada a grande ironia da meditação da atenção plena: aproximar-se o suficiente de sentimentos e sensações e olhar bem para eles acaba gerando um distanciamento crítico. O domínio que eles têm sobre você enfraquece. E, caso enfraqueça o suficiente, eles deixam de ser parte de você.

Uma sigla é usada para descrever essa técnica: RAIN.[73] Primeiro você Reconhece o sentimento ou a sensação. Depois, Aceita o que está sentindo (em vez de tentar afastar a emoção). Em seguida, você Investiga esse sentimento e a relação que ele tem com seu corpo. Finalmente, o N representa a Não-identificação, ou, de maneira equivalente, o Não-apego. Essa última etapa é interessante, pois não se apegar às coisas foi a prescrição geral do Buda para tudo o que nos aflige.

Para Brewer, trata-se de não "alimentar" a vontade de fumar: "Se você parar de alimentar um gato de rua, ele vai deixar de vir à sua porta."

Eu gosto dessa metáfora, pois ela sugere que, em algum lugar dentro de você, há um animal que precisa ser domesticado. Afinal, em certo sentido, o modelo modular da mente afirma que existem vários animais na sua mente – módulos com algum grau de independência que às vezes lutam uns contra os outros por dominância. Além disso, pode-se considerar que, assim como ocorre com os animais, o comportamento dos módulos pode ser moldado pelo reforço positivo; quanto mais eles forem recompensados por alguma ação, mais eles irão realizá-la. Aparentemente, um vício é isso mesmo. Um rato aprende que, se apertar uma determinada barra, aparece um pouco de comida; um dos módulos na sua mente aprende que, se produzir a vontade de acender um cigarro, ele será recompensado com nicotina.

Essa comparação evidencia melhor a diferença entre lutar contra a vontade de fumar e lidar com ela a partir da abordagem da atenção plena. Lutar contra a vontade é como empurrar o rato para longe sempre que ele se aproximar da barra. Isso funciona a curto prazo: se o rato não puder apertar a barra, a comida não vai sair, e pode ser que, depois de um tempo, ele desista de se aproximar da barra. Ainda assim, sempre que *puder* se aproximar da barra, o rato vai pressioná-la, pois não viu nenhuma indicação de que pressionar a barra não resultará em comida.

No meu entendimento, lidar com a vontade a partir da abordagem da atenção plena seria mais parecido com dispor a situação de tal forma que nenhuma comida surgisse quando o rato apertasse a barra. A vontade – que é análoga a pressionar a barra neste exemplo – recebe a permissão de se formar plenamente, mas não será reforçada, pois a inspeção cuidadosa dessa sensação com a atenção plena a privou de sua força, rompendo assim a relação entre o impulso e a recompensa. Com o passar do tempo, depois que a vontade surgir vezes seguidas sem vir acompanhada de uma gratificação, ela deixa de aparecer e desiste.

Isto é, caso a técnica funcione. E no estudo sobre tabagismo conduzido por Brewer,[74] ela funcionou melhor que a abordagem alternativa recomendada pela Associação Americana do Pulmão.

O déficit de atenção como vício

A maior parte dos nossos problemas com o autocontrole não é tão dramática e bem definida quanto os vícios clássicos, como a nicotina e a cocaína. Alguns deles estão entrelaçados de uma maneira tão sutil à nossa vida que nem sequer pensamos neles como problemas de autocontrole.

Por exemplo, quando eu era criança, me distraía facilmente e tinha dificuldade em prestar atenção na mesma coisa por muito tempo. Na verdade, ainda tenho – é que agora não chamam mais isso de ser distraído, mas de transtorno do déficit de atenção. O que essas duas formas de nomear a questão têm em comum é uma maneira específica de caracterizar o problema. Elas fazem parecer que as pessoas têm uma faculdade – a faculdade que chamamos de atenção – e que, de alguma forma, está faltando algo na minha que a faça funcionar melhor. Mas quanto mais vejo o meu transtorno de déficit de atenção em ação, à medida que presto mais atenção às dinâmicas da minha distração, mais essa caracterização começa a parecer incorreta. E mais o problema de perder o foco começa a parecer um problema com o gerenciamento dos meus sentimentos.

Vou tentar ilustrar a situação: neste instante, estou concentrado em escrever esta frase. A tarefa está indo bem e me sinto ótimo. Gosto de me sair bem nas coisas e, contanto que esta frase continue a se desenrolar na tela do computador, estarei me saindo bem em alguma coisa! Mas, se em algum momento eu não for capaz de decidir qual deve ser a próxima frase, vou começar a ficar um pouco desconfortável. E se não for apenas uma questão de como formulá-la – se for uma questão mais ampla, sobre o que eu deveria dizer em seguida, sobre aonde, de forma geral, todo esse raciocínio está levando –, vou começar a ficar *muito* desconfortável. Gosto de brincar com a forma das frases, mas detesto ponderar sobre problemas estruturais.

Mas espere! Existe uma alternativa ao desconforto de confrontar uma frase não escrita e difícil de formular. O meu navegador está aberto e me ocorreu que eu deveria fazer algumas compras: preciso de um telefone novo. Quer dizer, eu não preciso *mesmo* de um telefone novo, mas é que o meu antigo está com um problema estranho de achar que os fones de ouvido estão plugados quando, na verdade, não estão. Então, quando alguém me liga, eu não consigo ouvir o que o interlocutor está dizendo a menos que conecte os fones de ouvido ou ligue o viva-voz. Dá para imaginar passar a vida inteira com esse fardo? Será que eu não deveria passar os próximos minutos pesquisando telefones? Bem, de qualquer forma, eu sou louco por aparelhos eletrônicos, então a ideia de fazer isso me traz uma sensação boa – *muito* melhor que a ideia de descobrir qual frase devo escrever a seguir. Fim de papo. Mais tarde eu continuo escrevendo.

Não sei bem qual módulo injetou este pensamento na minha cabeça: "Por que você não pesquisa smartphones na internet?" Deve ter sido um que gosta de adquirir bens. Em todo caso, ele escolheu o momento perfeito para fazer isso, bem na hora que a escrita começou a gerar desconforto. Os módulos são mesmo muito espertos.

O ponto principal aqui é que você pode considerar o problema da distração da mesma maneira que o de deixar de fumar. E se você pensar nele dessa perspectiva – entendendo que a sua meta é enfraquecer o módulo que afasta você do trabalho –, talvez isso influencie a maneira como lida com o problema.

Normalmente, se estivesse determinado a manter a atenção no trabalho apesar do forte desejo de fazer o contrário, talvez você reagisse à ideia de pesquisar telefones com uma reprimenda: "*Não* é hora de pensar em telefones – volte a escrever!" Porém, assumindo a abordagem da atenção plena, você diz: "Vá em frente, pense em telefones quanto quiser." E fecha os olhos para imaginar como seria pesquisar as especificações dos aparelhos mais recentes. Você examina a sensação de *desejar* um telefone bem legal, de *desejar* pesquisá-lo na internet. E continua observando o desejo até ele perder força. E então já pode voltar a escrever!

Apesar de não costumarmos pensar que o vício em nicotina e a dificuldade de manter a concentração têm muito em comum, ambos são problemas relacionados ao controle dos nossos impulsos. E, nos dois casos, podemos enfraquecer o impulso ao *não* lutar contra ele, deixando-o se formar e observando-o cuidadosamente. Isso priva o módulo que gerou o impulso do reforço positivo que o deixaria mais poderoso na próxima vez que aflorasse.

O ódio como vício

Em princípio, você pode descrever boa parte da meditação mindfulness da seguinte maneira: um jeito de negar aos módulos o reforço positivo que lhes deu poder. Isso acontece porque, geralmente, quando observa sentimentos e sensações com atenção plena, você está impedindo o módulo que os gerou de receber qualquer tipo de recompensa. Se você observar o sentimento de ódio por alguém e se mantiver assim, ele não será capaz de fazer o que teria feito normalmente – por exemplo, levar você a imaginar a vingança pelo que quer que essa pessoa tenha feito para merecer o seu ódio. Se você *se entregasse* à fantasia de vingança, a sensação seria boa, não é? O que pode ser melhor do que imaginar um destino terrível se abatendo sobre um inimigo mortal? E a razão pela qual isso traz uma sensação boa é o fato de a seleção natural ter projetado esse módulo para convencê-lo a fazer este tipo de coisa: imaginar maneiras de enfraquecer rivais e prejudicar inimigos. Então, do ponto de vista da seleção natural, esse módulo merece uma recompensa pela missão cumprida de ceder a uma fantasia de vingança – e essa recompensa tornará o módulo mais forte da próxima vez que se manifestar.

Essa não é a única missão que o ódio foi projetado para cumprir. Ele também é bom em fazer com que você diga coisas detestáveis sobre as pessoas que você odeia (deixando assim de exercer aquilo que os budistas chamam de "fala correta", um dos oito elementos no Caminho Óctuplo). Dizer esse tipo de coisa também traz uma sensação boa. Mas esse reforço positivo, assim como o reforço positivo por ter fantasias de vingança, nunca virá se, ao perceber esse sentimento se formando, você examiná-lo com atenção plena em vez de se render ao ódio.

Em resumo, apesar de associarmos tradicionalmente o termo *autocontrole* com o hábito de ceder às tentações – injetar heroína, exagerar no chocolate e assim por diante –, as lições que podemos aprender com esses casos menos óbvios vão muito além disso. O ódio e a dificuldade de manter a concentração são problemas de autocontrole e podem ser abordados por meio da atenção plena.

Mas *autocontrole* é um termo ligeiramente ambíguo. Algumas pessoas o interpretam como controle *do* eu, enquanto outras pensam em um controle *pelo* eu. Em todo caso, é um termo esquisito em um livro baseado nos ensinamentos budistas – visto que, segundo o budismo, o eu não existe. E, se o eu não existe, como podemos falar em autocontrole, ou controle do "eu"? Se não existe um cocheiro racional, como tomamos a decisão de, por exemplo, começar a praticar a meditação da atenção plena?

Por enquanto, vou lidar com essa questão repetindo o que disse antes: não se preocupe demais com a existência ou não de algo chamado "eu". Apenas use as partes da doutrina do não-eu que lhe forem úteis, especialmente a ideia de que nenhum dos seus sentimentos e sensações – a vontade de fumar, de pesquisar telefones na internet, de nutrir ódio – é uma parte intrínseca de você. Podemos observar esses sentimentos pelo que eles são de verdade: algo que um dos módulos mentais está tentando fortalecer. Quanto mais você observá-los dessa maneira – com atenção plena –, menos força eles terão e cada vez menos farão parte de "você".

O próprio David Hume, embora tenha argumentado contra a existência do eu, certamente pensava que isso que chamamos de autocontrole é possível. Ele fazia uma distinção entre as paixões "violentas", como a vingança e o ódio, e as paixões "calmas", como o amor à beleza, e observou que "de modo geral, as paixões violentas têm uma influência maior sobre a vontade; mas muitas vezes descobrimos que as paixões calmas, quando corroboradas pela reflexão e acompanhadas pela resolução, são capazes de controlar as violentas em seus momentos mais furiosos". É até mesmo possível, escreveu ele, que as paixões calmas tenham "comando absoluto sobre a mente".[75]

Entre outras coisas, a meditação da atenção plena é uma tentativa de dar mais poder às paixões calmas e menos poder às violentas. A despeito de especulações sobre Hume ter ou não conhecido a filosofia budista, ele não deve ter conhecido a meditação da atenção plena. No entanto, ao descrever os benefícios de fortalecer as paixões calmas, Hume parece um mestre de meditação moderno exaltando as virtudes de viver no presente. Ele escreveu que, se deixarmos de dar poder às paixões calmas – se deixarmos que as paixões violentas vençam a luta –, nós vamos perder "o prazer das ocorrências comuns da vida".[76]

Ajudar pessoas com problemas de autocontrole costuma ser considerado um exercício puramente terapêutico. E certamente ajudar alguém a deixar de fumar ou largar a heroína se qualifica como terapia no sentido mais comum do termo. Mas, ao perceber que a discussão sobre autocontrole pode naturalmente passar a uma conversa sobre como superar o ódio – ou mesmo sobre ver beleza "nas ocorrências comuns da vida" –, é possível ver como é tênue a linha entre terapia e edificação moral, entre terapia e espiritualidade.

Isso não é nenhuma surpresa. De acordo com a filosofia budista, tanto os problemas que chamamos de terapêuticos quanto os que chamamos de espirituais decorrem de não percebermos as coisas com clareza. Além disso, em ambos os casos, essa impossibilidade de ver com clareza é em parte um produto do caráter enganoso dos sentimentos e sensações. E o primeiro passo para deixarmos de ser enganados pelos sentimentos é observá-los diretamente – tornando-nos cientes da maneira onipresente e sutil com que eles influenciam nosso pensamento e nosso comportamento.

Nos capítulos seguintes, vamos tratar de níveis ainda mais sutis dessa influência e aprofundar a discussão ao longo do espectro entre terapia e espiritualidade.

10

Encontros com a não-forma

Eis um trecho do *Samadhiraja Sutra*, um texto budista de cerca de 1.900 anos atrás:

Saiba que todas as coisas são assim:
Uma miragem, um castelo de nuvens,
Um sonho, uma aparição,
Sem essência, mas com qualidades que podem ser vistas.

Ouvi esses versos pela primeira vez em um retiro de meditação em que um dos mestres discorreu bastante sobre "a não-forma". Concluí que se chegasse a um ponto na sua prática meditativa em que fosse capaz de apreender a não-forma, você perceberia a realidade mais verdadeiramente do que se ainda estivesse preso ao mundo das "formas" – você sabe: mesas, caminhões, bolas de futebol.

"A não-forma" não é uma parte muito conhecida da terminologia budista. Mas existe uma palavra mais conhecida que, em termos gerais, significa o que esse professor quis dizer com o termo: *vazio*.[77]

Independentemente do termo escolhido, o importante é que no mundo lá fora, que parece tão sólido e estruturado, tão cheio de coisas com identidades distintas e tangíveis, há menos do que pensamos. Em certo sentido, esse mundo de formas aparentes é como o *Samadhiraja Sutra* o define: "uma miragem, um castelo de nuvens, um sonho, uma aparição". Ou, na famosa definição do *Sutra do Coração*: "Forma é vazio."[78]

Aparentemente, alguns meditadores muito experientes chegam a um ponto em que sentem essa verdade com muita intensidade e até veem o mundo como "vazio" ou "não-forma" regularmente. Isso é considerado um feito importante, sobretudo se sua meta for alcançar a iluminação.

Quando você pensa nestes termos – *não-forma* e *vazio* –, duas outras palavras podem vir à mente: *loucura* e *deprimente*. Parece loucura pensar que o mundo lá fora não é real, que as coisas que parecem substanciais em certo sentido são desprovidas de conteúdo. Também parece meio deprimente; eu não costumo encontrar muitas pessoas animadas e realizadas que andam por aí celebrando o vazio de tudo isso.

Mas pouco a pouco comecei a pensar que, na verdade, essa ideia não é tão louca assim, que, à luz dos avanços da psicologia, ela faz cada vez mais sentido. Quanto a ser deprimente: considerar o mundo que percebemos vazio em certo sentido não é o mesmo que privar a sua vida de significado. Na verdade, isso pode permitir que você construa uma nova estrutura de significado mais válida que a antiga – talvez até mesmo mais receptiva à felicidade.

É importante acrescentar: minha disposição para defender a "não-forma" e o "vazio" depende do sentido exato em que esses termos são utilizados – e diferentes pensadores budistas já os usaram para designar coisas diferentes. Não estou aqui para defender a versão mais extrema do budismo "só mente", que afirma que, em última análise, o mundo lá fora não existe. Ao mesmo tempo, não estou fazendo propaganda enganosa. Não vou definir a não-forma e o vazio num sentido tão técnico e restrito que a "validade" por trás da ideia acabe parecendo trivial. Acredito que existe um sentido importante, talvez sutil, que nos faz atribuir um excesso de forma e conteúdo à realidade, e acho que perceber isso pode – e deve – ter implicações radicais em nossa vida.

Mas vou começar pela ponta não radical do argumento. Em um sentido que não costuma levantar controvérsias, quando apreendemos o mundo lá fora, não estamos, na verdade, apreendendo-o como ele é, mas sim "construindo-o". Afinal, nós não temos um contato muito direto com o mundo:

as coisas que vemos, cheiramos e ouvimos encontram-se a alguma distância do nosso corpo. Por isso o cérebro só pode fazer inferências a respeito delas com base em evidências indiretas: lufadas de moléculas saindo da padaria no outro lado da rua, ondas sonoras emanando de um avião a jato, partículas de luz refletindo nas árvores.

Por exemplo, o mundo é tridimensional, mas nós o vemos por meio de campos de dados bidimensionais: os pontos de luz que colidem com a superfície dos nossos olhos. Para que a nossa mente o perceba como algo realmente tridimensional, precisamos usar esses dois campos de dados sem profundidade para elaborar uma espécie de "teoria" sobre o mundo.

E às vezes a teoria está errada. Se você usar os óculos apropriados para assistir a um filme 3D, seu cérebro será convencido de que você está vendo super-heróis saltando da tela na direção da sua poltrona. Se você tirar os óculos, vai ver que não, que você está sozinho com seu saco de pipoca. Ou, se consideramos uma ilusão de ótica mais tradicional, como a famosa ilusão de Müller-Lyer, você vai achar que uma linha é mais comprida que a outra quando na verdade não é.

Essas ilusões tiram vantagem das suposições que a mente cria sobre como os padrões bidimensionais vão refletir um mundo tridimensional aos nossos olhos. As pessoas que as criam conceberam situações nas quais essas suposições não se sustentam.

É claro que no dia a dia as suposições quase sempre se sustentam, *sim*. Nossa mente realiza um trabalho impressionante ao construir um modelo tridimensional da realidade com base em dados bidimensionais. Nossos cinco sentidos são muito bons no que fazem. Na maioria das vezes, as árvores que vemos são mesmo árvores, os aviões a jato que ouvimos são mesmo aviões a jato, e assim por diante. Mas, rigorosamente, tudo isso é uma questão de *construção*. A percepção é um processo ativo, não passivo, um constante processo de construção de modelos do mundo. Essa é uma das razões pelas quais pessoas diferentes veem coisas diferentes nas manchas de tinta usadas no teste de Rorschach: nossa mente tenta transformar até mesmo as formas mais ambíguas em algo que faça sentido. Nós gostamos de ter uma história em torno do que as coisas são e do que significam.

Durante a meditação, nossas histórias sobre as coisas podem cair por terra. Por exemplo, às vezes eu medito em sons. Posso fazer isso de maneira rítmica, focando a respiração durante a inspiração e algum som do ambiente durante a expiração. Ou posso ir com tudo e me concentrar apenas nos sons, ignorando minha respiração por completo. Em um retiro de meditação, às vezes o mestre dedica uma sessão inteira à meditação nos sons. Se você mergulhar fundo o suficiente nessa prática, a estrutura que você "impõe" aos sons pode começar a se dissolver.

Por exemplo, você pode ouvir um avião voando e identificar o som como o de um avião voando. Mas sem necessariamente pensar: "Ah, um avião." Você está tão imerso na textura do som que talvez não pense imediatamente: "Ah, uma coisa qualquer". Será apenas um som puro, desvinculado da ideia de um objeto concreto e específico. Acredito que esse seria o som de um avião para alguém de uma cultura que não conhecesse aviões ou para um alienígena de uma civilização tão avançada que suas aeronaves fossem silenciosas. Seria apenas um som – e não o som de alguma *coisa*.

A esta altura, uma boa pergunta seria: Mas qual é a vantagem de esquecer que o som de um avião está vindo de um avião? Fico feliz que você tenha perguntado. A resposta é: nenhuma. Mas agora considere outro exemplo, um caso em que esse tipo de coisa traz benefícios.

Transformando barulho em música

Certa vez eu estava em um retiro de meditação onde um novo dormitório estava sendo construído, então havia som de martelos e serras. Talvez você imagine que o barulho de obras não seja propício para a contemplação silenciosa – ou mesmo para qualquer coisa agradável (eu nunca vi "motosserra" como opção de toque para celular). E, de fato, ao nos contar que ouviríamos sons de construção, o mestre de meditação usou um tom de desculpas. Mas, como ele mesmo nos lembrou, uma parte importante da meditação da atenção plena é aceitar a realidade ao nosso redor. Normalmente, se ouvisse os sons ásperos e incômodos de uma construção, você talvez fechasse a janela ou fizesse algo para reduzir o barulho. Mas lá a ideia era aceitar os sons por si mesmos, sem engolir a ideia de que eles fossem ásperos e incômodos.

Não é fácil fazer isso, mas o princípio é simples. A chave é confrontar o incômodo diretamente – até, em certo sentido, examinar seus aspectos mais irritantes. Você presta atenção no desconforto criado pelo barulho. Onde, em seu corpo, o incômodo e mesmo a repulsa se localizam? Qual é a textura desse sentimento? Quanto mais minuciosa for sua investigação, mais completa será sua aceitação do sentimento e menor será a energia negativa dele.

Na verdade, eu não só consegui me abstrair da ideia de que aqueles sons eram desagradáveis; à medida que fui ficando imerso nas ondas sonoras emanando dos martelos e das serras, a coisa toda começou a soar – quase literalmente – como música. Você pode achar o barulho de uma serra abrupto e irritante, mas eu percebi certa graça na forma como o som termina, com seu tom descendente, antes de retomar a intensidade com uma ascensão tonal mais rápida.

O som da serra elétrica começou a parecer tão bonito que comecei a ficar um pouco inquieto durante longos períodos de silêncio, esperando que algum trabalhador chegasse logo para serrar um pouco de madeira. É claro que isso só serve para demonstrar quão longe estou da iluminação; segundo a doutrina budista, eu não deveria me apegar a coisas que acho agradáveis. Mas a questão é que consegui encontrar música no que costuma ser chamado de "barulho".

Talvez seja óbvio aonde estou querendo chegar: se podemos transformar barulho real em música, será que não podemos transformar um barulho metafórico – qualquer percepção, pensamento, sentimento ou sensação indesejada – em música metafórica? Ou pelo menos excluir seu elemento irritante inerente? E quem sabe também seja óbvio como vou responder a essa pergunta: Sim, podemos (com prática suficiente e diligente).

Mas, antes de entrar nessas aplicações práticas, vamos retornar à questão original: O que exatamente a minha pequena sinfonia da serra tem a ver com a não-forma, com o vazio? Bem, para começo de conversa, acho que naquele retiro eu consegui me abstrair do que talvez possa ser chamado de a "forma da serra". O som da serra é parte de toda uma estrutura de conotações – cujo ponto central, claro, é a ideia de uma serra. E acho que uma das razões pelas quais consideramos seu som desagradável é porque ele é parte dessa estrutura – isto é, porque sabemos que o som está vindo de uma serra. Com sua capacidade bem conhecida de cortar ossos ou madeira, as serras são coisas com as quais poucos de nós entram em contato.

Talvez as conotações das serras – e os sentimentos negativos evocados por essas conotações – ajudem a produzir em nós uma aversão ao som.

Claro, também pode ser que os humanos naturalmente tenham alguma tendência a não gostar do tipo de som produzido por uma serra. Nós nascemos com inclinações para gostar ou desgostar de determinadas coisas – certos sabores, odores, visões, sons. Ainda assim, não há dúvida de que as nossas reações às percepções também são em certa medida produto da experiência. A certa altura da minha meditação, depois de se libertar de sua habitual forma de serra elétrica, o som da serra começou a ocupar outra forma, lembrando o motorzinho de um dentista – e claro que imediatamente se tornou *muito* desagradável. Só quando consegui extrair essas duas "formas" – a forma de serra e a de motorzinho de dentista –, o som ficou agradável.

Lembra-se de Ajahn Chah, o monge tailandês que afirmou que, se você tentar compreender a ideia do não-eu em termos puramente intelectuais, a sua cabeça vai explodir? Certa vez ele relatou que estava tentando meditar e era sempre interrompido pelos sons de um festival numa aldeia próxima. Então ele se deu conta: "O som é apenas o som. Sou eu que estou me incomodando com ele. Se eu deixá-lo em paz, ele não vai me incomodar [...][79] Se eu não incomodá-lo, ele não vai me incomodar."

Eu não levaria essa história ao pé da letra; não é como se o som incomodasse você *para revidar* por ter sido incomodado. A questão é que, por si só, o som é algo passivo, não ativo, nem agradável nem desagradável. Então, para torná-lo desagradável, de certa forma você precisa *fazer algo* com ele.

Vamos relembrar a última linha daquele trecho do *Samadhiraja Sutra* que diz que todas as coisas são "sem essência, mas com qualidades que podem ser vistas". Esse sutra não nega a realidade das ondas sonoras emitidas pela serra que chegavam ao meu ouvido, as "qualidades" que eu estava observando, mas parece estar dizendo que a "essência" que costumo ver por trás dessas qualidades – a essência da serra – é uma questão de interpretação; é algo que escolho construir, ou não, a partir dessas qualidades. Não existem essências independentes da percepção humana.

Esta é a versão da doutrina do vazio que faz sentido para mim, e também a versão mais amplamente aceita pelos estudiosos do budismo: não a ausência de tudo, mas a ausência de essência. Perceber o vazio é perceber dados sensoriais brutos sem fazer o que estamos naturalmente inclinados a fazer: construir uma teoria sobre o que está no âmago deles e encapsular essa teoria em um sentido de essência.

Surge então uma questão óbvia: Hum, mas *não existe* de fato algo no âmago do som da serra? Você sabe, uma coisa chamada serra, que não é vazia e tem uma forma... É maravilhoso você ter conseguido transformar o barulho em música, mas se a serra realmente está *lá*, então, ao invés de sua imagem da realidade ficar mais clara, ela ficou um pouco menos clara, certo? E a ideia do budismo não é reduzir seu sofrimento vendo o mundo com *mais* clareza?

Os parágrafos a seguir não contêm uma resposta totalmente satisfatória a essas perguntas. Ideias radicais como o vazio não podem ser defendidas de maneira convincente com uma mera historinha sobre uma serra. Espero que nos próximos capítulos essa ideia comece a parecer, se não indiscutivelmente válida, ao menos bem menos doida do que pode ter parecido a princípio. Enquanto isso, vou lhe oferecer uma resposta preliminar a essas perguntas sobre o suposto vazio e ausência de forma da serra.

Sim, a serra existe. Consiste em algo com um cabo de energia, uma lâmina e um botão. Pode-se dizer que esses elementos estão entre as "qualidades" da serra. Mas quando me refiro à "essência" da serra, estou falando de algo que percebemos na serra que é mais do que a soma de qualidades como essas, algo que traz conotações distintivas e certa ressonância emocional. E se eu consigo me separar de algumas dessas conotações e dessa ressonância – o suficiente para realmente ser capaz de gostar do som da serra –, essa essência começou a desmoronar.

Em outras palavras, antes desse retiro de meditação eu poderia ter dito: "Parte da essência das serras é emitirem um som desagradável." Mas acontece que emitir um som desagradável não é algo inerente às serras. E, se não é inerente, como pode ser parte de sua essência?

No capítulo seguinte vou defender a ideia de que a "essência" de *um bocado* de coisas – de todas elas, talvez – não é, na verdade, inerente a elas. Como evidência, vou me basear em diversas descobertas da psicologia moderna. Ao final do capítulo, espero que a ideia de não-forma ou vazio pareça mais plausível – ou, no mínimo, que você tenha uma noção mais clara do sentido exato do que estou chamando de plausível.

Enquanto isso, mais uma história de um retiro.

São histórias de ponta a ponta

No retiro em que ouvi falar pela primeira vez sobre a não-forma, cada participante tinha um encontro individual de 10 minutos com um dos mestres, no qual podíamos levantar quaisquer questões com que estivéssemos tendo dificuldades e receber orientação. O meu encontro foi com uma mestra chamada Narayan Liebenson. Foi ela quem leu aquele trecho do *Samadhiraja Sutra*, mas quem havia falado sobre a não-forma fora outro mestre do retiro, Rodney Smith. Foi a minha chance de conhecer a perspectiva de Narayan sobre o que exatamente Rodney quisera dizer.

Narayan, aliás, é uma praticante de alto nível. Como a maioria dos mestres da Insight Meditation Society, é experiente em longas práticas contemplativas, que incluem meses de solidão nas florestas do Sudeste Asiático. Ela não ensina meditação apenas para reduzir o estresse, embora fique feliz que esse seja um de seus benefícios. Seu verdadeiro objetivo é ajudar as pessoas a alcançar a libertação.

Por essa razão, Narayan não aprovava totalmente a ideia de que eu escrevesse este livro. Afinal, escrever um livro sobre a prática meditativa budista poderia atrapalhar a prática em si. Se você está *tentando* atingir determinados estados meditativos para descrevê-los num livro, talvez tenha menos chance de conseguir – e de fazer vários progressos que podem resultar de uma abordagem diferente da prática. Certa vez ela me disse, com um olhar solene: "Eu acho que talvez você tenha que escolher entre escrever esse livro e a libertação."

Eu lhe respondi ressaltando que o livro pode ajudar outras pessoas a seguirem o *dharma*. E se chegasse a ajudar as pessoas, será que isso não compensaria o meu fracasso em alcançar a libertação? Ela estava irredutível. Seu trabalho é ensinar o caminho para a libertação, e naquele momento ela era a minha mestra. Além disso, ela achava que nada pode fazer mais bem para o mundo do que um ser verdadeiramente liberto – nem mesmo um autor não liberto que conduza outros na direção da libertação.

Em todo caso, durante a conversa perguntei a Narayan se a perspectiva de Rodney é comum entre os mestres de Vipāsana. Ela levava a sério a ideia da não-forma? Sim, respondeu ela, levava. E não, as coisas que Rodney dissera sobre o assunto não eram consideradas radicais em seu círculo. “Joseph também diria isso”, falou, referindo-se a Joseph Goldstein.

Então insisti para saber o que exatamente o termo significava. Narayan confirmou minha suposição de que não significava que o mundo físico não existe ou que não tenha estrutura. As mesas existem. Serras existem. Depois de alguns minutos de conversa, senti ter entendido o que ela estava querendo dizer.

– Então a ideia é que tudo no mundo que tem *significado* é algo imposto por nós?

– Exatamente – respondeu ela.

Devo acrescentar que isso não quer dizer que vivemos num universo desprovido de sentido. O valor moral intrínseco da vida senciente está na origem no pensamento budista – não somente da vida dos seres humanos, mas de todos os organismos que dispõem de experiência subjetiva, que são capazes de experimentar dor e prazer, sofrimento e não sofrimento. E esse valor, por sua vez, se estende a outras coisas, como ajudar pessoas, ser bom com cachorros, e assim por diante. Nesse sentido, o significado *moral* é inerente à vida.

Mas o que Narayan estava dizendo era que, no cotidiano, nós conferimos uma espécie de significado narrativo às coisas, e essas narrativas assumem formas muito amplas. Podemos decidir que algo que fizemos foi um grande erro, que tudo teria sido maravilhoso se tivéssemos feito diferente. Ou podemos decidir que precisamos adquirir determinados bens ou alcançar realizações e que tudo será horrível se não conseguirmos. Por trás dessas narrativas, em sua base, existem julgamentos narrativos elementares sobre as coisas serem boas ou ruins em si mesmas.

Por exemplo, se eu começar a elaborar uma longa narrativa sobre o grande erro de ter ido àquele retiro de meditação e sobre como vivo sempre cometendo erros desse tipo, essa história se sustenta numa série de premissas questionáveis. Há a premissa de que se eu não tivesse ido ao retiro, o que quer que eu tivesse feito em vez de ir lá teria sido ótimo. Mas, até onde sei, eu poderia ter sido atropelado por um ônibus. Há também a premissa de que ter passado por algumas experiências dolorosas nessa semana significa que, no geral, o retiro me fez mal, quando na verdade é impossível saber seus efeitos de longo prazo. E na base dessa narrativa encontram-se as premissas mais elementares: julgamentos perceptivos simples como “esse ruído de serra que estou ouvindo enquanto tento meditar é ruim”. E esse tipo de significado, que parece tão firmemente arraigado na textura das coisas, não é uma característica inerente da realidade; é algo que sobrepomos a ela, uma história que contamos sobre a realidade.

Nós elaboramos histórias sobre histórias sobre histórias, e o problema com elas começa nas bases que as sustentam. Entre outras coisas, a meditação da atenção plena é uma ferramenta para examinar nossas histórias com atenção, de baixo para cima, para podermos, se assim escolhermos, discernir o que é verdade do que é fabricado.

11

O lado bom do vazio

Certo dia, um homem de 59 anos perguntou à sua mulher onde sua mulher estava. "Fred" – o pseudônimo dado a este homem pelos pesquisadores que divulgaram seu caso na publicação *Neurological Science*[80] – não estava brincando. "Quando a mulher respondeu, surpresa, que estava bem ali, Fred negou enfaticamente que ela fosse a mulher dele", escreveram os pesquisadores.

Não é que Fred tenha deixado de reconhecer o rosto da esposa. Sem dúvida aquela mulher *se parecia* com ela. Mas ele insistiu que era uma "sósia". Sua mulher de verdade, especulou, devia ter saído e só voltaria mais tarde.

Fred sofria de síndrome de Capgras, ou delírio de Capgras, que consiste em se convencer de que alguém – em geral um parente, às vezes um amigo próximo – é um impostor. E um impostor muito convincente, uma réplica exata – pelo menos por fora. Mas não por dentro. Essa pessoa pode ser idêntica à sua mãe, por exemplo, mas falta a ela o que podemos chamar de essência-de-mãe.

Essência, como vimos, é um elemento central no conceito budista de vazio. Ou, melhor dizendo, sua *ausência* é central no conceito de vazio. A ideia de vazio é que, embora em certo sentido existam, as coisas que percebemos no mundo exterior são desprovidas dessa coisa chamada "essência". Então será que Fred estava percebendo o vazio quando olhou para a mulher e não viu sua essência? Estaria no limiar da iluminação budista?

Na verdade, não. A ideia da iluminação é *perder* as ilusões, enquanto pensar que a sua mulher não é sua mulher significa *adquirir* uma ilusão. Por isso o termo *delírio* de Capgras. O que quer que estivesse ocorrendo no cérebro de Fred, não era o que os budistas entendem por iluminação.[81] Por outro lado, acho que o cérebro de Fred pode ter *alguma coisa* em comum com o cérebro de alguém que, durante um estado meditativo profundo, vê o mundo como total ou parcialmente "vazio". E acho que essa perspectiva pode lançar luz à experiência do vazio: o que é, por que as pessoas o vivenciam e o que fazer com ele.

Ninguém sabe ao certo o que causa o delírio de Capgras. Mas uma teoria vigente já há algum tempo afirma que a condição é resultado de um rompimento da conexão entre uma parte do cérebro envolvida no processamento visual (talvez o giro fusiforme, que atua no reconhecimento facial) e uma parte do cérebro que processa emoções (como as amígdalas). O que está claro é que existe certa falta de afeto, de *sentimento*; os sentimentos normalmente evocados pela mãe, por exemplo, simplesmente não se manifestam. E se a visão de alguém não provoca em você o que você sente ao ver sua mãe, como essa pessoa poderia ser sua mãe?

Identificar seres humanos é algo que normalmente consideramos um ato simples e direto de percepção visual. Parece o tipo de coisa que um computador poderia fazer. Na verdade, computadores fazem um ótimo trabalho escanceando rostos. Mas, aparentemente, os seres humanos têm um jeito mais complicado de identificar as coisas: não apenas com base na aparência delas, mas também em como elas fazem você se sentir. Pelo menos – a julgar pelo delírio de Capgras – esse parece ser o caso quando identificamos amigos e parentes.

Será que esse também é o caso com outras coisas? Será que reconhecemos a casa em que moramos e o carro que dirigimos, até mesmo o computador que usamos, pelos nossos *sentimentos* em relação a essas coisas? Ou, mesmo que a ausência desses sentimentos não impedisse totalmente que as reconhecêssemos, será que alteraria a nossa perspectiva sobre o que essas coisas são e o que significam? Será que o significado da palavra *oceano* – não o significado do dicionário, mas o que a palavra tem *para você* – depende de uma miscelânea de sentimentos que você passou a associar com oceanos? Se você de repente fosse privado dessas associações, será que o oceano pareceria... hum... vazio?

Desconfio que sim. E acho que isso pode ajudar a explicar como a doutrina budista do vazio surgiu. Por um lado, a meditação pode enfraquecer o vínculo entre percepções e pensamentos e, por outro, com os sentimentos, as ressonâncias afetivas que normalmente os acompanham. Bem, se você conseguir enfraquecer esses vínculos, e as percepções se tornarem cada vez mais livres de associações afetivas, isso pode mudar sua visão de mundo. As coisas teriam a mesma aparência externa, mas seria como se faltasse algo em seu interior. Nas palavras do *Samadhiraja Sutra*, elas pareceriam "sem essência, mas com qualidades que podem ser vistas". Talvez a ideia budista de vazio tenha partido da mente de pessoas que meditavam muito profundamente – tão profundamente que a tonalidade afetiva normal do mundo teria desaparecido quase por completo. Talvez, quando os sentimentos associados às diversas coisas desvaneceram, elas tenham parecido transformadas, privadas de alguma espécie de substância.

Uma das razões para duvidar dessa possibilidade é que talvez você não se veja como alguém com sentimentos muito fortes, digamos, pelo oceano ou pelo seu computador – ao menos não tão fortes a ponto de se integrarem à própria identidade que essas coisas têm para você. Mas gostaria de argumentar que os sentimentos exercem sobre a percepção um papel muito maior do que costumamos considerar.

A primeira evidência consiste no próprio delírio de Capgras – capaz de provar que, apesar da divisão tradicional do cérebro entre atividades "cognitivas" e "afetivas", o simples ato cognitivo de identificar um objeto pode depender de uma resposta afetiva. Quando eu tiver exposto as evidências B e C, talvez pareça mais plausível que a doutrina do vazio, antes de se tornar uma doutrina, antes que os filósofos budistas a tivessem articulado e defendido, fosse apenas uma apreensão empírica das pessoas que meditavam tanto, e com tanta intensidade, que podiam ver e ouvir coisas sem a sobreposição de sentimentos que geralmente as acompanhava.

Mas essa conjectura não é o principal objetivo deste exercício. O objetivo principal é explorar mais profundamente a mecânica dessa apreensão empírica – obter uma ideia mais clara do que acontece no cérebro desses contempladores determinados que veem vazio onde um número muito maior de pessoas vê essência. Isso, por sua vez, vai nos ajudar a questionar se esse segundo grupo de pessoas – praticamente todos nós – está cronicamente iludido e, caso esteja, quão graves são as consequências dessa ilusão. Já vou adiantando: em alguns aspectos, acredito que essas consequências são bastante graves.

Essência exótica e essência ordinária

O psicólogo Paul Bloom escreveu que o "essencialismo" – a tendência de atribuir essências inerentes às coisas – é um "universal humano". Alguns dos seus exemplos de essencialismo são exóticos: alguém pagou 48.875 dólares por uma fita métrica que pertenceu a John F. Kennedy, talvez motivado pela ideia de que estaria impregnada por alguma espécie de "essência" presidencial. Outros são menos exóticos: um anel de casamento costuma evocar sentimentos – ao menos em seu portador – que um anel de aparência idêntica não evocaria. Mas tanto a fita métrica quanto o anel de casamento são especiais em certo sentido, e o mesmo vale para muitos objetos que projetam um ideia especialmente forte de essência.

Em seu livro *How Pleasure Works* [Como o prazer funciona, em tradução livre], Bloom escreve que um objeto desse tipo é especial "por causa de sua história, seja por sua relação com pessoas admiradas, com acontecimentos significativos ou com alguém importante. Essa história é invisível e intangível, e na maioria dos casos não existe um teste que possa distinguir o objeto especial de outro que pareça igual. Mas, ainda assim, ele nos dá prazer, enquanto sua réplica nos deixa indiferentes".[82]

Bloom acredita que as pessoas são naturalmente "essencialistas" num sentido mais abrangente que esse, e eu concordo. Na verdade, isto é parte do tema deste capítulo: o fato de que as pessoas atribuem essências afetivas[83] a coisas que não são "especiais" no sentido dado por Bloom ao termo.

Mas há certa virtude em – ao menos por enquanto – confinar nossa análise a objetos realmente especiais. Isso nos permite fazer uma espécie de experimento informal. É possível, por exemplo, dizer ao vencedor em um leilão que esteja admirando sua fita métrica presidencial como se fossem as joias da Coroa algo como: "Opa, houve um engano. Na verdade, essa é a fita métrica do encanador. Nós vamos enviar a fita métrica de John Kennedy para sua casa." O impacto dessa informação seria notável. A expressão facial alterada do comprador não deixaria dúvida de que seus sentimentos mudaram. Uma fita métrica que momentos atrás inspirava reverência e admiração agora não seria capaz de nada semelhante. Uma relíquia preciosa teria se transformado num mero objeto, desprovido da essência que possuía pouco antes.

"Experimentos" desse tipo acontecem na vida real. Bloom relata a história do criminoso de guerra nazista Hermann Goering, ao descobrir que um de seus quadros, que pensava ser um Vermeer original, era na verdade uma falsificação. Naquele instante, segundo uma testemunha, foi "como se ele [tivesse] descoberto pela primeira vez que existe mal no mundo".[84]

Ver a expressão de Goering naquele momento, ou a expressão do nosso hipotético proprietário da fita métrica, é ver a correlação entre essência percebida e afeto. Esses "experimentos" sugerem que considerar que itens especiais são detentores de uma essência especial equivale a ter *sentimentos* especiais em relação a esses itens.

E quanto às muitas coisas menos exóticas e especiais à nossa volta, coisas que não acreditamos terem pertencido a presidentes ou sido pintadas por Vermeer – a visão de um trem de carga, de uma picape ou de um córrego na montanha; o som de uma buzina, de grilos à noite ou de pássaros pela manhã? Nesses casos é muito mais difícil estabelecer um vínculo entre essência e afeto. Antes de tudo, não é normal que as pessoas *pensem* que coisas como essas têm uma essência. Afinal, ninguém oferece quantias exorbitantes por elas nem cai em prantos ao pensar em abrir mão delas por as considerarem insubstituíveis. E também não é muito óbvio que as pessoas tenham sentimentos especiais ao ver coisas mundanas como trens e caminhões.

Mas há muito tempo já existe uma escola de pensamento que defende a ideia de que coisas ordinárias de fato *evocam* reações afetivas, ainda que sutis. Em 1980, o psicólogo Robert Zajonc, expressando o que na época era um ponto de vista um tanto excêntrico, escreveu: "É provável que existam muito poucas percepções e cognições na vida cotidiana que não tenham um componente afetivo significativo, que não sejam quentes ou ao menos mornas. E talvez todas as percepções contenham algum afeto. Nós não vemos apenas 'uma casa'; vemos 'uma bela casa', 'uma casa feia' ou 'uma casa pretensiosa'. Não lemos apenas um artigo sobre mudanças de atitude, dissonância cognitiva ou herbicidas. Lemos um artigo 'interessante' sobre mudança de atitude, um artigo 'importante' sobre dissonância cognitiva ou um artigo 'trivial' sobre herbicidas."

A propósito, deve-se observar que Zajonc implicitamente considera que ter *sentimentos* em relação a um objeto equivale a fazer *julgamentos* sobre ele. Essa equação é verdadeira numa perspectiva darwiniana (como falamos no capítulo 3), segundo a qual, em termos funcionais, sentimentos *são* julgamentos. Essa noção também vale para a técnica meditativa de enfraquecer os julgamentos ao analisar criticamente nossos sentimentos. Mas estou me desviando do assunto. Zajonc prossegue: "E o mesmo vale para um pôr do sol, um raio de trovão, uma flor, uma covinha, uma cutícula, uma barata, o gosto de quinino, a cidade de Saumur, a cor da terra na Úmbria, o som do trânsito na rua 42, uma emissão sonora de mil hertz e a visão da letra Q."[85]

A letra Q? Talvez isso seja um pouco exagerado, mas não tanto. Acho que, além de reagir afetivamente a coisas específicas – aquele automóvel especialmente bonito, aquele automóvel especialmente feio –, nós desenvolvemos reações afetivas a coisas genéricas, como automóveis em geral. Vamos considerar fitas métricas, por exemplo. Eu gosto de fitas métricas, mesmo as que não são presidenciais. Gosto de estendê-las e usá-las para encontrar a resposta para alguma pergunta (qual o tamanho da lâmpada fluorescente que precisa ser trocada?) e gosto da sensação de deixá-las se enrolarem automaticamente depois de serem usadas. Não costumo parar em lojas de ferramentas para ficar admirando fitas métricas, mas acho que sinto uma reação sutilmente positiva quando vejo uma, e isso é parte da minha concepção sobre fitas métricas, parte do que uma fita métrica significa para mim.

Assim, você pode perceber por que os "experimentos" que conduzimos com itens muito especiais, como a fita métrica de John Kennedy ou o falso Vermeer de Goering, são difíceis de realizar com itens menos especiais. Com itens especiais, a conotação afetiva é produto de uma crença específica sobre a história do objeto, por isso é possível dizer à pessoa que essa crença é falsa e avaliar o impacto que essa notícia tem sobre o afeto. Mas não existe uma manipulação comparável que possa ser realizada com objetos menos especiais. Você não pode me convencer de que as muitas experiências positivas que já tive com fitas métricas não aconteceram de fato. Mesmo se pudesse, não faria muita diferença, pois de qualquer forma minha disposição favorável em relação a fitas métricas não é resultado de uma crença consciente sobre a minha história com elas, mas do condicionamento emocional ocorrido inconscientemente durante essa história.

A infiltração do sentimento na percepção

Ainda assim, muitas evidências demonstram que as pessoas tendem a vincular associações positivas e negativas a praticamente tudo. Existem duas maneiras de mostrar isso, uma sutil e reveladora, outra não tão sutil assim.

A maneira "não tão sutil" consiste em apenas perguntar às pessoas o que elas acham das coisas. Em um estudo, os participantes viam fotos de várias coisas diferentes e precisavam avaliar se cada uma era boa ou má, numa escala de 4 a menos 4.[86] Algumas fotos evocavam julgamentos fortes e previsíveis: cisnes eram altamente positivos; serpentes e insetos eram altamente negativos. Algumas imagens evocaram respostas mais brandas: correntes, vassouras e latas de lixo em média foram avaliadas negativamente, enquanto abóboras, escovas de dentes e envelopes foram avaliados mais positivamente.

A maneira mais sutil e reveladora de explorar os julgamentos afetivos vai além do reconhecimento de que as pessoas fazem avaliações naturalmente para perguntar se o fazem *automaticamente*. Em outras palavras: será que elas reagem afetivamente a coisas antes mesmo de terem tempo de pensar sobre elas?

Essa questão é explorada por meio de um processo conhecido como preparação. Imagine que você viu duas palavras sucessivas e foi instruído a falar a segunda em voz alta. Acontece que, se a segunda palavra for *pardal*, você vai enunciá-la mais rapidamente – por uma fração de segundo – se a primeira tiver sido *pássaro*, e não *rua*. A palavra *pássaro* teve um efeito de preparação em seu cérebro que o deixou predisposto a responder com palavras relacionadas. Isso é chamado de "preparação semântica". Também há algo que você poderia chamar de "preparação afetiva". Se você ler as palavras *raio de sol*, reagirá mais rapidamente à palavra *glorioso* do que à palavra *doença*. Da mesma forma, você vai reagir mais rapidamente à palavra *horrível* se a primeira que viu tiver sido *doença*, e não *raio de sol*.

É claro que esses experimentos não dizem nada sobre o que você sente quando reflete longamente a respeito de doenças. Tudo acontece rápido demais, de forma que não dá tempo de a reflexão consciente fazer alguma diferença. A apresentação do elemento preparador, o breve intervalo e a apresentação da palavra-alvo acontecem em menos de meio segundo. Na verdade, o efeito se mantém mesmo quando a preparação é tão breve que a pessoa nem chega a se conscientizar de que a viu. Portanto, o que esses experimentos revelam é que, antes mesmo de ser evocada de maneira consciente, a palavra *doença* já tem um rótulo negativo.

Isso não chega a ser surpreendente: doenças são uma coisa horrível, enquanto um raio de sol é mesmo glorioso. Mas podemos constatar a mesma dinâmica com elementos menos evocativos. Os pesquisadores que entrevistaram as pessoas acerca de suas reações a coisas mundanas – correntes, vassouras e latas de lixo; abóboras, escovas de dentes e envelopes – usaram essas mesmas imagens com um grupo diferente de pessoas num experimento sobre preparação.[87] E foi revelado que, sim, de forma geral as imagens julgadas negativamente pelo primeiro grupo, que as avaliou de maneira consciente, foram julgadas negativamente pelo segundo grupo, formado por pessoas que nem sabiam que as estavam *julgando*. Pela velocidade de suas reações às palavras positivas ou negativas exibidas uma após outra, era possível perceber seus julgamentos implícitos.[88]

Assim, parece que Zajonc estava certo: seres humanos fazem avaliações de maneira automática. Tendemos a atribuir adjetivos a substantivos, seja consciente ou inconscientemente, explícita ou implicitamente.

Quando se pensa a respeito, ele tinha mesmo que estar certo. Do ponto de vista da seleção natural, o propósito da percepção é processar informações relevantes para os interesses darwinianos do organismo – isto é, para aumentar suas chances de disseminar os seus genes. E os organismos registram essa relevância designando valores positivos ou negativos à informação percebida. Nós fomos projetados para julgar coisas e codificar esses julgamentos em forma de sentimentos e sensações.

Em uma espécie complicada como a nossa, a relevância que as coisas têm para os interesses darwinianos nem sempre é óbvia. Fitas métricas, por exemplo, não faziam parte do ambiente dos caçadores-coletores de que evoluímos. Mas nós fomos projetados pela seleção natural para sentir satisfação ao descobrir respostas para perguntas – e sempre que perguntei qual era o comprimento de alguma coisa as fitas métricas me deram uma resposta. Talvez essa seja a razão de eu ter começado a gostar delas. Ou talvez tenha a ver com o que eu sinto a respeito de mim mesmo quando uso uma fita métrica, que por sua vez pode ter como base o fato de eu ter visto personagens importantes na minha vida usarem fitas métricas quando eu era criança.

Em todo caso, para ficar claro: isso não quer dizer que tudo o que produz sentimentos positivos ou negativos terá um impacto respectivamente positivo ou negativo sobre as minhas chances de disseminar os meus genes. Isso só mostra que o maquinário na minha mente que atribui sentimentos a coisas foi originalmente projetado para maximizar a proliferação genética. Que esse maquinário não desempenhe mais essa função de maneira confiável está entre os absurdos de sermos humanos.

A perturbadora invisibilidade do meu irmão

Mais um esclarecimento antes de retornarmos ao vazio: não estou afirmando que todo mundo tenha reações afetivas em relação a tudo. Os estudos que acabei de descrever, como a maioria deles, relatam apenas estatísticas agregadas. Sob a superfície dessas estatísticas estão sujeitos específicos que reagiram de forma neutra a palavras e imagens específicas. E isso não surpreende. Afinal, mesmo em nossos dias de caçadores-coletores, a paisagem continha elementos que não afetavam nossas chances de passar os genes adiante. Então sempre existiram coisas que não evocam muitos sentimentos.

E elas não costumam receber muita atenção dos organismos – precisamente porque não são relevantes em termos darwinianos. Já as coisas nas quais os organismos prestam atenção, no entanto, tendem, sim, a ter alguma importância darwiniana e, portanto, a evocar sentimentos. Como resultado, a paisagem *perceptual* – a paisagem das coisas em que prestamos atenção e que dominam a nossa consciência – tende a ser influenciada por sentimentos, mesmo que de forma sutil. Se algo não gera nenhum sentimento em você, é provável que você nem tome conhecimento de sua existência, para início de conversa. Talvez seja um pequeno exagero dizer que não existe percepção imparcial.

Meu irmão mais velho, quando chegou à meia-idade – fase em que as mulheres deixaram de prestar muita atenção nele –, disse: "Não é que elas me achem feio. Elas simplesmente não percebem que eu existo." Exatamente! Ao andar pelas ruas de uma cidade, há muitas coisas em que uma mulher heterossexual pode prestar atenção. Por isso, a primeira tarefa de seu aparato perceptivo é fazer uma avaliação muito apressada, até mesmo inconsciente, para filtrar as coisas que não se mostram dignas de uma consideração mais detida e consciente. Infelizmente, essa categoria de objetos inclui o meu irmão (que, infelizmente também, era mais novo do que sou hoje quando alcançou esse status).

Mas, se as coisas *merecerem* uma consideração mais detida, isso se refletirá nos sentimentos da mulher. Homem jovem e atraente? Homem jovem não tão atraente, mas parece um bom sujeito? Homem jovem interessante mas com cara de ser um tremendo egoísta? Homem com a idade do meu irmão, mas que, ao contrário dele, dirige um carro de luxo e usa um relógio Rolex? Todos esses tipos de homens evocam sentimentos distintos. À luz da seleção natural, tudo que merece a menor atenção deveria gerar sentimentos, ao menos em teoria.

E sentimentos atribuem essência às coisas. Ao menos essa é a minha hipótese – de que a sensação que certos meditadores vivenciam de uma diluição das essências tem muito a ver com a diluição dos sentimentos.

Certa vez verifiquei essa teoria com a primeira pessoa que ouvi falando a respeito da "não-forma", Rodney Smith. Rodney é um homem alto e meio desajeitado, de cabelos grisalhos e com um ar evangélico incomum entre mestres de meditação. Não pareceria deslocado atrás do púlpito de uma igreja batista – pelo menos até começar a falar sobre a "não-forma". Pessoalmente, Rodney tem um discurso direto, sem rodeios, que nos poupa muito tempo. Uma vez perguntei a ele qual era a relação entre a não-forma que ele sempre mencionava e a ideia de vazio da tradição Mahayana. Dando de ombros, com um gesto de desdém, ele respondeu: "É tudo a mesma coisa."

Algum tempo depois desse diálogo, durante uma conversa mais longa com ele, decidi testar minha teoria de que a diluição da reação afetiva às coisas é o que leva à experiência do vazio.

Rodney vinha tentando me explicar como é a experiência do vazio. Por um lado, concluí que as coisas no campo perceptivo dele de alguma forma não projetam suas identidades independentes com tanta intensidade quanto para a maioria de nós. Mas, conforme enfatizou Rodney, você não perde sua capacidade de identificar os objetos. "Você quer ser capaz de pegar um par de óculos e colocar nos olhos sem pensar que aquilo é um lápis", explicou. "Você não perde as formas nem as cores das coisas. Só que o espaço entre elas deixa de separá-las."

Eu perguntei: "Você tem reações emocionais menos intensas a coisas que poderiam gerar respostas mais veementes? Você investe menos conteúdo emocional nas coisas?"

Rodney respondeu: "Isso faria sentido, não é mesmo? Se as coisas não são tão substanciais quanto você acreditava, suas reações a elas enfraquecem. Então isso acontece. Veja, todos os estados de equanimidade vêm da percepção de que as coisas não são o que pensávamos que fossem."

Fiquei satisfeito, mas não totalmente. Em certo sentido, Rodney estava corroborando minha teoria. Estava dizendo que, sim, a percepção da ausência de forma, ou do vazio, está correlacionada com uma reação afetiva mais branda em relação às coisas. Mas sua interpretação dessa ligação parecia diferente da minha. Enquanto eu dizia que a diluição do afeto leva à percepção do vazio, ele estava dizendo o oposto: que a percepção do vazio leva à diluição do afeto; que, ao perceber que aquilo que antes lhe causava fortes reações não é tão "substancial" assim, faz todo o sentido reagir com menor intensidade.

Qual de nós está certo? Talvez ambos. Ou, em última análise, talvez a diferença entre o que ele diz e o que eu digo não seja tão significativa no fim das contas.

É importante lembrar que quando falo sobre a diluição do afeto e a aquietação dos sentimentos e sensações, não estou dizendo que isso seja *ruim*. Tentei demonstrar por que determinados sentimentos e sensações são maus conselheiros para a realidade. E sugeri, em termos mais amplos, que toda a infraestrutura dos sentimentos deveria ser encarada com certa suspeita, dado que foi moldada pela seleção natural, cuja meta final não é proporcionar percepção e pensamentos claros, mas sim percepções e pensamentos que ajudaram a disseminar nossos genes no passado. Então caracterizar a experiência de Rodney como uma diluição dos sentimentos e das sensações não equivale a dizer que ela poderia tornar sua visão de mundo menos clara.

Com isso em mente, vamos analisar as duas afirmações centrais de Rodney: (1) A apreensão da não-forma ou do vazio é uma percepção mais verdadeira das coisas do que a nossa maneira ordinária de vê-las, e (2) os sentimentos que costumamos experimentar em reação a essas coisas não são apropriados à luz da verdade sobre elas. Essas afirmações são coerentes com o que estou dizendo. Eu e Rodney estamos apenas discordando a respeito de como funciona o insight. Segundo ele – refletindo uma posição ortodoxa dentro do budismo –, a clareza de visão leva à diluição dos sentimentos. Eu digo que a diluição dos sentimentos leva à clareza de visão. De fato, eu poderia ir mais longe e afirmar que a diluição dos sentimentos é a clareza de visão, pois o afeto está inseparavelmente ligado à percepção – especialmente à percepção da essência.[89]

Sentimentos e histórias

Há outra coisa com a qual a essência parece estar ligada: histórias. As histórias que nos contaram e que contamos a nós mesmos sobre as coisas influenciam a maneira como nos sentimos a respeito delas e, supostamente, moldam a essência que atribuímos a elas. Se a história por trás de uma fita métrica é ela ter pertencido a John Kennedy, isso implica um sentimento diferente – e uma essência diferente – da história da fita métrica de um encanador. Se nos consideramos pessoas bem casadas, com filhos maravilhosos e saudáveis, a visão da nossa casa deve produzir vibrações mais positivas do que se nos considerarmos presos a um casamento opressivo que gerou crianças problemáticas.

Esta é uma das grandes temáticas de Bloom: as histórias que contamos sobre as coisas – e portanto as nossas crenças sobre sua história e sua natureza – moldam a nossa experiência com elas e também a nossa percepção de sua essência. Um de seus exemplos favoritos é um estudo envolvendo conhecedores de vinhos.[90] Quarenta deles consideraram que um Bordeaux de primeira linha (*grand cru classé*) merecia ser tomado, mas apenas 12 concederam essa mesma honra a um Bordeaux rotulado como mero vinho de mesa (*vin de table*). Você já deve ter adivinhado a piada: as duas garrafas continham o mesmo vinho.

Vinhos são um ótimo exemplo de como as histórias determinam nossos prazeres ("Este é de um ano muito bom"), mas Bloom acha que, se você prestar atenção, qualquer prazer tem uma história relevante por trás. Certa vez ele me disse: "Não existe prazer simples. Não existe um prazer simples que não esteja marcado pelas suas crenças a respeito daquilo que o está causando." E exemplificou isso com comida: "Se você me oferecer algo para comer e eu aceitar, ao menos sei que aquilo me foi dado por alguém em quem eu confio. O sabor seria diferente se a comida tivesse sido encontrada no chão ou tivesse custado mil dólares. Ou pense em quadros, por exemplo. É verdade que você pode olhar um quadro sem saber quem o pintou [...] e apenas apreciá-lo por sua aparência. Ao mesmo tempo, você sabe que é um quadro, não uma ocorrência natural de tinta salpicada numa parede [...]; alguém fez aquilo em algum momento e o colocou para ser exibido, e isso dá um colorido às coisas." O mesmo vale para "a mais simples das sensações: um orgasmo, tomar água quando se está com sede, fazer alongamento, qualquer coisa. Tudo está submetido a alguma descrição, tudo é visto como uma ocorrência em algum tipo de categoria". Em outras palavras: sempre há uma narrativa implícita por trás das coisas.

O fato de o prazer ser moldado por nossa noção de essência, e portanto pelas histórias que contamos e pelas crenças que mantemos, sugere a Bloom que, em certo sentido, nossos prazeres são mais profundos do que nos damos conta. "Sempre existe uma profundidade no prazer",[91] escreveu.

Mas você poderia ver isso de maneira oposta. Visto que nossa experiência com uma garrafa de vinho pode ser influenciada por um rótulo falso, pode-se dizer que, na verdade, existe uma *superficialidade* em nosso prazer e que haveria um prazer mais profundo se pudéssemos provar o vinho em si, livre do que se diz a respeito dele, que pode ou não ser verdade. Essa hipótese é mais semelhante à perspectiva do budismo.

O homem sem histórias

Como evidência, apresento a experiência da degustação de vinho de Gary Weber. Weber é um homem atarracado e vivaz, de cabelos grisalhos, que passou milhares e milhares de horas praticando meditação durante décadas. Segundo ele, todo esse esforço o levou a um ponto em que sua consciência no dia a dia é muito diferente do que era antes – e, com certeza, diferente da minha, por exemplo. Ele conta que sua experiência envolve muito pouco dos pensamentos autorreferentes que dominam a consciência da maioria de nós: Por que eu disse aquela idiotice ontem? Como vou conseguir causar uma boa impressão nessas pessoas amanhã? Mal posso esperar para comer aquela barra de chocolate! E assim por diante. Ele os chama de "pensamentos emocionalmente carregados, pensamentos de eu-mim-meu".

Vamos ter que acreditar no que Weber diz sobre como é ser ele, mas suas afirmações sobre ter alcançado um estado raro de consciência parecem ter alguma confirmação. Weber participou de um importante estudo de imagens do cérebro na Escola de Medicina de Yale que envolveu diversos meditadores experientes e renomados. Trata-se do estudo a que me referi no capítulo 4, o que revelou uma diminuição na atividade da rede padrão durante a meditação profunda. Mas, no caso de Weber, o estudo descobriu algo diferente: sua rede padrão já estava aquietada – muito, muito aquietada – desde o início, antes mesmo de ele tentar meditar.

Embora eu esteja usando esse exemplo para ilustrar a noção budista de vazio, devo admitir que, sob certos aspectos, Weber não é muito apropriado para esse propósito. Ele estudou minuciosamente a tradição zen-budista, mas também estudou e foi influenciado por tradições hinduístas. E há aspectos do budismo que ele rejeita – sendo o termo *vazio* o mais importante deles para os nossos propósitos. Weber considera que, na melhor das hipóteses, esse termo é enganador. Ele afirma nunca ter conhecido alguém que tenha alcançado grandes profundezas contemplativas e dito "Oh, é um grande vazio". Sua experiência de mundo é rica demais para que ele possa chamá-la de vazio sem outras qualificações. "Eu já usei termos como *plenitude vazia* ou *vacuidade plena*", explica.

Mas, qualquer que seja o nome que se dê, a experiência do mundo de Weber se parece muito com a que Rodney Smith descreve: um mundo em que as coisas não têm essências distintivas que as separem radicalmente umas das outras. Embora Weber, assim como Smith, seja capaz de discernir entre uma cadeira, uma mesa e uma lâmpada e de reagir de maneira apropriada a cada uma delas, esses itens não projetam identidades independentes com tanta intensidade quanto antes; existe uma continuidade entre eles. "Não existe tanta diferenciação entre os objetos e seu pano de fundo", diz Weber. "Tudo é uma coisa só." Às vezes ele define essa "coisa" da qual tudo parece ser feito como uma espécie de energia, mas "não há tipos diferentes de energia, nem diferentes formas de senti-la".

Certa vez tentei fazer com que Weber explicasse melhor a natureza do prazer que o mundo lhe proporciona e como isso difere do prazer que eu sinto. Eu disse: "Então acho que você está dizendo que existe um tipo de prazer advindo dos sentidos que não implica um envolvimento emocional de natureza problemática."

"Correto", respondeu ele, mas logo acrescentou: "Você não perdeu suas terminações nervosas [...] Chá verde continua com gosto de chá verde, vinho tinto com gosto de vinho tinto. Isso você não perde. O que perde é o prolongamento da sensação: esse vinho é *fantástico* – este foi um ótimo ano."

No entanto, ressaltei que algumas pessoas diriam que se você não considerar o vinho ao menos *bom* – se não se envolver emocionalmente o suficiente para *gostar* dele –, então a vida perde um pouco do sentido.

Weber respondeu: "Mas é uma percepção muito mais limpa. Se estou degustando uma taça de vinho querendo impressionar críticos profissionais ou algum amigo que saiba muito de vinho, aí pode ser que eu me envolva com uma história, que tenha uma expectativa de como o vinho deveria ser e de qual deveria ser seu gosto, e isso realmente bloqueia a minha percepção mais clara, mais simples [...] Então, tirando esse pensamento do caminho, afastando esse pensamento emocional, é muito mais provável perceber diretamente a sensação."

Por estranho que pareça, eu entendo o que ele quis dizer. Em retiros de meditação, saboreando a comida no refeitório, às vezes eu ficava tão imerso nos sabores e texturas que nem tinha real consciência *do que* estava comendo – qual fruta, qual legume ou sei lá. Não me lembro de nenhuma história, nem no sentido mais básico, acompanhando a sensação. O que lembro é que a sensação era muito boa.

Às vezes acho que existem dois jeitos diferentes pelos quais a "essência" pode impedir a percepção clara. No primeiro caso – "do vinho fantástico" –, a noção de essência é forte e evoca sentimentos que não fariam parte da versão desprovida de "essência" da mesma experiência. Mas às vezes a noção de essência é fraca – tão fraca que tende a afastá-lo da experiência. Quando estou num retiro e presto atenção na textura do tronco de uma árvore, talvez isso aconteça porque não estou acompanhado pela minha noção habitual de essência-da-árvore – uma noção tão desprovida de força que basicamente diz: "É só mais uma árvore, pode continuar andando e passar para algo mais importante." Nós atribuímos rótulos às coisas por meio da nossa noção de essência, e uma das utilidades dos rótulos é arquivar coisas para não precisarmos perder tempo com elas.

Talvez a razão pela qual os bebês ficam tão absortos por formas e texturas seja o fato de ainda não terem desenvolvido um sistema de arquivamento, a sua noção de essência. Em outras palavras, eles ainda não "sabem" o que as "coisas" ao redor são, por isso o mundo é uma maravilha a ser explorada. E talvez isso ajude a explicar como Weber pode dizer que, na verdade, o "vazio" está "pleno": às vezes, não ver a essência faz com que você seja atraído pela riqueza das coisas.

Outra maneira de explicar seria dizendo que em alguns casos a história evocada pela essência minimiza o objeto: aquilo é *só* uma árvore ou *só* um pedaço de aipo. Mas em outros casos – o vinho fantástico, a fita métrica que pertenceu a John Kennedy –, a história engrandece o objeto a ponto de ele sobrepujar a experiência intrínseca. Talvez as essências sejam rótulos que desestimulam a experiência de maneira geral ou que a estimulam, distorcendo-a de certa forma.

Em todo caso, para mim faz sentido que Weber equipare uma forte reação emocional a uma "história" a respeito dos objetos, bem como a ideia de que se livrar tanto da história quanto da emoção tenderia a deixar as coisas com uma essência menos distintiva do que projetariam normalmente. Mas será que isso é mesmo possível – descartar a história, o conhecimento contextual por trás da experiência sensorial? E, se for, o que ocorre no cérebro quando isso acontece?

Histórias e imagens do cérebro

Uma possível resposta para a segunda pergunta veio de um experimento envolvendo vinho e um exame de imagem do cérebro. Os pesquisadores deram para os participantes diferentes tipos de vinho, marcados com diferentes preços. Mas duas versões deles, a garrafa de 90 dólares e a garrafa de 10 dólares, continham o mesmo vinho.

As pessoas gostaram mais da versão de 90 dólares. Até aqui, nenhuma surpresa. O interessante foi o que aconteceu no cérebro delas durante essas avaliações. Quando elas tomaram o vinho da garrafa de 90 dólares, houve uma atividade maior no córtex orbitofrontal medial – o mOFC – do que quando tomaram o mesmo vinho de uma garrafa rotulada com o preço de 10 dólares. O mOFC é uma parte do cérebro cuja atividade está relacionada a prazeres de diversos tipos – não apenas sabores, mas também aromas e música. O experimento sugere que essa parte do cérebro também é influenciada pela história que lhe contaram sobre o prazer que você sente e pelas suposições geradas por essa história. A história do vinho de 90 dólares torna essa parte do cérebro mais ativa do que a história do vinho de 10 dólares.

Mas também há partes do cérebro envolvidas no prazer que *não* foram influenciadas pela etiqueta com o preço do vinho. "É importante notar", escreveram os pesquisadores, "que não encontramos evidências de um efeito dos preços sobre [...] as principais áreas de percepção gustativa, como o córtex insular, o núcleo ventral posterior do tálamo ou os núcleos parabraquiais." Uma "interpretação natural", prosseguiram, seria que o mOFC – a parte do cérebro que mudou em resposta à etiqueta de preço – seja o local onde "os processos cognitivos descendentes que codificam as expectativas quanto ao sabor se integram com os componentes sensoriais ascendentes do vinho". Em outras palavras, o mOFC parece ser o ponto onde a história, e portanto as expectativas, entram em contato com os dados sensoriais puros para modular aquilo que os pesquisadores chamaram de "experiência hedonista do sabor".[92]

Talvez você questione *se* degustação de vinhos é algo que justifique todo esse estudo. O que importa que o consumo de vinho livre das histórias seja uma experiência mais pura, como Weber sugere, ou até mesmo mais agradável do que o jeito mais comum de beber vinho? A maioria das pessoas que bebem vinho parece bastante contente com o sabor da bebida que está tomando, por mais carregada que essa experiência possa estar de narrativas duvidosas. Uma deficiência na degustação de vinhos não é motivo para uma iminente crise global.

Mas as implicações de tudo isso vão além do vinho. Estamos explorando a capacidade do cérebro de criar ilusões. Esse experimento em particular estudou a ilusão específica de que o sabor intrínseco de uma bebida depende da história vinculada a ela. Mas esse é apenas um exemplo de uma ilusão mais geral: a de que as "essências" que percebemos nas coisas realmente existem e habitam as coisas, quando na verdade não passam de uma construção da nossa mente, sem necessariamente apresentar qualquer correspondência com a realidade. Os objetos chegam até nós acompanhados de histórias, e essas histórias, falsas ou verdadeiras, moldam a forma como nos sentimos a respeito deles, moldando os próprios objetos e conferindo-lhes a forma final que reconhecemos.

Em alguns contextos, essa construção mental da essência pode ter uma influência muito mais importante que no caso dos vinhos. Por exemplo, quando estamos atribuindo essência não a fitas métricas, casas ou qualquer outro objeto inanimado, mas a outros seres humanos. E este será o tema do próximo capítulo.

12

Um mundo sem ervas daninhas

Alguns dias depois do início do meu primeiro retiro de meditação, eu estava andando pela floresta quando encontrei uma velha inimiga. Seu nome é *Plantago major*, uma conhecida erva daninha. Anos antes, quando eu morava em Washington D.C., meu quintal foi tomado por essa erva e eu passei muitas horas tentando combatê-la – a maior parte do tempo apenas arrancando-a do chão, mas houve momentos em que fiquei tão desesperado que usei herbicida. Gosto de pensar que não sou do tipo que dedicaria muito tempo a odiar uma planta, mas devo admitir que a minha atitude em relação a ela era um tanto quanto hostil.

No entanto, naquele retiro, fiquei impressionado ao perceber – pela primeira vez na vida – a beleza dessa erva daninha. Talvez eu devesse escrever *erva daninha* entre aspas, pois dizer que uma erva daninha é bonita seria o caso de questionar se ela deveria realmente ser chamada assim. E foi isso que me perguntei ali, parado, observando minha velha inimiga. Por que essa coisa de folhas verdes é chamada de erva daninha, enquanto outras plantas ao redor não são, apesar de poderem perfeitamente se enquadrar na mesma definição? Olhei para aquelas plantas próximas, depois para a erva daninha, e me senti incapaz de responder a essa pergunta. Não parecia haver qualquer critério visual objetivo que distinguisse ervas daninhas de ervas não daninhas.

Em retrospecto, acho que poderia dizer que esse foi o meu primeiro encontro mais próximo com a experiência do vazio. Talvez não tenha sido tão radical – e, com certeza, não tão onipresente e persistente – quanto as experiências descritas no capítulo anterior por Rodney Smith e Gary Weber. Porém esse episódio envolve a característica central da experiência de ambos: a erva daninha estava projetando sua identidade com menos intensidade do que em nossos encontros anteriores. Embora continuasse visualmente discernível, em algum sentido ela se destacava menos na vegetação ao redor do que antes. Agora não exibia mais aquela essência-de-erva-daninha que fazia com que se destacasse e parecesse mais feia que as outras plantas.

Portanto a essência faz diferença! Em um momento você vê uma determinada essência em alguma coisa e quer matá-la, mas no minuto seguinte essa essência desapareceu e você não quer mais acabar com ela.

É claro que nesse caso não há muito em risco. Até onde sei, ervas daninhas não sentem dor nem prazer, então arrancá-las da terra não configura uma grave transgressão moral. Ainda assim, com essas plantas – mais do que com abajures, lápis ou óculos –, estamos nos aproximando do domínio da psicologia moral, o domínio dos julgamentos a respeito do que é bom ou ruim que têm consequências sobre a maneira como tratamos outros seres. E quando os seres em questão são sencientes – como os seres humanos, por exemplo –, passa a haver muito mais em jogo.

Essas questões morais são a principal razão pela qual estou dedicando tanto tempo a abordar a doutrina do vazio. Acredito que a essência que vemos nas pessoas está na raiz da maneira como as tratamos. Assim, faz diferença se essas percepções da essência são mesmo verdadeiras ou se são ilusões, como sugere a doutrina do vazio.

Do ponto de vista darwiniano, as pessoas atribuem essência a outras pessoas pela mesma razão que atribuem essência aos objetos em geral. Outros seres humanos, não menos que alimentos, ferramentas, predadores e abrigos, faziam parte do ambiente em que evoluímos. Portanto, a seleção natural nos projetou para reagir a esses elementos de maneiras específicas, programando essas reações por meio de sentimentos em relação a cada uma dessas coisas – e esses sentimentos dão forma à essência que vemos nesses elementos. Mas os outros seres humanos eram uma parte mais complicada do nosso ambiente do que abrigos ou ferramentas, por exemplo – uma parte muito, muito importante. Então faz sentido que as pessoas possuam estruturas mentais especializadas para avaliar o outro e lhe atribuir essências.

Nosso maquinário de essência-da-pessoa

Décadas de experimentos em psicologia social esclareceram como esse maquinário funciona. Para começo de conversa, funciona muito rápido. Nós começamos a avaliar as pessoas assim que as conhecemos, e às vezes conseguimos fazer um bom trabalho com base em poucas evidências. Por exemplo, se você mostrar a alguém um breve vídeo de uma pessoa conversando ou envolvida em alguma outra interação social e lhe pedir que avalie algum aspecto dela – sua competência profissional, por exemplo, ou seu status –, as avaliações costumam se mostrar muito consistentes com medições mais objetivas. Isso vale até mesmo para vídeos sem áudio, quando todas as informações são não verbais. E um julgamento processado em 30 segundos tem quase a mesma probabilidade de ser exato quanto um que fosse processado em 5 minutos.

Dois psicólogos de Harvard conduziram uma meta-análise[93] de dezenas de estudos "parciais" e concluíram que, após uma observação muito breve, "alguma essência subjacente estável é captada pelos juízes". Por "juízes" eles se referem às pessoas encarregadas de observar as outras nos experimentos, mas poderiam muito bem estar falando sobre todos nós: julgar é o que fomos projetados para fazer.

Nossos julgamentos podem se basear em evidências ridiculamente superficiais. Por exemplo, pessoas atraentes em geral são avaliadas como mais competentes. Mas isso faz certo sentido: pessoas bonitas parecem ter mais facilidade para conseguir o que desejam socialmente, e ter boa habilidade social pode ser uma parte importante da competência.

Mas não somos tão influenciados pela aparência no que diz respeito a julgamentos *morais*. Pessoas atraentes não têm mais chances de serem consideradas íntegras ou atenciosas do que pessoas não atraentes. Isso também faz sentido, pois não há razão para imaginar que elas sejam *mesmo* mais atenciosas ou conscienciosas.[94] No entanto, o que os julgamentos a respeito de fibra moral têm em comum com avaliações sobre competência e status é que costumamos fazê-los com base em um único dado. Embora diversos experimentos demonstrem isso, não é necessário se expor ao julgamento dos outros: basta refletir sobre o seu próprio comportamento. Se você vê uma pessoa ajudando alguém ferido, caído numa calçada, aposto que pensa: "Puxa, que pessoa legal!" E se você vê alguém passando indiferente por uma pessoa ferida caída na calçada, claro que pensa: "Puxa, essa pessoa não é nada legal!"

Eu sei o que você está pensando: mas pessoas que param para ajudar os necessitados são *mesmo* legais. E pessoas que passam indiferentes por elas *não são nada* legais.

Na verdade, você está enganado! Um estudo publicado em 1973 demonstrou isso. O experimento foi conduzido por dois psicólogos da Universidade Princeton e teve como objetivo inicial criar uma oportunidade para que indivíduos agissem como bons samaritanos e ajudassem um desconhecido em necessidade. Eis como os psicólogos descreveram a cena que criaram: "Quando o participante ia se aproximando pelo beco, a vítima estava sentada, meio caída na soleira de uma porta, com a cabeça para baixo, os olhos fechados e sem se mexer. Quando ele passava, a vítima tossia duas vezes e gemia, mantendo a cabeça baixa."[95]

Alguns dos participantes observados pararam para ajudar, enquanto outros não pararam. Se você estivesse observando tudo de fora, provavelmente teria visto uma essência-de-boa-pessoa nos primeiros e uma essência-de-má-pessoa nos demais. Mas há uma explicação diferente do motivo por que alguns ajudaram e outros não.

Todos eram alunos do Seminário Teológico de Princeton. Alguém disse a eles que precisavam apresentar uma breve palestra improvisada num edifício próximo. Alguns foram informados de que já estavam atrasados para a apresentação, enquanto outros foram informados de que tinham tempo de sobra. Do primeiro grupo, 10% pararam para ajudar; do segundo, 63% pararam. Assim, ver uma essência-de-boa-pessoa naqueles 63% teria sido, no mínimo, equivocado; seria mais acertado ver uma essência-de-não-estar-com-pressa.

Além da pressa, mais uma variável foi manipulada pelos pesquisadores. Antes de seguir para sua palestra, metade dos participantes foi instruída a ler a história bíblica do Bom Samaritano e falar sobre esse assunto em sua apresentação. A outra metade leu uma passagem não relacionada a altruísmo. Acontece que refletir sobre o Bom Samaritano não aumenta a possibilidade de ser um bom samaritano.

Esse experimento faz parte de um abrangente corpus de literatura psicológica sobre algo chamado "erro de atribuição fundamental". A palavra *atribuição* se refere à tendência de explicar o comportamento das pessoas com base em fatores "disposicionais" - em outras palavras, o tipo de pessoa que elas *são* - ou em fatores "situacionais" - como no caso de estarem atrasadas para fazer uma palestra. A palavra *erro* reflete o fato de que essas atribuições muitas vezes são incorretas e que tendemos a subestimar o papel da situação e superestimar o papel da disposição. Em outras palavras, temos um viés a favor da essência.

O termo *erro de atribuição fundamental* foi cunhado em 1977 pelo psicólogo Lee D. Ross, e suas implicações podem ser desconcertantes. Por exemplo, é comum pensar em criminosos e clérigos como duas *espécies* fundamentalmente distintas de pessoas. Mas Ross e seu colega psicólogo Richard Nisbett sugeriram que devemos repensar essa ideia. Em seus próprios termos: "Clérigos e criminosos raramente deparam com um conjunto idêntico ou equivalente de desafios situacionais. Na verdade, eles se colocam, e são colocados por outros, em situações que diferem exatamente de forma a induzir clérigos a parecerem, agirem, se sentirem e pensarem como clérigos e criminosos a parecerem, agirem, se sentirem e pensarem como criminosos."[96]

Após estudar a literatura a respeito do erro de atribuição fundamental, o filósofo Gilbert Harman levantou questões sobre a própria existência de traços de caráter[97] como honestidade, benevolência e cordialidade. "Uma vez que é possível explicar que nossa crença comum em traços de caráter é resultante de determinadas ilusões", escreveu, "devemos concluir que não existe uma base empírica para a existência deles."

Pode parecer uma visão radical, e muitos estudiosos interpretam a literatura sobre erros de atribuição de maneira menos extremada. Muitos psicólogos que estudam essa questão dirão que, na pessoa mediana, alguns traços de caráter são mais ou menos estáveis no decorrer do tempo. Ainda assim, não há dúvida de que nossa atribuição de uma essência moral às pessoas - vê-las como legais, maldosas, cordiais ou antipáticas - nem sempre se baseia solidamente em evidências. Em mais de uma ocasião presenciei alguém se comportar em público com tanta grosseria ou falta de consideração que imediatamente passei a ver - e a *sentir* - a pessoa como alguém ruim. E em mais de uma ocasião, em situações muito estressantes, já me flagrei me comportando com o mesmo nível de grosseria ou falta de consideração. Mas, mesmo depois de reflexões posteriores, eu não me considero uma pessoa ruim - ao menos não *essencialmente* ruim.

Uma das razões pelas quais consigo justificar o meu comportamento vem da compreensão de que o estresse causou a má ação; eu estava "fora de mim" quando fiz aquilo. Entretanto, quando se trata de outras pessoas, é menos provável que eu considere essa possibilidade. É nisso que consiste o erro de atribuição fundamental: eu atribuo o comportamento do outro à disposição, não à situação; eu localizo a maldade nas pessoas, e não nos fatores ambientais.

Por que a mente humana seria projetada para ignorar ou desconsiderar fatores situacionais ao avaliar as outras pessoas? Bem, para começo de conversa, vale lembrar que a seleção natural não projetou a mente humana para avaliar as pessoas de maneira *precisa*. A mente foi projetada para avaliar os outros de forma a proporcionar interações que favoreçam a disseminação dos genes da pessoa que faz essa avaliação.

Considere algo que, na minha opinião, é um dos tipos de discussão mais ridículos que as pessoas podem ter. Em geral ela começa com a afirmação "Ela é uma pessoa muito legal" ou "Ele é um cara bacana". Aí outra pessoa discorda: "Não, ela não é tão legal", ou "Não, na verdade ele é um cara ruim". Essas discussões podem se estender para sempre sem ocorrer a nenhum dos lados dizer: "Bem, talvez ela seja legal comigo, mas não com você", ou "Talvez ele seja bom no contexto em que costumamos nos encontrar, e ruim no contexto em que você o encontra".

Do ponto de vista da seleção natural, não há razão para as pessoas darem muita importância a esta possibilidade - de que gentileza e bondade sejam propriedades basicamente situacionais, não disposicionais. Afinal, o modelo da essência - a crença de que cada um tem uma disposição majoritariamente boa ou ruim – funciona muito bem. Se alguém sempre é legal com você, faz sentido criar um relacionamento de simpatia recíproca – em outras palavras, uma amizade. E acreditar que a pessoa é essencialmente boa ajuda você a estreitar essa amizade.

Além do mais, essa crença vai tornar mais fácil sair por aí *dizendo* que a pessoa é boa – o que será útil, pois falar bem de um amigo faz parte do altruísmo recíproco que constitui a amizade. Ver a essência-do-bem nos seus amigos o leva a cumprir essa parte do acordo sem esforço. Isso elimina a consciência incômoda de que, até onde se sabe, seus amigos podem muito bem enganar idosos quando não estão com você.

Por outro lado, se alguém se mostra sempre desagradável na sua presença, ver a essência-do-mal nessa pessoa é o que leva você ao comportamento mais eficaz da perspectiva dos seus interesses. Além de não fazer favores que não teriam reciprocidade, você vai andar por aí dizendo com convicção que aquela pessoa é ruim. E faz sentido dizer que os seus inimigos são más pessoas, pois quanto mais você puder reduzir a importância deles, menor poder terão para machucá-lo.

Na verdade, no mundo moderno, talvez essa não seja uma estratégia tão eficiente. Mas nas pequenas sociedades de caçadores-coletores em que os humanos evoluíram, persistir em falar mal do outro talvez tivesse um efeito considerável no status social dele. Além de servir como alerta para que outras pessoas não despertassem a sua antipatia.

Em resumo, existe uma variável situacional que sempre cria um viés em nossas avaliações das pessoas: toda vez que as vemos fazendo alguma coisa, elas estão na nossa frente. E até onde sabemos, elas podem muito bem se comportar de maneira diferente quando estão com outras pessoas. Mas faz sentido – um sentido egoísta – ignorar essa variável e atribuir o comportamento que discernimos a uma disposição pessoal. Dessa forma, vamos ver a pessoa como dotada de uma essência – do bem ou do mal – que está de acordo com nossos interesses. É conveniente que nossos amigos e aliados sejam dotados da essência-do-bem e que nossos rivais e inimigos sejam imbuídos da essência-do-mal.

Nosso maquinário de preservação da essência

E se a realidade se intromete nessa conveniente ilusão? E se nós vemos ou ouvimos falar de uma boa ação de um inimigo? Ou então de uma má ação de um amigo? Será que isso não representa a ameaça de vaporizar a essência que passamos a enxergar neles?

Sim, essa ameaça existe. Mas nosso cérebro é muito bom em afastar ameaças! Na verdade, ele parece ter um mecanismo projetado para lidar com essa ameaça específica. Você pode chamá-lo de mecanismo de preservação da essência.

Acontece que o erro de atribuição fundamental – a tendência a superestimar o papel da disposição e subestimar o papel da situação – não é tão simples quanto os psicólogos pensaram originalmente. Às vezes nós reduzimos a importância da disposição e ampliamos o papel da situação.

Existem dois casos nos quais tendemos a fazer isso: (1) se um inimigo ou rival faz algo bom, nossa tendência é atribuir esse fato às circunstâncias – ele só está dando dinheiro ao mendigo para impressionar a mulher que está por perto; (2) se um amiga próxima ou aliada faz algo ruim, aqui também as circunstâncias tendem a ganhar importância – ela está gritando com um mendigo porque está estressada com o trabalho.

Essa flexibilidade interpretativa molda não apenas nossa vida pessoal, mas também as relações internacionais. O cientista social Herbert C. Kelman observou como isso mantém os inimigos na lista negra: "Mecanismos de atribuição [...] confirmam a imagem original do inimigo. Ações hostis são atribuídas à disposição, de forma a fornecerem mais evidências do caráter inerentemente agressivo e implacável do inimigo. Enquanto ações conciliatórias são desconsideradas como reações a forças situacionais – manobras táticas, respostas a pressões externas ou ajustes temporários a uma posição de fraqueza –, de forma a não exigirem qualquer revisão da imagem original."[98] Isso ajuda a explicar por que, quando surge a possibilidade de guerra, as pessoas que a desejam fazem de tudo para demonizar o líder do país adversário. No período preparatório anterior a uma das duas guerras dos Estados Unidos contra o Iraque, a (então) belicosa revista americana *The New Republic* publicou na capa uma imagem do presidente iraquiano Saddam Hussein com um embelezamento:

o bigode foi aparado para parecer o de Hitler. Não foi uma manobra muito sutil, mas foi eficiente – pois, quando alguém é solidamente colocado na posição de inimigo, nossos mecanismos de atribuição fazem com que seja muito difícil escapar dessa posição. Se, por exemplo, alguém como Hussein permitisse que inspetores internacionais entrassem em seu país para procurar armas de destruição em massa – o que ele efetivamente fez pouco antes da Guerra do Iraque de 2003 –, isso deveria ser um truque. Ele deve estar escondendo essas armas em algum lugar. Afinal, Hussein tem a essência-do-mal!

Não há dúvida de que Hussein havia *de fato* feito coisas horríveis. Mas a falta de clareza a respeito dele levou a coisas mais horríveis ainda: a morte de bem mais de 100 mil pessoas inocentes na Guerra do Iraque e em decorrência dela.

A guerra oferece um bom exemplo de como a essência pode passar de um nível a outro. Você começa com a ideia de que o líder de uma nação é uma pessoa essencialmente ruim. A partir daí, embarca na ideia de que um país inteiro – o Iraque, a Alemanha ou o Japão – é seu inimigo. Isso então se traduz na ideia de que todos os soldados daquele país – ou até mesmo todas as *pessoas* daquele país – são essencialmente ruins. E se as pessoas são más, isso significa que você pode matá-las sem sentir qualquer dor na consciência. Os Estados Unidos jogaram bombas atômicas em duas cidades japonesas – cidades, não bases militares – sem gerar praticamente nenhum protesto por parte dos americanos.

Felizmente, a maioria de nós não foi arrastada pela psicologia tribal de forma a enfrentar consequências tão letais. Mas, em circunstâncias menos graves, essa estrutura psicológica costuma alterar nossa percepção e nosso cálculo moral. Um exemplo bastante revelador ocorreu em 1951, a 1,5 quilômetro do Seminário Teológico de Princeton, o local do experimento do Bom Samaritano de 1973.

A essência da oposição

Isso aconteceu no Palmer Stadium, num jogo de futebol americano entre Princeton e Dartmouth – na época em que os times das grandes universidades eram de primeira categoria. Na semana anterior ao jogo, um dos atacantes de Princeton, Dick Kazmeier, havia aparecido na capa da revista *Time*.

O jogo foi duro e, segundo alguns relatos, sujo também. Kazmeier teve o nariz quebrado no segundo tempo e, no terceiro, um jogador de Dartmouth saiu de campo com uma perna quebrada. Dois professores de psicologia, Hadley Cantril, de Princeton, e Albert Hastorf, de Dartmouth, escreveram depois: "Os nervos estavam à flor da pele, tanto durante quanto depois do jogo [...] Logo começaram as acusações mútuas."[99] Hastorf e Cantril transformaram a ocasião num estudo de psicologia tribal. Eles mostraram vídeos do jogo para alunos de Princeton e de Dartmouth – e descobriram diferenças radicais de perspectiva. Por exemplo, enquanto os alunos de Princeton viram Dartmouth cometer em média 9,8 faltas, os estudantes de Dartmouth viram em média apenas 4,3 faltas no time da própria universidade. Talvez essa descoberta não o surpreenda; é de conhecimento geral que a afiliação tribal pode distorcer a percepção. Mas o estudo pegou um exemplo desse viés no mundo real e o transferiu do domínio da narrativa para o domínio dos dados. E por isso se tornou um clássico.

O que ficou menos conhecido que a famosa quantificação do viés nesse estudo é o fato de que os autores se perguntaram se *viés* seria realmente a palavra correta. Quando pensamos em viés cognitivo, pensamos em uma distorção daquilo que de outra forma seria uma visão clara da coisa percebida. Mas isso pressupõe que *exista* uma coisa a ser percebida. Hastorf e Cantril escreveram: "É impreciso e enganador dizer que pessoas diferentes têm 'atitudes' diferentes a respeito da mesma 'coisa' [...] Esses dados indicam que não há uma 'coisa' que é o 'jogo', que existe em si, 'lá fora', e que as pessoas apenas 'observam'. O 'jogo' 'existe' para uma pessoa e é vivenciado por ela apenas na medida em que determinados acontecimentos têm significado para seus propósitos. De todas as ocorrências que se passam no ambiente, a pessoa seleciona aquelas que têm alguma importância para ela a partir de sua própria posição egocêntrica na matriz total."[100]

Hastorf e Cantril não estavam falando sobre o filme *Matrix*. Mas, assim como o filme, estavam questionando quão real a "realidade" é – e se faz sentido falar de "coisas" em si, independentes das mentes que as concebem. Eles escreveram: "Pois a 'coisa' simplesmente não é a mesma para pessoas diferentes, seja a 'coisa' um jogo de futebol, um candidato à Presidência, o comunismo ou espinafre."[101]

Tudo isso me lembra de uma conversa que tive com Leda Cosmides, que conhecemos no capítulo 7 ao comentar a visão modular da mente. Aliás, ela não a chama mais de visão modular. Segundo Leda, o termo *módulos* passou a ser mal compreendido, em parte porque algumas das noções equivocadas que tentei eliminar no capítulo 7 não foram amplamente eliminadas. Agora ela usa outra terminologia, mais precisa, embora menos elegante: "mecanismos psicológicos de domínio específico".

Eu e Leda discutimos sobre a relação entre esses módulos e os diversos vieses que dificultam a apreensão humana do mundo. No início da conversa, falei sobre como a visão de mundo pode ser influenciada por qualquer módulo que esteja dominando a consciência no momento. Mas ela questionou se fazia sentido falar de um processo de "influência" - como se houvesse alguma perspectiva anterior à influência. "Algum mecanismo psicológico sempre está fazendo alguma coisa", explicou. "Criando o nosso mundo, criando a nossa percepção do mundo." É por isso que eu não diria que mecanismos de domínios específicos influenciam as nossas percepções - diria que eles as *criam*. Não existe maneira de perceber o mundo que não envolva esculpi-lo conceitualmente em pedaços distintos.

Isso é muito semelhante à perspectiva do budismo: tudo, de espinafre a partidas de futebol, é vazio de existência inerente; as coisas - as formas - ganham existência em nossa consciência só depois de termos reunido alguma combinação de elementos em nosso campo perceptivo e imposto um significado coletivo a eles. Hastorf e Cantril escreveram: "Uma 'ocorrência' num campo de futebol ou em qualquer outra situação social só se torna um 'acontecimento' vivencial quando algum significado é atribuído a ela." E esse significado, prosseguiram, vem de uma espécie de banco de dados de significados, um banco de dados que reside "naquilo que chamamos de forma-mundo de suposições da pessoa".[102]

Até que esses significados sejam atribuídos, o mundo é desprovido de forma. Mas, assim que isso acontece, surge a forma; surge a essência.

Na verdade, existem essências dentro de essências. Existe a essência-de-jogo-de-futebol, a essência-de-time-de-futebol, a essência-de-jogador-de-futebol. E essas diferentes essências podem moldar umas as outras.

A essência específica de um jogo de futebol específico vai depender das essências dos dois times – por exemplo, de qual time gostamos, de quanto gostamos do time e da forma como gostamos dele. E isso, por sua vez, molda a essência dos jogadores.

Ou talvez as coisas funcionem no sentido contrário e a essência que vemos em certo jogador de futebol determine o time pelo qual torcemos – o que, por sua vez, molda a forma que o jogo assume em nossa memória. Não há dúvida de que, em algum lugar dos Estados Unidos, em 1951, algum garoto que nunca tinha ouvido falar de Princeton leu a matéria de capa da revista *Time* sobre Dick Kazmeier e se tornou torcedor de Princeton – e todas as notícias subsequentes a respeito dos jogos de futebol de Princeton foram incorporadas à forma apropriada.

Não estou dizendo – nem acho que Hastorf e Cantril estivessem – que se você não tiver um time favorito, o mundo do futebol será um mundo sem forma para você. Se você está andando por um aeroporto, ergue os olhos e vê um jogo de futebol passando na TV, vai perceber um tipo genérico de essência-de-jogo-de-futebol antes mesmo de saber quais times estão jogando. Mesmo que não tenha preferência por nenhum deles, talvez perceba, analisando com mais cuidado, que esse senso "genérico" de essência de fato envolve algum tipo de preferência. Embora não seja torcedor de nenhum dos times, talvez você goste de *futebol*, e dessa forma pode se ver atraído a se envolver mais com o jogo, curioso para ver quem está jogando ou apenas animado para ver algumas jogadas interessantes. Se, por outro lado, você não gosta de futebol, a essência que vai perceber não será cativante e talvez seja até tediosa, mesmo que levemente.

Isso é um lembrete de que a psicologia *tribal* em certo sentido não difere tanto assim da psicologia em geral. Nós passamos os dias rotulando as coisas que vemos como positivas ou negativas. A afiliação a uma tribo – um time de futebol, um país, um grupo étnico – é um exemplo específico dessa tendência, que por vezes pode ser muito intensa: a nossa tribo pode ser *muito* boa, e os inimigos, *muito* ruins.

Ao mesmo tempo, seria um equívoco agir como se a psicologia tribal fosse apenas a psicologia comum num volume mais alto. A seleção natural projetou partes da mente humana especificamente para nos conduzir através de conflitos – entre indivíduos e entre grupos. Parte do nosso maquinário mental se dedica de maneira muito sofisticada a essa função, inclusive o mecanismo de preservação da essência, que faz com que seja mais fácil atribuir qualquer culpa por mau comportamento aos inimigos e testemunhar o sofrimento deles com indiferença.

Aliás, "satisfação" seria um termo melhor do que "indiferença". Uma das peças do equipamento moral que a seleção natural implantou em nosso cérebro é o senso de justiça – a intuição de que boas ações devem ser recompensadas e más ações devem ser punidas. Portanto, ver o sofrimento de malfeitores pode nos proporcionar a gratificante impressão de que a justiça foi feita. E – o que é muito conveniente – são os nossos inimigos e rivais que costumam ser os culpados por más ações; quando os nossos amigos e aliados as realizam, eles provavelmente o fizeram apenas por serem vítimas das circunstâncias e, portanto, não merecem punição severa. A menos, talvez, que eles façam algo de ruim *para nós*, o que pode justificar sua remoção da categoria de "amigos e aliados".

Meu breve flerte com a ideia de amar um inimigo

Tudo isso nos traz de volta à erva daninha. Embora meu longo histórico de oposição e até mesmo de hostilidade em relação a ela fosse envolvido por uma espécie de aura moral, eu não estava nem perto de usar todo o maquinário bélico moral que sou capaz de colocar em ação. A artilharia mais pesada fica reservada aos seres humanos. Ainda assim, o limite que determina se as armas serão usadas – a linha entre "bons" humanos e "maus" humanos – costuma não ser menos arbitrário do que o que separa ervas daninhas das outras plantas.

Existe uma técnica meditativa especificamente projetada para tornar essa linha mais difusa. É chamada de meditação da bondade amorosa, ou, para usar a antiga palavra em páli que designa bondade amorosa, meditação *metta*. Em geral, a meditação começa com a intenção de ser bondoso consigo mesmo. Em seguida você imagina alguém que ama e lhe direciona a bondade amorosa. Depois imagina alguém de quem gosta e direciona a bondade amorosa para essa pessoa. Então pensa em alguém por quem não tem sentimentos fortes, positivos ou negativos. E assim por diante – até chegar a um inimigo. E se tudo corre de acordo com o planejado, você consegue sentir bondade amorosa até mesmo por esse inimigo.[103]

Parece apropriado dizer algumas palavras bondosas sobre a meditação da bondade amorosa, então aqui vão elas: é uma prática que funciona para algumas pessoas. Mas não para mim. Acho que o problema está no início, no momento em que eu deveria direcionar a bondade amorosa para mim mesmo. Em todo caso, fico satisfeito em dizer que, para mim, a meditação não *metta* – a meditação comum da atenção plena – evoca parte dos efeitos que a meditação *metta* deveria produzir: ameniza a minha animosidade e pode até mesmo amplificar minha empatia.

Certa vez, durante um retiro de meditação, após quase uma semana de longas meditações da atenção plena, eu pensei a respeito de uma pessoa que está entre os dois ou três inimigos mais ferrenhos que tenho, um antigo colega (vamos chamá-lo de Larry) em quem nunca detectei muito coleguismo, para dizer o mínimo. Normalmente, se vejo Larry ou mesmo penso nele, percebo algo como uma aura de más vibrações – a essência-de-Larry, você poderia dizer. Mas naquele retiro comecei a pensar nele sem essa aura. Vi então os seus comportamentos mais desagradáveis (ou ao menos os que considero mais desagradáveis) como manifestações de insegurança. Imaginei, de forma muito vívida, o adolescente desajeitado e pouco atlético que ele deve ter sido, incapaz de se fazer respeitar no playground, tentando encontrar a própria identidade, e por fim se acomodando em uma que por acaso não combina muito com o meu temperamento. Naquele momento eu senti certa compaixão por ele. O que não senti foi essência. Pelo menos não a essência-de-Larry de sempre. E acho que este é o segredo: romper com a velha essência-de-Larry me permitiu conceber uma nova versão dele, mais próxima da verdade.

Estas palavras foram atribuídas ao poeta sufi Rumi, do século XIII: "A tarefa não é procurar o amor, mas apenas procurar e encontrar todas as barreiras contra ele que você construiu dentro de si." Parece que há dúvidas se isso foi *de fato* escrito por Rumi,[104] mas, se foi, acho que ele percebeu algo importante. Seria um exagero dizer que derrubar a barreira com que eu estava me defrontando – a saber, a essência-de-Larry que minha mente havia construído cuidadosamente no decorrer de anos – me fez passar a *amar* Larry. Mas, por um momento, senti em algum nível aquela empatia que um pai ou mãe sente quando vê o jovem filho ou filha tentando sem sucesso se encaixar socialmente. Claro que esse sentimento passou. Mas acho que houve um impacto duradouro: quando tornei a encontrar Larry, eu o cumprimentei e apertei sua mão – e pela primeira vez em muito tempo não senti que era tudo fingimento. Não senti que estivesse fingindo 100 por cento. Foi algo em torno da marca dos 40 a 50 por cento.

No mesmo retiro em que vi uma erva daninha desprovida de essência-de-erva-daninha, também tive um encontro interessante com um réptil. Eu estava andando pela mata e de repente vi um lagarto totalmente paralisado, imagino que por ter me avistado. Enquanto o observava olhando ao redor, nervoso, calculando qual seria seu próximo passo, meu primeiro pensamento foi que o comportamento daquele animal era regido por um algoritmo relativamente simples: ver criatura grande, ficar paralisado; se a criatura se aproximar, correr. Mas então percebi que, embora os meus algoritmos comportamentais sejam muito mais complexos que isso, poderia existir um ser tão inteligente que, a seus olhos, eu pareceria tão simplório quanto o lagarto me parece. Quanto mais pensei a respeito disso, mais eu e o réptil parecíamos ter algo em comum. Ambos fomos lançados em um mundo que não escolhemos, sob a orientação de algoritmos comportamentais que não escolhemos – e nós dois estamos tentando fazer o melhor possível nessa situação. Senti uma espécie de parentesco com o lagarto que nunca havia sentido com um animal desse tipo.

Assim como no caso do meu ataque de compaixão por Larry, minha sensação de parentesco com o lagarto não exigiu uma meditação de bondade amorosa. Se praticada com diligência, a própria meditação da atenção plena tende a expandir sua compreensão de outros organismos. E eu digo "compreensão" não apenas no sentido piegas de paz, amor e compreensão, mas também – e, aliás, principalmente – no sentido de um entendimento mais claro do organismo. Eu estava olhando para aquele lagarto da mesma forma que um marciano poderia olhar para ele: com interesse, curiosidade e menos suposições distorcidas do que eu normalmente teria. Acho que vi o lagarto com tão poucas suposições porque *não vi* essência-de-lagarto – ou ao menos não tanto quanto costumo ver.

Na verdade, você poderia dizer que não ver essência e não ter suposições são a mesma coisa, pois a essência que percebemos nas coisas é uma suposição sobre elas que foi programada em nosso cérebro. Em certo sentido, essas suposições em geral nos fazem reagir às coisas de maneira conveniente, mas isso não necessariamente envolve um entendimento real delas.

A conveniência tem suas virtudes, claro. Pode ser conveniente – no sentido positivo – saber que seu cônjuge é seu cônjuge. Assim, eu não recomendaria abrir mão da sua noção de essência tão integralmente quanto Fred, a vítima do delírio de Capgras que mencionei no capítulo anterior. Mas isso não é algo com que você deva se preocupar. Eu não conheço nenhum meditador que tenha levado as coisas *tão* longe – nem mesmo aqueles que parecem ter chegado perto da iluminação. Fred foi útil para ilustrar o elo entre essência e afeto, mas não tem qualquer serventia para ilustrar aonde o *dharma* conduz.

Ainda assim, o caso levanta uma questão interessante sobre aonde o *dharma* pode nos conduzir. Mesmo que não o conduza ao mesmo ponto em que Fred estava – no qual você vê tão pouca essência que não consegue discernir quem é quem –, será que pode levá-lo longe demais? Imagine, por exemplo, que você ainda consiga identificar o seu cônjuge, mas veja menos essência-de-cônjuge do que costumava ver e essa mudança se reflita nos seus sentimentos. Será que agora você vai amar menos o seu cônjuge? Ou, para usar outro exemplo, será que pais que meditam intensamente amam menos os filhos? Será que toda a ideia budista de abrir mão dos apegos não levaria de certa maneira a uma redução do amor familiar da forma como o conhecemos?

Em geral os mestres de meditação, quando questionados, costumam responder que não, que a prática meditativa não anula nem diminui o amor, mas pode mudar sua natureza. Talvez, por exemplo, o amor familiar se torne menos possessivo. E talvez isso possa resultar em pais e filhos mais felizes do que um amor mais ansioso e controlador.

Para fins práticos, essa é uma resposta razoável. Até onde posso dizer, relacionamentos pessoais melhores – com parentes e todas as outras pessoas – são um resultado muito mais provável da prática meditativa do que seu oposto.

Mas imagine que um mestre de meditação, questionado a respeito da possibilidade de diminuição do amor, desse uma resposta menos reconfortante: "Sim, se você meditar muito, existe uma chance de que a *magni-*

tude do amor pelos filhos diminua um pouco." Essa hipótese seria mesmo tão horrível assim?

Imagine um mundo em que pais ricos demonstrassem um pouco menos de devoção e preocupação em relação aos próprios filhos. E suponha que eles passassem esse tempo poupado pensando sobre crianças que não têm pais, imaginando o que poderiam fazer para ajudá-las. Isso seria tão ruim assim? É ótimo que a seleção natural tenha nos dotado da capacidade para o amor, a compaixão e o altruísmo, mas isso não significa que precisamos aceitar sua orientação a respeito de como alocar esses preciosos recursos.

Gostaria de enfatizar quão hipotética é essa transação imaginária entre a atenção ao bem-estar da família e de outras pessoas. De maneira geral, vale a conclusão que se pode tirar da resposta padrão e mais reconfortante sobre a questão da diminuição do amor: não se preocupe, é provável que os seus relacionamentos familiares sejam enriquecidos quando você seguir o *dharma*, mesmo que seja – e talvez especialmente se for – por um longo trajeto. Ainda assim, não quero ignorar este ponto importante: de uma perspectiva *moral*, o efeito da sua prática meditativa sobre as pessoas que você já ama não é necessariamente a única questão, nem mesmo a mais central.

Há uma segunda questão moral à espreita: e se a meditação, em vez de o levar a alocar a sua compaixão de maneira diferente e talvez mais imparcial, de alguma forma o distanciasse dos seus sentimentos de compaixão, deixando-o indiferente ao bem-estar das pessoas em geral? Afinal, se a meditação pode drenar a força motivadora de coisas como ódio e ressentimento, o que a impediria de ter um efeito simetricamente restritivo do outro lado da balança?

Isso seria possível – e é intrigante que a tendência não seja essa. Mas dizer que essa não é a tendência não significa que seja algo que "nunca acontece", e este é um ponto em que devemos nos deter por um momento: é provável que eliminar um pouco da essência das coisas o torne uma pessoa melhor, mas não há qualquer *garantia* de que isso vá acontecer. Assim como o caminho meditativo de maneira geral, a prática pode produzir uma perspectiva em certo sentido mais desapegada, de forma a facilitar o autocontrole – mas o mundo está repleto de pessoas horríveis que conseguem exercitar o desapego e o autocontrole. Na verdade, o desapego e o autocontrole são elementos que ajudaram algumas delas a se tornarem ainda mais horríveis.

Já houve mestres de meditação com grande capacidade contemplativa que abusaram sexualmente de alunos psicologicamente mais vulneráveis – inclusive um famoso professor de Manhattan que se tornou conhecido como "o predador zen do Upper East Side".[105] Pode até ser que alguns deles, ao ver as incipientes pontadas de culpa com "atenção plena", tenham amenizado a resistência interior ao próprio comportamento inadequado.

Essa natureza ambivalente da capacidade meditativa ressalta a importância de complementar a meditação budista com a instrução moral. Porém este não é um insight muito original da minha parte. Quando o Buda delineou o caminho para a libertação – o Caminho Óctuplo revelado na última das Quatro Nobres Verdades –, os preceitos morais desempenharam um papel muito importante em sua visão. A ideia não era que a meditação intensa fosse por si só capaz de trazer a iluminação em todas as suas dimensões.

De todo modo, a meditação é parte crucial do programa. Como vamos explorar mais a fundo no capítulo 15, uma das razões disso é que os insights em relação à natureza do ser proporcionados por ela – inclusive a apreensão do vazio – de fato tendem a vir acompanhados de uma perspectiva moral, mesmo que o vínculo entre meditar e se tornar uma pessoa melhor não seja exatamente automático. Outra razão é que a meditação pode ser usada para cultivar virtudes que se contrapõem às nossas tendências menos elevadas. Embora eu já tenha admitido que não tenho facilidade natural para a prática da meditação da bondade amorosa, não desisti dela – e recomendo que todos a experimentem.

Hora da festa

Mas chega de sermão. Vamos nos divertir! Ou será que não? Outra preocupação que costuma surgir a respeito do *dharma* é que ele possa acabar com a alegria de viver. Esta questão surgiu numa discussão que tive com Bhikkhu Bodhi, um monge budista americano bem conhecido em círculos de estudiosos por ter traduzido uma série de textos budistas para o inglês. Ele é um homem extremamente cordial, com a cabeça raspada e um dos mais largos sorrisos que já vi – que costuma exibir com frequência, em geral dando risada. Quando assistiu ao vídeo da minha entrevista com ele, uma das minhas filhas falou: "Eu quero que ele seja meu tio."

Durante essa entrevista, eu estava, como de costume, tentando obter algo que apoiasse em primeira mão minha hipótese de que ver o "vazio" – em outras palavras, não ver a essência – consiste basicamente em ter sentimentos menos intensos em relação às coisas. Comecei dizendo: "Quando nós [...] formulamos uma interpretação de alguma coisa e assim lhe atribuímos uma essência, parte dessa interpretação envolve a maneira como nos sentimos em relação a essa coisa. É por isso que o meu inimigo é uma pessoa má e a minha casa é um lugar aconchegante. Parte da essência que atribuo às coisas vem dos meus sentimentos, certo?"

"Exatamente, exatamente", respondeu ele.

Em seguida balbuciei um pouco sobre como alguém que estivesse seriamente em busca da libertação, tentando se apartar dos desejos e aversões comuns à maioria de nós, naturalmente não veria as coisas no mundo com "fortes conotações emocionais e que isso poderia ser parte da percepção de que elas são desprovidas de essência".

Dessa vez ele não concordou com tanta rapidez. Depois de uma longa pausa, ele disse: "Tomar isso ao pé da letra pode levar alguém a pensar que a meta derradeira do budismo é se transformar num autômato totalmente desprovido de emoções." Nesse momento, Bhikkhu abriu um de seus sorrisos épicos. Começou a rir enquanto falava: "Como a minha mãe costumava dizer, até onde sei, não há muita diferença entre um budista iluminado e um legume." Então jogou a cabeça para trás e riu por uns cinco segundos antes de continuar a citar a mãe: "Foi por isso que você se tornou um monge budista? Para virar um legume?"

Nesse momento Bhikkhu ficou sério de novo. "Mas eu diria que, na minha opinião, na minha experiência, a prática contínua do caminho budista enriquece a vida emocional da pessoa, tornando-a mais sensível emocionalmente, mais feliz e alegre. E diria que passa a ser possível responder às coisas do mundo de uma maneira mais livre, mais feliz e mais agradável."

Isso faz sentido para mim. Afinal, uma das virtudes da meditação da atenção plena é que experimentar os próprios sentimentos com atenção e clareza, em vez de segui-los por reflexo e sem senso crítico, permite a você escolher quais seguir – como alegria, contentamento e amor, por exemplo.

E esse envolvimento seletivo com os sentimentos, essa obediência enfraquecida em relação a eles, pode em princípio incluir os sentimentos que moldam a essência que vemos nas coisas e nas pessoas.

Questionei Bhikkhu Bodhi um pouco mais a respeito da relação entre afeto e essência: "Mas parte da liberdade não vem do fato de não estabelecermos essas conotações de afeto e julgamento às coisas? Em outras palavras: não atribuir essência às coisas com tanta veemência pode ser a fonte da liberdade."

Assentindo com empatia, ele concluiu: "Sem dúvida."

13

O jeito como – UAU! – tudo é uma coisa só (se tanto)

Relatar experiências que tive ao meditar é uma questão delicada. Vale mais a pena contar as que são incomuns – mas se forem *muito* incomuns, as pessoas o olham como se você fosse maluco. Uma vez tive uma experiência que espero que se enquadre no meio-termo ideal: esquisita o suficiente para chamar a atenção das pessoas, mas não tão estranha a ponto de acharem que precisam chamar a polícia.

Foi no quarto ou quinto dia de um retiro de meditação. Eu estava sentado na minha almofada, de pernas cruzadas e olhos fechados, como de costume. Não estava focando minha atenção em nada específico – em sons, emoções ou sensações físicas. Meu campo de consciência estava totalmente aberto; minha atenção se movia facilmente, pulando de uma parte a outra, repousando levemente em cada objeto, ao mesmo tempo que mantinha uma ideia do todo.

Em dado momento senti um leve formigamento no pé. Quase no mesmo instante, ouvi um pássaro cantando lá fora. E eis o mais curioso: senti que o formigamento no meu pé fazia parte de mim tanto quanto o canto do pássaro.

Então você pode perguntar: eu estava sentindo que o canto do pássaro era, na verdade, parte de mim? Ou que o formigamento *não* era parte de mim? Em resumo: será que eu senti que era um com o mundo ou estava mais perto de sentir que eu não era nada? Se você estiver mesmo fazendo essas perguntas, é porque chegou a uma questão filosófica fascinante, que enfatiza um contraste entre as diferentes linhas de pensamento do budismo e que, em termos mais fundamentais, é o que separa a principal vertente da filosofia budista da principal vertente da filosofia hinduísta. Mas você não deve estar fazendo essas perguntas. O mais provável é que esteja se perguntando se eu sou maluco. Portanto, vou abordar primeiro essa questão, para depois entrar nas questões filosóficas mais profundas.

Em primeiro lugar, gostaria de destacar que, se essa experiência faz de mim uma pessoa louca, estou em boa companhia. Já tive muitas oportunidades de descrever essa experiência a meditadores muito experientes – alguns deles monges, outros famosos instrutores de meditação – e invariavelmente todos a reconheceram como algo que também vivenciaram.

Além disso, esse é o tipo de experiência em meditação que, conforme acreditam, tem grande importância. Na verdade, eu poderia me arriscar a dizer que é a experiência central do budismo. Não no sentido de mais profunda ou mais importante, mas em relação ao lugar que ocupa na paisagem dessa filosofia: o lugar em que dois conceitos fundamentais e válidos do budismo se fundem – o não-eu e o vazio. É um tipo de experiência meditativa grandiosa e unificadora.

Antes de explicar o que estou dizendo, gostaria de discorrer um pouco mais sobre a experiência que relatei.

Primeiro devo frisar que qualquer senso de continuidade que senti entre mim e o pássaro cantando não estava relacionado àquele pássaro em particular. Não foi como o que senti em relação ao lagarto do capítulo anterior, quando percebi que ele e eu tínhamos mais em comum do que eu podia imaginar. Foi algo menos cognitivo e mais puramente perceptual. Uma espécie de dissolução das supostas fronteiras entre mim e o resto do mundo. Em outras palavras, foi uma percepção, não uma conclusão. Não me convenci por meio de um argumento lógico de que o canto do pássaro era tão parte de mim quanto o formigamento no pé.

Ainda assim, depois dessa experiência, comecei a pensar que talvez *de fato* exista um argumento válido desse tipo. Será que realmente há tanta diferença entre o formigamento no meu pé e o canto do pássaro? Em ambos os casos a percepção parece se registrar em algum lugar dentro da minha cabeça, em alguma espécie de centro da consciência – o que significa que, nos dois casos, a percepção exige que a informação seja transmitida para a minha mente a partir de um lugar remoto. Meu pé transmite informações sobre um formigamento; o pássaro transmite informações sobre seu canto. Qual a diferença?

A réplica óbvia seria: "Mas o formigamento está dentro da sua pele, é uma parte de você!" Bem, sim, está dentro da minha pele. Mas a questão que estou levantando é se de fato a minha pele é um limite tão rígido assim entre eu e o não-eu quanto poderíamos instintivamente supor. Será que realmente faz sentido pensar em tudo que reside dentro do meu corpo como *eu* e tudo o que está fora como *o outro*? Assim, não se pode apenas reiterar essa suposição instintiva e eliminar a minha questão. Se essa tática fosse considerada justa, nenhuma suposição jamais seria invalidada.

Outro argumento possível seria: "Mas formigamento e outras sensações corporais tendem a vir acompanhados de profundas qualidades afetivas inerentes." Uma dor no pé, por exemplo, é dolorosa em si. O canto de um pássaro, por outro lado, é uma questão de gosto – agradável para uns, irritante para outros. O problema com essa refutação é que a dor *não é* dolorosa em si. Já relatei a situação em que, por meio da meditação, converti uma terrível onda de ansiedade num mero objeto de interesse; e a ocasião em que a meditação fez a dor de dente manifestar até certos tons de beleza. Ou então quando, mudando minha perspectiva a respeito de uma leve dor na lombar, eu a transformei numa sensação ligeiramente agradável. Mas é claro que essa transformação de limões em limonada não é uma rotina; é o tipo de coisa que é mais fácil fazer em um retiro, quando estou imerso no estilo de vida meditativo, do que quando estou de volta ao "mundo real", dizendo coisas como: "Esta dor na coluna é um saco." E para levar a coisa ainda mais longe e "reconceptualizar" a dor – para alcançar o estado mental do monge vietnamita que se imolou sem esboçar qualquer reação de dor – seria necessária uma imersão infinitamente maior.

Mas o ponto é que uma imersão assim é possível, e isso derruba o argumento simplista de que as sensações originadas "internamente" têm um significado fixo, enquanto as originadas "externamente" não têm. Além disso, se o principal critério para saber se algo é parte do meu eu for quão "automática" é a minha interpretação dos sinais recebidos, o que se poderia dizer sobre o caso dos filhos? As minhas filhas não vivem dentro da minha pele, mas ver uma delas sentindo dor me causa um sofrimento tão real quanto as minhas próprias dores.

O psicólogo americano William James escreveu: "Entre o que o homem chama de eu e o que ele simplesmente chama de meu, há uma linha muito difícil de ser delimitada." Nesse sentido, ele observa, "nossa família imediata é uma parte de nós. Nossos pais e mães, nossas esposas e filhos, são sangue do nosso sangue e carne da nossa carne. Quando eles morrem, uma parte de nós mesmos também se vai."[106]

A evolução e os limites do eu

Se você perguntar por que os parentes próximos têm essa propriedade de "quase-eu", a resposta é que fomos criados por um processo específico que incorpora certos valores. Na verdade, parece incorporar um valor: a transmissão do material genético ao longo das gerações. Como familiares próximos compartilham muitos dos nossos genes, cuidar deles faz sentido do ponto de vista da seleção natural. E assim se desenvolveram os genes da empatia e do amor familiar – e tantos outros sentimentos correlatos, como a culpa familiar.

Em outras palavras, nossa definição instintiva de "nós" e do que é "nosso" é um produto das regras específicas que regem esse processo criativo específico conhecido como seleção natural.

Não seria impossível, aliás, que nossa espécie tivesse tomado um caminho evolutivo que nos fizesse sentir em relação a um pássaro algo semelhante ao que sentimos em relação aos nossos parentes. Quando duas espécies têm uma forma de relação simbiótica conhecida como mutualismo – ou seja, quando uma ajuda a outra –, elas podem desenvolver sentimentos afetivos e calorosos que sustentam essa relação. Os cachorros parecem ter evoluído junto com os seres humanos, e isso pode ajudar a explicar por que já fui acusado pelas minhas filhas de amar os meus cachorros tanto quanto as amo. Eu nego essa afirmação enfaticamente, mas é verdade que se meus cães sentem dor, de alguma forma eu também sinto dor.

A simbiose também pode ser a base de diferentes tipos de relações que nos levam a questionar os limites do eu. Nós temos uma relação simbiótica com vários tipos de bactérias que residem dentro de nós e que de várias maneiras influenciam nosso humor e nossos pensamentos. Cientistas descobriram que substituir as bactérias intestinais de ratos tímidos e ansiosos pelas de ratos gregários deixa os primeiros mais extrovertidos. Por questões éticas, experimentos desse tipo não podem ser realizados em humanos, mas outras evidências deixam claro que os micróbios também influenciam a nossa mente, em parte ao influenciarem os neurotransmissores.[107] De fato, talvez não seja errado dizer que as bactérias, assim como aquele pássaro no retiro de meditação, enviam sinais para meu cérebro, ainda que muito mais sutis.

Portanto, se estou habituado a considerar parte de mim sinais que em última instância vêm de bactérias, por que não posso considerar os sinais emitidos por um pássaro como parte de mim? Sobretudo levando em conta que se a evolução tivesse tomado um caminho diferente, envolvendo uma simbiose mutualística entre humanos e aquela espécie de pássaro, tais sinais poderiam muito bem passar a impressão de serem parte de mim.[108]

De maneira geral, o que quero dizer é o seguinte: muitas informações chegam ao meu cérebro, e é ele que decide quais vai considerar parte do meu eu, quais não vai considerar parte do meu eu e quais – por exemplo, o choro de um filho – se situam entre essas duas categorias. E eu tomo por certo que essas decisões são tomadas de acordo com alguma verdade metafísica profunda a respeito do que sou *eu* e do que é o *outro*. Mas, na verdade, o meu cérebro poderia ter sido programado de outro jeito, fazendo com que eu interpretasse essa informação de maneira diferente e me deixando com uma impressão muito diferente acerca da distinção entre o *eu* e o *outro*.

Por exemplo, pessoas com uma condição chamada sinestesia espelho-toque literalmente compartilham os sentimentos e as sensações das pessoas que as cercam. Quando veem alguém sendo tocado, elas sentem o toque, e tomografias cerebrais revelam que elas têm a mesma atividade cerebral que teriam se *estivessem mesmo* sendo tocadas. Assim, é possível imaginar um processo de criação de seres orgânicos – seja pela seleção natural em condições peculiares ou por outro processo que não a seleção natural – que transformasse a sinestesia espelho-toque na norma, em vez de uma exceção, fazendo com que a concepção prevalente acerca do que o *eu* significa fosse muito diferente.

Mas estamos nos precipitando. A questão de como a nossa visão de mundo poderia ser diferente se o processo que nos criou tivesse tomado outro rumo em algum momento ou se tivesse sido completamente distinto será explorada mais detalhadamente no capítulo 15. Por enquanto, o que importa é que as coisas com as quais nos identificamos e nossa sensação de proximidade com elas – com o que ocorre tanto dentro quanto fora da pele – não é mais do que uma consequência do caminho que a evolução humana na verdade tomou. Nesse sentido, nossa concepção intuitiva do *eu* e de seus limites é arbitrária.

Imagino que eu poderia ir mais longe e defender a validade da experiência que tive no retiro, mas não vejo muito sentido em persistir nisso, pois não acho que exista um argumento irrefutável e convincente para provar que o canto do pássaro era parte de mim. Na verdade, tampouco saio por aí acreditando que cantos de pássaros são parte do meu eu. Só estou tentando convencê-lo de que a percepção que tive não é tão louca quanto pode parecer. E isso é tudo o que posso fazer. Tentativas de compartilhar essa vivência estarão fadadas ao fracasso, uma vez que, como ocorre com qualquer experiência mística, só é possível compreendê-la tendo passado por ela.

Enfim, o que quer que você pense sobre o meu momento com o canto do pássaro, o que posso dizer a respeito é que o que venho chamando de experiência do *não-eu* tem, na verdade, dois lados. Já discorri sobre o que se pode chamar de versão interior da experiência. Isso consiste em olhar "para dentro" – para seus pensamentos, sentimentos, emoções – e se perguntar: "Espere aí, em que sentido estas coisas são de fato uma parte inerente do meu eu?" Esta é a questão básica levantada pelo Buda em seu famoso discurso sobre o não-eu.

Mas ainda há o que se pode chamar de experiência exterior do não-eu. Consiste em olhar para o mundo "exterior" – as coisas que estão do lado de fora da sua pele – e se perguntar: "Em que sentido essas coisas *não* são parte de mim?" Em outras palavras: em vez de questionar se um suposto conteúdo do eu é realmente um conteúdo do eu, você pondera se as supostas fronteiras do eu são realmente fronteiras do eu. Em um caso você está questionando a sua intuição de que deve se identificar basicamente com tudo "dentro" de você – como sentimentos e ansiedades sem sentido –, enquanto, no outro, está questionando sua intuição de que não deve se identificar com nada do que acontece "fora" de você.

Na minha experiência, o primeiro questionamento pode levar ao segundo. Um dos motivos pelos quais foi difícil perceber uma linha clara entre o formigamento do meu pé e o canto do pássaro é que, para começo de conversa, eu não estava muito identificado com o formigamento. A desagregação do meu "eu" fez com que o conteúdo dentro da minha pele parecesse mais com o conteúdo do mundo para além de mim; a natureza difusa do meu "eu" enfraqueceu suas fronteiras.

Nesse sentido, existe um tipo de progressão lógica que conecta os aspectos interiores e exteriores da experiência do não-eu. Mas há também certo paradoxo. Afinal, quanto menos sentido faz falar de um "eu" dentro da pele, menos sentido faria falar da "minha" continuidade com o mundo exterior. E se você assumir a posição budista ortodoxa segundo a qual não há *nenhum* sentido em falar sobre um "eu" dentro da pele, então a ideia da "minha" continuidade com o mundo exterior também não teria sentido algum.

Eis que voltamos à questão da qual me esquivei no início do capítulo: quando a fronteira entre pé e pássaro, entre formigamento interior e canto exterior se tornou difusa, será que me senti um com o mundo ou será que senti como se eu não fosse nada – como se não houvesse nada "aqui dentro" para estar em *unidade* com as coisas "lá fora"?

Existem ao menos duas razões pelas quais reluto em responder a essa questão. A primeira é que, para ser sincero, não sei muito bem se a experiência que tive se alinha perfeitamente com qualquer uma das opções. A outra é que a maneira como se responde a essa questão pode me pôr no meio de uma grande discussão entre pensadores budistas e pensadores hinduístas – e, nesse sentido, no meio de uma grande discussão entre um e outro tipo de pensadores budistas.

Minha inadvertida controvérsia on-line

Isso ficou claro para mim pouco depois de eu lançar um curso on-line chamado Budismo e Psicologia Moderna, uma adaptação de um curso que eu estava ministrando na Universidade de Princeton. Um dos desafios era que a versão presencial do curso contava com palestrantes convidados, que variavam de neurocientistas a meditadores experientes. Decidi então criar algo nos mesmos moldes dessa experiência para os meus alunos on-line, com vídeo digital. Travei diálogos com neurocientistas e meditadores num website que administro, chamado *Bloggingheads.tv*, e adicionei trechos desses vídeos às minhas palestras on-line. Um desses trechos deu início a certa controvérsia no fórum de discussão do curso.

O trecho mostrava Gary Weber, que conhecemos no capítulo 11. É aquele que participou do estudo de imagens do cérebro e cuja rede padrão, conforme se mostrou, era incrivelmente quieta, mesmo quando ele não estava meditando. Em meu diálogo com Weber no *Bloggingheads.tv*, perguntei sobre uma citação dele que eu havia lido e dizia mais ou menos o seguinte: A má notícia é que você não existe; a boa notícia é que você é tudo. Explicando melhor essa passagem, Weber me disse: "Se você não for nada, e desaparecer, você pode ser tudo. Mas você não pode ser tudo a não ser que seja nada. Essa é a conclusão lógica."

Bem, não sei se é tão *lógico* assim, mas parece uma verdade inexorável quando se alcança o estado em que Weber se encontra. Ele continuou: "Se você não é nada, em vez de simplesmente desaparecer e se tornar um vácuo, você descobre, de um jeito estranho – você vê isso, percebe isso dessa maneira –, que tudo é uma coisa só. Isso é uma afirmação mística clichê, mas é realmente perceptível: você pode sentir profundamente que tudo é uma coisa só. E, de alguma maneira, estranhamente, isso está dentro de você."

Não demorou muito para os comentários de Weber encontrarem resistência no fórum de discussão. Algumas respostas eram previsíveis: alguns alunos consideraram o paradoxo no cerne da experiência de Weber algo inescrutável, se não pior. Um deles escreveu: "'Eu não sou nada significa que sou tudo' é uma baboseira pretensiosa que na verdade significa 'Eu estou em um plano espiritual tão elevado que vocês nunca vão conseguir me entender'."

Outros contestaram não o paradoxo em si, mas a segunda parte, do "Eu sou tudo". Uma aluna, também professora de meditação, escreveu: "A filosofia budista não adota a ideia de unidade." Essencialmente, ela estava certa. Embora seja possível encontrar pensadores budistas respeitados que formulariam as coisas mais ou menos da mesma forma que Weber, essa noção da unidade de tudo que há não é encontrada na filosofia budista Mahayana convencional, que enfatiza tanto a ideia de vazio. Afinal, se as coisas que vemos no mundo lá fora são de fato vazias de essência, então, em certo sentido, elas não existem - ao menos não como coisas em si. E é claro que, segundo a filosofia budista, o eu não existe. Então como pode ser possível que um punhado de coisas "lá fora" - que, estritamente falando, não existem - e um eu "aqui dentro" - que também, estritamente falando, não existe - sejam uma coisa só? Nada mais nada é igual a nada, não a um, certo?

Essa é uma versão simplificada, quase caricata, da verdadeira argumentação budista. Mas capta o espírito da coisa e ajuda a explicar por que budistas ortodoxos teriam reservas em relação a manifestações descuidadas sobre "unidade". Por outro lado, quando se vai além da caricatura e se consegue entender o argumento convencional mais a fundo, você passa a se perguntar se realmente faz sentido ter essas reservas. De fato, refletir sobre as reações dos alunos a Weber me levou a acreditar que a linha que separa as ideias de vazio e de unidade é de fato muito confusa.

Vazio, unidade – qual é a diferença?

Se você examinar a lógica apresentada pelos filósofos budistas a favor da doutrina do vazio, verá que ela tem muito a ver com a ideia que costuma ser chamada de "cossurgimento interdependente". Isso significa que as coisas parecem ter existência independente das outras, mas na verdade dependem delas para existir e ter suas características básicas. Árvores precisam da luz do sol e de água, e de fato são continuamente modificadas por estas e outras coisas com as quais entram em contato. Rios, lagos e oceanos precisam de chuva, e a chuva precisa de rios, lagos e oceanos. As pessoas precisam de ar e o ar ao seu redor não teria a mesma composição se elas não o inspirassem e expirassem.

Em outras palavras, nada tem uma existência *inerente*; nada contém em si mesmo todos os ingredientes da presente existência; nada é autossuficiente. Daí a ideia de vazio: todas as coisas são vazias de existência inerente e independente.

Esse, segundo a filosofia budista, é o fato a respeito da realidade que você apreende intuitivamente se, por meio de longas meditações, começa a sentir que as coisas são desprovidas de essência. E se, ao mesmo tempo, você sentir que as fronteiras do seu eu estão começando a se dissolver, é por simplesmente estar experimentando uma maior expansão do vazio, que permeia não apenas todas as supostas coisas que existem lá fora, mas também o suposto eu aqui dentro (isso ajuda a explicar por que, especialmente no budismo Mahayana, a doutrina do não-eu é por vezes retratada simplesmente como um caso especial da doutrina mais abrangente do vazio). Para ressaltar essa onipresença do vazio, muitas vezes filósofos budistas se utilizam do termo não-eu tanto para coisas "lá fora" quanto para coisas "aqui dentro". Assim como você é desprovido de um eu, as árvores e as pedras também o são.[109] Ou, se preferir outra terminologia: Assim como as árvores e as pedras não têm uma essência, você não tem uma essência. De qualquer maneira, o vazio está onde quer que você olhe.

Ao menos esse é o argumento.

Mas também me parece possível manipular esse argumento budista para demonstrar que, na verdade, as ideias de vazio onipresente e de unidade não são tão diferentes quanto parecem. O ponto principal para essa virada é o termo no cerne do argumento: *cossurgimento interdependente*.

Interdependência é um termo muito usado hoje em dia. Você poderia, por exemplo, acompanhar o mercado de ações em vários países, perceber que eles tendem a estar correlacionados e dizer: "Uau, há muito mais interdependência entre essas economias do que eu imaginava." E aqui também se aplicaria a primeira parte do conceito budista, *cossurgimento*. Afinal, nenhuma dessas economias teria se tornado o que é hoje se não houvesse a interação com as outras.

Agora, se depois de notar essa interdependência você dissesse "Há mais unidade entre essas economias do que eu imaginava", a maioria das pessoas consideraria isso algo razoável de se dizer: um conjunto de sistemas altamente interdependentes está mais próximo da unidade do que um conjunto de sistemas não interdependentes. De fato, um dos fatores que leva um organismo a ser reconhecido como um ente unificado é a grande interdependência que há entre suas partes: rins, pulmões, e assim por diante.

Assim, parece um tanto estranho contestar assim uma pessoa que descreve a apreensão da unidade: "Não, não, você está totalmente errado; na verdade há interdependência e interconexão, não unidade." Mas será que interdependência e interconexão não indicam unidade? É claro que não são exatamente a mesma coisa, mas não seria justo dizer que quanto mais interdependência e interconexão existir, mais perto se estará da unidade? E aqueles que defendem a doutrina do vazio não estão basicamente dizendo que a realidade é permeada por interdependência e interconexão?

É quase o suficiente para se perguntar por que algumas pessoas se incomodam quando alguém como Weber fala sobre a unidade e não sobre o vazio onipresente. Por que se indignar quando alguém toma uma posição que se pode considerar defensável a respeito de uma questão semântica um tanto obscura? No entanto, em termos filosóficos, há mais em jogo do que se poderia imaginar. E aqui chegamos ao choque entre a filosofia budista e a hinduísta que mencionei ainda há pouco.

No pensamento hinduísta, em especial na escola de pensamento chamada Advaita Vedanta, existe a noção de que o eu, ou a alma individual, é apenas uma parte daquilo que se pode chamar de alma universal. Formulando essa afirmação na terminologia hindu, *atman* (o eu ou a alma) é *brahman* (a alma universal). Agora, dizer que *atman* é alguma coisa – *brahman* ou o que quer que seja – é aceitar de antemão que o *atman* existe. E acredita-se que o próprio nascimento do budismo, seu surgimento diferenciado em meio ao solo hindu, se deu a partir da *negação* de que o *atman* existe.

Assim, você pode ver por que convidar Gary Weber para um curso sobre budismo me trouxe problemas. Dizer que "tudo é uma coisa só" é, por implicação filosófica, dizer que o eu existe, o que, por sua vez, sugere que, entre as filosofias orientais, o budismo não é tão especial, no fim das contas.

Mas eis a questão curiosa: Weber na verdade *negou* a existência do eu. Ele relacionou explicitamente sua ideia de "você é tudo" à de que "você é nada". De fato, mais adiante no diálogo do vídeo, essa relação é reforçada. Nesse trecho eu disse a Weber: "Eu tive uma experiência meditativa em que de repente os limites do meu eu pareceram mais permeáveis – isto é, como se o ponto por onde o canto do pássaro entrou no meu aparato sensorial não parecesse mais uma linha divisória."

"Exatamente", respondeu ele.

Continuei: "Mas foi uma experiência única, breve [...] Você está dizendo que sempre que anda pelas ruas você se identifica com todas as outras pessoas tanto quanto consigo mesmo?"

"Eu diria que é um pouco diferente disso, mas não muito. Eu não me identifico com nada. Quero dizer, não há ninguém para se identificar comigo ou com qualquer outra pessoa. Existe apenas uma presença vazia e imóvel [dentro do meu corpo], que também está lá [além do meu corpo]."

"Então o problema em dizer que você se identifica com todos é a primeira palavra: *você*", falei.

"Exatamente, pois não existe um você que possa se identificar com as coisas."

Como ele pode falar desse jeito – de maneira tão paradoxal e numa linguagem que não é totalmente budista nem hinduísta? Bem, no que diz respeito à questão dos paradoxos, conforme sugeri no início deste livro, se você não gosta deles, provavelmente a filosofia oriental não é para você (nem a física quântica, como também sugeri). Quanto à recusa de Weber em falar como um budista ou um hinduísta ortodoxos, depois de anos estudando Vedanta e as tradições budistas, isso é porque ele não está preso a nenhuma filosofia em particular. Assim, quando tem uma experiência meditativa, ele não está limitado pela necessidade de interpretá-la de uma maneira ou de outra. Ele apenas relata como se sente.

E como ele se sente parece situá-lo bem na fronteira entre a filosofia budista e a hinduísta. Ele diz uma coisa que tende para o lado budista, e logo outra que tende para o lado hinduísta. O que faz certo sentido caso a afirmação que fiz anteriormente esteja certa – se realmente não houver muita diferença entre dizer que as coisas são tão interdependentes e interconectadas que são desprovidas de identidade individual e dizer que as coisas são tão interdependentes e interconectadas que são uma coisa só.

Isso levanta uma possibilidade interessante: talvez as experiências meditativas mais profundas alcançadas por budistas e hinduístas da tradição Advaita Vedanta sejam basicamente a mesma. Há uma sensação de dissolução dos limites do ser e uma subsequente sensação de continuidade com o mundo lá fora. Se você for budista (da corrente principal do budismo), será encorajado a pensar nisso como a continuidade do vazio; se você for hinduísta, será encorajado a pensar nisso como a continuidade da alma ou espírito. No que diz respeito a este tema, talvez os místicos abraâmicos – cristãos, judeus, muçulmanos –, que durante a prática contemplativa sentem a união com o divino, tenham uma experiência parecida com a dos budistas e a dos hinduístas e a interpretem de um modo que se aproxima mais da perspectiva desta última. O âmago da experiência é o mesmo, mas a articulação doutrinária varia.

E, na verdade, talvez as articulações nem sejam tão diferentes assim. Tanto hinduístas quanto budistas – e, de certa forma, mesmo os místicos abraâmicos – concordam que a nossa concepção comum do eu como algo distinto e soberano é ilusória: nós sentimos um limite que não é de fato tão real quanto pensamos, e avançar na direção da verdade suprema exige a dissolução desse limite.

De qualquer forma, minha visão básica sobre crenças religiosas é que, no fim das contas, não importa o conteúdo específico de cada uma, mas sim que tipo de pessoa sua crença o torna e como o leva a se comportar. Há motivos para pensar que essa ideia budista-hinduísta básica – segundo a qual os limites do eu não são de fato limites – pode levar a um bom comportamento.

Uma vez perguntei a Judson Brewer, que conduziu o estudo em Yale do qual Weber participou e é ele mesmo um meditador muito comprometido, se haveria guerras caso todos no mundo meditassem intensamente. Ele me respondeu com uma pergunta: "Por que alguém iria querer ferir a si mesmo?" Nesse sentido, acredito que não haveria guerras, pois, afinal, por que você cortaria a sua mão direita? O próprio Weber enuncia o seguinte: "Se tudo é uma coisa só, por que eu faria algo – se de fato existisse mesmo um *eu* para fazê-lo – para perturbar isso? Por que eu faria algo de mal a você?"

Eu concordo com Weber: ele não deve fazer nada de mal a mim. Na verdade, em princípio até concordo que eu não deveria fazer nenhum mal a ele ou a qualquer outra pessoa. O problema é que, para mim, essa é somente uma crença abstrata, não uma visão profunda e empiricamente fundamentada como imagino que seja para ele. Isso pode ajudar a explicar por que nem sempre a sigo. E parece que, para sentir essa intuição tão intensamente quanto ele ou Brewer, eu vou precisar de mais umas 10 mil horas de meditação. E a vida é curta!

Felizmente, existe uma maneira pela qual, sem precisar meditar três horas por dia durante 10 anos, eu posso ter alguma ideia do tipo de pessoa que essa ideia pode me tornar. Uma coisa muito boa sobre retiros de meditação é que, com uma imersão total, ainda que temporária, eles lhe dão um singelo vislumbre de como poderia ser a vida se você fosse um meditador dedicado. E nesses retiros eu tenho conseguido alguma compreensão da conexão entre a experiência do não-eu e ser uma pessoa melhor.

O dia em que não matei um homem que roncava

Considere os meus sentimentos a respeito de um dos participantes de um retiro de meditação a que fui em 2013. Ele estava sentado algumas fileiras à minha frente, dormindo enquanto eu meditava. Você pode perguntar: se eu estava de olhos fechados, como sabia que ele estava dormindo? Porque ele estava roncando!

Quando se está tentando meditar, o ronco de alguém pode ser muito irritante – principalmente quando quem está roncando não é você. Inclusive notei, no baixo ventre, um sentimento de ira em relação a ele.

Na verdade, no início eu *nem* percebi; apenas senti e obedeci à sensação como que por reflexo, seguindo os pensamentos que sentimentos desse tipo são projetados para fazer surgir: "Quem é esse imbecil?" Senti muita vontade de abrir os olhos para poder identificar o culpado – para me vingar dele no futuro. Mas, por fim, acabei fazendo o que se deve fazer na meditação da atenção plena: observar todo e qualquer sentimento que aparece. E naquele momento eu *realmente* percebi a ira; olhei diretamente para ela. Depois de apenas alguns segundos de clara observação, a ira se dissolveu por completo. Era como se a minha atenção fosse um raio laser exterminador e aquele sentimento de ira fosse uma espaçonave inimiga. Zap! Já era.

Mas o que exatamente a minha experiência de extermínio da ira tem a ver com a experiência do não-eu? Duas coisas, na verdade – uma delas é bem óbvia e tem a ver com a versão "interior" da experiência do não-eu, enquanto a outra é mais sutil e tem a ver com a versão "exterior".

Eis a parte interior, a mais óbvia: quando contemplei minha ira com atenção plena, comecei a deixar de me identificar com ela, a deixar de possuí-la. Um sentimento que parecia ser parte de mim, tão profundamente arraigado a ponto de me levar a obedecê-lo sem pensar, agora parecia ser algo diferente, um objeto a ser observado. Quando observei esse sentimento com atenção – mesmo antes de se dissolver em face dessa atenção –, ele parou de fazer parte de mim.

Claro que esta não é uma versão aprofundada da experiência do não-eu interior. Consegui apenas dissolver um único sentimento em uma única situação, reduzindo levemente o escopo do meu eu. Mesmo assim, já é alguma coisa. E isso me transformou durante um tempinho numa pessoa melhor, uma pessoa que não estava mais pensando em cometer um homicídio.

Quanto ao sentido mais sutil dessa experiência, o sentido no qual se tratou de uma experiência *exterior* do não-eu, bem, isso exige alguma explicação. Especificamente, exige a explicação do pensamento de Miri Albahari, uma filósofa australiana cujo trabalho sobre a filosofia budista se baseia em parte na prática da meditação. Mas, em sua humildade quase compulsiva, ela enfatiza que "*não* é uma meditadora muito habilidosa". Durante um longo retiro de meditação, Albahari diz que consegue chegar ao ponto em que sente "menos eu", mas não ao ponto de sentir "não-eu". E nem sempre ela consegue manter uma prática diária entre um retiro e outro, embora afirme que sua vida "fique nitidamente melhor" quando consegue.

Em seu livro *Analytical Buddhism* [Budismo analítico, em tradução livre], Albahari expõe um argumento que nos leva de volta ao primeiro discurso do Buda após sua iluminação, o famoso *Sermão no Parque dos Cervos*. Nele, o Buda profere as Quatro Nobres Verdades que explicam a causa de *dukkha* – o sofrimento, a insatisfação – e sua cura. Ele explica que a principal causa de *dukkha* é *tanha*, uma palavra que costuma ser traduzida como "sede", "avidez" e às vezes como "desejo". Mais especificamente, o problema é a natureza insaciável de *tanha*, que faz com que a realização dos nossos desejos sempre nos deixe insatisfeitos, sedentos por mais do mesmo ou por algo novo.

Albahari diz que *tanha* está inextricavelmente ligada à noção de eu e que, portanto, para superá-la, é imprescindível a experiência do não-eu. Ela não está apenas falando da experiência *interior* do não-eu – não está somente dizendo que, ao desapegar de determinado desejo, você terá se libertado dele e essa parte de seu eu desaparece. Albahari está dizendo que *tanha* está profundamente envolvida na sua sensação de que o eu é *limitado*; *tanha* sustenta e fortalece essa sensação de limitação, que se enfraquece durante a experiência exterior do não-eu.

Afinal, diz ela, quando anseia por algo – um chocolate quente, por exemplo –, você está dolorosamente ciente da lacuna entre você e o chocolate quente, e isso significa que você tem uma concepção dos limites do seu eu. De fato, quando penso na satisfação dessa avidez em particular, eu consigo imaginar alguns desses limites – imagino a superfície da minha mão em contato com a caneca de chocolate quente e a superfície da minha língua em contato com o chocolate quente.

Para ter uma ideia de toda a dimensão do argumento proposto por Albahari, você tem que entender que, como muitos estudiosos, ela considera que *tanha* inclui não somente o desejo por coisas que você considera agradáveis – sexo, chocolate, um carro novo, um carro mais novo ainda –, mas também o desejo de se libertar de coisas que considera desagradáveis. Em outras palavras, *tanha* alimenta não apenas a atração ou o fascínio por certas coisas, mas também a aversão ao que lhe parece desagradável. Desse ponto de vista, o meu incômodo com o ronco no retiro de meditação era *tanha*. Era um desejo de me livrar do barulho do ronco.

Bem, diz Albahari, se você deseja *se libertar* de alguma coisa, você tem em mente o objetivo de aumentar a distância entre você e a coisa em questão (supondo que você não assuma a atitude mais direta de atirar uma almofada de meditação na pessoa que está gerando essa coisa). E o desejo de criar distância entre você e alguma coisa implica uma ideia do lugar onde o seu eu acaba. Se estiver tentando escapar do bote de uma cascavel, você tem uma noção muito precisa do espaço que deseja manter longe do alcance da cascavel: o espaço definido pela sua pele.

Assim, de qualquer maneira, independentemente de motivar atração ou aversão, *tanha* envolve a definição dos domínios do eu. Conforme escreveu Albahari, as emoções que envolvem *tanha* "parecem indicar, como parte de seu conteúdo, uma *fronteira* indizível entre o que é identificado como eu, de um lado, e o cenário desejado ou indesejado, de outro, como percebidos ou imaginados pelo observador". Portanto, *tanha* "não só vai *indicar*, mas também vai ajudar a *criar e motivar* a noção do limite entre eu e outro".[110] E vice-versa: quanto mais clara e intensa for sua noção desse limite, mais *tanha* você vai ter. "Pois se eu não me identificasse totalmente como um eu, como poderia me importar se os 'meus' desejos são atendidos?"

Talvez você esteja se perguntando qual a relevância disso tudo na eliminação da minha ira em relação ao sujeito que roncava. Eu poderia estar ponderando a mesma coisa se não tivesse voltado atrás e revisto as anotações que fiz logo após o ocorrido. Acontece que a versão do episódio que relatei está incompleta. É a que contei a partir da minha memória, antes de consultar minhas anotações, e não inclui detalhes importantes.

Para começo de conversa, pouco antes dessa sessão de meditação matinal, houve uma pequena palestra de Narayan, que coordenava o retiro. O tema era aceitação – aprender a aceitar condições que você normalmente tenderia a considerar desagradáveis. Então, depois de passar um tempo considerando aquele ronco desagradável, eu resolvi praticar o que Narayan havia sugerido em seu sermão e tentar superar minha aversão ao ronco. O que implicava, é claro, observá-la com atenção plena. Como escrevi em minhas anotações mais tarde naquele dia, eu tentei "sentir a minha aversão e a minha raiva (que eu sem dúvida conseguia sentir e localizar) de uma maneira neutra". Depois disso, assim que aceitei o ronco, "o sentimento simplesmente desapareceu".

Havia, portanto, dois sentimentos entrelaçados: a ira voltada ao homem que roncava e a aversão ao seu ronco. Segundo a lógica de Albahari, ao conseguir superar a aversão, você está se aproximando da versão *exterior* da experiência do não-eu de forma muito mais integral e direta do que se apenas superar sua ira.[111] Você está diluindo a *tanha* que reforça os limites do eu.

Essa dinâmica aparece de forma ainda mais clara na última página das minhas anotações: quanto mais eu observava minha aversão e minha ira, mais esses sentimentos perdiam força. "Houve um momento em que imaginei esse sentimento na minha barriga e o ronco como dois sistemas ou organismos unificados pela comunicação." Em outras palavras, eu me concentrei no fluxo contínuo do som das ondas que emanavam do ronco dele, entravam no meu cérebro e evocavam aversão e ira. Por um momento, o irritante e o irritado não eram duas coisas rigidamente distintas – um *ele* e um *eu*. Minhas fronteiras se tornaram mais porosas à medida que a força de *tanha* – da minha aversão ao ronco – diminuía.

Assim, a visão de Miri Albahari do eu e de sua relação com *tanha* tem um efeito muito bem-vindo: me faz parecer um meditador mais admirável do que sou. Não apenas minha superação da ira envolveu um pouco da experiência interior do não-eu, ao desabonar a ira quando me livrei dela. Ao superar a *tanha* que alimentava a ira, também percebi um pouco mais da versão exterior da experiência do não-eu, mais fugidia. E essa parte exterior da experiência, assim como a interior, parece ter me tornado uma pessoa melhor durante aquele curto período de tempo.

Dois sermões e três venenos

A visão de Albahari tem mais uma virtude: ela ajuda a desvendar o enigma proposto pelas escrituras budistas antigas. No primeiro discurso do Buda após sua iluminação, o sermão no Parque dos Cervos, ele diz que a chave para a libertação de *dukkha* é a superação de *tanha*. Mas em seu segundo discurso, sobre o não-eu, parece que a libertação está no reconhecimento de que o eu não existe. Todos os monges que ouviram esse sermão foram instantaneamente libertados. Então qual é a resposta certa? Será que o nirvana se origina da dominação de *tanha* ou da compreensão de que o eu é uma ilusão?

Bom, talvez essas duas coisas sejam uma só. Poderíamos ter suspeitado, mesmo sem ouvir a explicação de Albahari. Afinal, a versão interior da experiência do não-eu envolve a superação de sentimentos e a superação de pensamentos carregados de sentimentos. E os sentimentos tendem a vir em dois sabores básicos: positivo e negativo – acompanhados de elementos de atração ou de aversão, respectivamente. Em outras palavras, de *tanha*.[112] Então a experiência interior do não-eu envolve abrir mão de *tanha*. (De fato, o Buda basicamente diz a mesma coisa ao enfatizar que a experiência do não-eu envolve a superação do apego – a cessação do "anseio" por pensamentos, emoções e que tais.) Mas Albahari acrescenta uma nova dimensão a este argumento com uma espécie de equivalência entre os dois primeiros sermões do Buda, ao relacionar a experiência exterior do não-eu também ao abandono de *tanha*.

Se você pensar a respeito, faz sentido que *tanha* não esteja menos ligada aos nossos limites externos do que ao nosso âmago. De uma perspectiva darwinista, *tanha* foi programada dentro de nós para nos fazer cuidar de nós mesmos – em outras palavras, para que cada um de nós tomasse conta do veículo que contém os nossos genes. E esse veículo termina na pele, nos limites do corpo. Por isso, é totalmente natural que *tanha* reforce a importância desses limites, os limites que definem a zona de cuidado e preocupação determinada pela seleção natural.

A conexão entre *tanha* e nossa noção do eu serve de moldura para um refrão que aparece exaustivamente nos textos budistas. Ele alerta as pessoas a evitarem os "três venenos" que são *raga, dvesha* e *moha*. Essas três palavras são comumente traduzidas como "ganância, ódio e ilusão", uma expressão bastante familiar a muitos meditadores, que já devem tê-la ouvido de mestres de meditação e de palestrantes em retiros. Mas essa tradução pode ser enganosa. A palavra para *ganância* não se refere só à ganância no sentido de sede por posses materiais, mas também à sede num sentido mais geral: a qualquer avidez ou atração pelas coisas. E a palavra para *ódio* pode significar não apenas sentimentos negativos em relação a pessoas, mas sentimentos negativos por qualquer coisa – qualquer aversão.

Em outras palavras, os dois primeiros venenos são os dois lados de *tanha*: a avidez pelo que é agradável e a aversão pelo que é desagradável. Ora, se *tanha* está de fato tão inextrincavelmente ligada à noção de eu, faz sentido que esses dois venenos estejam relacionados ao terceiro: ilusão. Afinal, uma das ilusões mais famosas em todo o budismo é a ilusão do eu. Assim, pode-se dizer que os dois primeiros venenos são os ingredientes do terceiro. *Raga* mais *dvesha* é igual a *moha*.[113]

Essa equação faz ainda mais sentido quando você acrescenta esta outra ilusão famosa – a ilusão da essência – e o grande insight que corresponde a ela: o vazio. Como argumentei nos capítulos anteriores, nossa intuição de que as coisas têm essência é forjada pelos sentimentos e sensações que se intrometem na nossa percepção dessas coisas. Examinando mais de perto, esses sentimentos tendem a ser positivos ou negativos, a envolver uma atração, uma espécie de avidez em relação às coisas, ou uma aversão a elas. Em outras palavras, pelo menos em certa medida, tais sentimentos tenderiam a envolver *raga* ou *dvesha*. Assim, nesse caso – da percepção errônea da essência –, o terceiro veneno, a ilusão, parece mais uma vez se resumir ao resultado dos dois primeiros.

À luz de tudo isso, nada mais lógico que alguns textos antigos digam que a libertação envolve a erradicação desses três venenos. Afinal, essa erradicação significaria tanto colocar um fim a *tanha* – a grande causa do sofrimento identificada no primeiro sermão do Buda – quanto pôr um fim à ilusão do eu, o grande impedimento à libertação exposto no segundo sermão do Buda – sem mencionar um fim à ilusão da essência, também vista como um impedimento à libertação, especialmente na tradição Mahayana.

Certa vez Gary Weber me disse, ao tentar definir seu estado de consciência – um estado caracterizado por pouca ou quase nenhuma noção de eu ou de essência: "É um espaço ao qual você não consegue imaginar acrescentar nada para aprimorá-lo nem retirar nada para melhorá-lo." Ele estava basicamente descrevendo o oposto de *tanha*. A premissa de *tanha*, afinal, é que as coisas podem sempre ficar melhores se retirarmos ou acrescentarmos algo a elas. Parte da descrição do trabalho de *tanha* é nunca estar satisfeita.

Weber não se refere a esse estado como nirvana nem se diz iluminado. Mas a maneira como fala de seu eu – ou da falta dele – dá a impressão de que ele não está longe de alcançar a iluminação como definida no segundo discurso do Buda, o discurso sobre o não-eu. De qualquer forma, Weber está muito mais próximo disso do que eu.

Ainda assim, naquele momento em que o canto do pássaro parecia ser tão parte de mim quanto o formigamento no meu pé, acho que consegui ter uma ideia de como seria estar num estado muito mais avançado do que estou agora no caminho meditativo. E isso foi muito, muito gostoso. Aliás, abandonar a *tanha* que estava dando combustível ao meu crescente descontentamento em relação ao meditador que roncava me proporcionou a melhor sensação que jamais senti. Que aquilo tenha me tornado uma pessoa melhor, ainda que por pouco tempo, foi apenas um bônus.

14

Nirvana numa casca de noz

A banda de rock Nirvana, que ficou mundialmente famosa no início dos anos 1990, nem sempre foi conhecida por esse nome. Em seus primeiros anos ela teve uma série de outros – entre eles, *Bliss*, que significa êxtase ou felicidade.

Talvez algumas pessoas perguntem: Qual a diferença? Nirvana e êxtase não são a mesma coisa? Como vimos, a resposta é não. Nirvana *envolve* êxtase, mas também abrange muito mais – mais notavelmente a iluminação. Bhikkhu Bodhi, o prolífico tradutor de textos budistas, inclusive de muitos que caracterizam o nirvana, define-o como "um estado de perfeita felicidade, completa paz, suprema liberdade interior e total consciência e entendimento".[114]

Outra diferença entre êxtase e nirvana é a facilidade de alcançar cada um. Se estiver buscando êxtase e nada mais, você pode tomar alguma droga que induza esse estado, uma abordagem de sucesso garantido por um determinado período, embora seja bastante improvável que funcione a longo prazo. Kurt Cobain, o vocalista da banda Nirvana, ficou viciado em heroína e se suicidou.

Mas se você busca o nirvana, e não um mero êxtase, o caminho é menos direto e mais árduo. E mesmo que seja diligente, será mais difícil para você alcançar o nirvana do que foi para Cobain chegar ao seu êxtase fugaz. Por outro lado, seja qual for a medida de contentamento que consiga obter, com certeza será mais duradoura do que deve ter sido o êxtase de Cobain.

O conceito de nirvana ocupa um lugar único no pensamento do budismo – não só por representar a culminação do caminho budista bem como o lugar mais agradável em que se pode imaginar estar, mas também pela maneira como consegue unir os dois lados do budismo. Há o lado que este livro vem examinando – o lado "naturalista", com ideias que se adequariam perfeitamente a um curso universitário de psicologia ou filosofia. E existe o lado que apresenta ideias sobrenaturais e exóticas que seriam mais bem recebidas no departamento de religião. O nirvana certamente tem seu aspecto exótico: budistas que acreditam em reencarnação o veem como aquilo que pode libertá-los do ciclo de renascimentos que, de outra maneira, seria interminável. Mas essa história sobre nirvana – sobre como exatamente se pode encontrar a saída do ciclo infinito de renascimentos – conduz a uma história mais naturalista, a uma afirmação sobre a mecânica do sofrimento e do contentamento. E, na passagem de uma história a outra, é possível vislumbrar a meditação da atenção plena sob um novo prisma, que enfatiza quão radical essa empreitada pode ser.

Em textos antigos, o nirvana é muitas vezes descrito por uma palavra que se costuma traduzir como "o incondicionado". Por anos li este termo estranho e me perguntei o que significava, mas acabei percebendo que jamais poderia compreendê-lo sem de fato ter atingido o nirvana e que isso seria irrelevante para os meus propósitos. Acontece que eu estava errado duas vezes. A pergunta "O que é o incondicionado?" tem uma resposta muito clara e de suma relevância, que cria uma espécie de interseção entre a metafísica exótica e o naturalismo.

Uma abordagem óbvia para decifrar "o incondicionado" é descartar o *in* e perguntar o que significa *condicionado*. "O condicionado", na terminologia budista, pode ser, grosso modo, um sinônimo para "o causado".[115] O que faz sentido. Afinal, quando falamos das condições que dão origem a algo – as condições que fazem a água ferver ou a chuva cair ou os índices de criminalidade subirem –, estamos basicamente dizendo que elas estão envolvidas na cadeia causal que levou a alguma coisa. No sentido budista, coisas condicionadas são coisas sujeitas a causas.

Assim, se o nirvana é "o incondicionado", você poderia pensar que envolveria uma espécie de fuga do "causado". E você estaria certo! Mas o que isso *significa*?

A resposta a essa pergunta envolve um dos termos mais importantes do budismo, que tem várias aplicações e inúmeras traduções: *paticca-samuppada*.* Para nossos propósitos atuais – para lançar luz à lógica do nirvana –, uma boa tradução seria "surgimento condicionado".

Em seu sentido mais genérico, surgimento condicionado se refere à ideia básica de causalidade: diante de certas condições, certas coisas surgem; diante de outras condições, outras coisas surgem. Mas o termo também é usado para se referir a uma sequência específica de relações casuais – uma série de 12 condições, uma dando origem à outra –, que, segundo dizem, escravizam os humanos no ciclo de renascimentos infinitos.[116] É esta cadeia de relações casuais que o nirvana teoricamente rompe.

Não vou me alongar na sequência exata das 12 condições, em parte porque algumas delas, na minha compreensão, são um pouco obscuras. Mas a parte que nos interessa, que trata de maneira mais palpável do nirvana, tanto no sentido exótico quanto no sentido naturalístico do termo, é razoavelmente clara. Essa parte começa depois que as faculdades sensoriais de uma pessoa – olhos, ouvidos, língua, etc. – tomaram forma. É através dessas faculdades que a consciência da pessoa entra em contato com o mundo material. Ou, como é formalmente apresentado nos textos antigos que explicam as 12 relações casuais: por meio da condição das faculdades sensoriais, os sentimentos vêm à tona. E aqui está a conexão: por meio da condição do contato, os sentimentos vêm à tona – o que faz sentido porque, lembre-se, na visão budista (e na visão de muitos psicólogos modernos), as coisas que percebemos com nossos órgãos dos sentidos tendem a vir acompanhadas de sentimentos, ainda que sutis.

---

* É o mesmo termo que, no capítulo 13, foi traduzido como "cossurgimento independente", outra interpretação comum. Entretanto, trata-se de mais que apenas traduções alternativas do mesmo termo. Como outros termos do budismo e de outras tradições, ele já foi usado de diferentes maneiras. Quando é aplicado ao conceito de vazio, a tradução "cossurgimento independente" é mais adequada e esclarecedora, e quando é aplicado ao conceito de nirvana, a tradução "surgimento condicionado" é mais adequada e esclarecedora.

Assim, na relação casual seguinte, os sentimentos dão origem a *tanha*, à avidez: ansiamos pelos sentimentos agradáveis e ansiamos por escapar dos desagradáveis. Muita atenção nesta parte, pois é aqui que tudo acontece. Eis como Bhikkhu Bodhi expôs a questão numa série de palestras gravadas em 1981: "É aqui neste espaço entre sentimento e avidez que a batalha será travada e vai determinar se as amarras continuarão no futuro por tempo indeterminado ou serão substituídas pela iluminação e pela libertação. Pois, se em vez de se render à avidez, à sede pelo prazer, uma pessoa contemplar com atenção plena a natureza dos próprios sentimentos e compreendê-los como eles são, essa pessoa pode evitar que a avidez se cristalize e solidifique."[117]

É aqui que começamos a passar do exótico para o naturalista. Antes de tudo, a libertação a que Bhikkhu Bodhi se refere é uma libertação do ciclo perpétuo de renascimentos, uma libertação que entrará plenamente em vigor no final deste ciclo de vida. Mas é também a libertação no aqui e agora, a libertação do sofrimento causado por *tanha* – a libertação da avidez por sentimentos e sensações agradáveis e da aversão aos desagradáveis, a libertação do desejo persistente de que as coisas sejam diferentes do que são.

Esses dois sentidos da libertação se refletem na ideia budista de que existem dois tipos de nirvana.[118] Assim que se liberta no aqui e agora, você entra num estado de nirvana que poderá desfrutar pelo resto da vida. Então, depois da morte – que será sua morte final, agora que se libertou do ciclo de renascimentos –, surge um segundo tipo de nirvana.

Infelizmente, não consigo descrever o primeiro tipo de nirvana a partir de uma experiência pessoal – e não sei se sinto tanto por não poder descrever o segundo. Mas o ponto principal é que, seja qual for o tipo de nirvana em que você está focado, a mecânica para chegar lá envolve basicamente a meditação da atenção plena: cultivar uma consciência dos seus sentimentos que fundamentalmente muda o seu relacionamento com eles. Independentemente de quão exóticas ou práticas sejam suas aspirações – se você acredita em um ciclo de renascimentos e quer escapar dele, se quer apenas atingir a completa libertação no aqui e agora ou mesmo se só quer encontrar uma libertação *parcial* no aqui e agora –, a ferramenta essencial para a libertação é a mesma.

E, consequentemente, algumas das terminologias básicas são as mesmas. Mesmo que não esteja tentando se livrar da eterna repetição das 12 condições sucessivas, mesmo que só queira que esta vida única e atual melhore, você ainda está buscando a libertação das *condições* – das cadeias de causalidade que, de certa forma, o aprisionam. As coisas no seu ambiente – as paisagens, os sons, os cheiros, as pessoas, as notícias, os vídeos – mexem com você, ativando sentimentos que, por mais sutis que sejam, põem em movimento sequências de pensamentos e reações que regem o seu comportamento, às vezes com resultados bem infelizes. E elas continuarão fazendo isso, a menos que você passe a prestar atenção no que está acontecendo.

Este tem sido o propósito da maior parte deste livro. O cérebro humano é uma máquina projetada pela seleção natural para responder aos estímulos sensoriais principalmente por meio de reflexos. De certa forma, ele foi projetado para ser controlado por esses estímulos. E a principal engrenagem no maquinário de controle são os sentimentos que surgem em resposta aos estímulos. Ao interagir com tais sentimentos via *tanha* – a avidez natural e reflexa pelos sentimentos agradáveis e a aversão natural e reflexa aos sentimentos desagradáveis –, você continua a ser controlado pelo mundo ao seu redor. Mas ao observar tais sentimentos de forma consciente, não apenas reagindo a eles, de alguma forma você é capaz de escapar desse controle; as causas que normalmente moldam o seu comportamento podem ser desafiadas e você consegue se aproximar mais do incondicionado.

O incondicionado é muito esquisito?

Há debates no budismo sobre quão radicalmente devemos conceber o nirvana e o incondicionado. Existe algo como um "espaço" transcendente metafísico que você de alguma forma ocupa ao alcançar a libertação completa? Ou será algo um pouco mais mundano, apenas a libertação da reatividade inconsciente a causas e condições que de outra forma exerceriam controle sobre você? As pessoas que adotam o budismo naturalista e não acreditam em reencarnação tendem a ter uma interpretação menos radical. Aliás, algumas não gostam do termo *o incondicionado*, por parecer radical *demais*. Stephen Batchelor, um tradicional proponente do "budismo secular" e autor do livro *Budismo sem crenças*, escreveu: "Não existe algo como o incondicionado, mas somente a possibilidade de não ser *condicionado por* alguma coisa."[119]

Pessoalmente, eu não desencorajaria nem mesmo os budistas "seculares" de usarem o termo *incondicionado*. Pensar na completa libertação no aqui e agora como uma espécie de zona pode ser útil – uma zona metafórica, se não metafísica. E pode ser útil independentemente de pensar que a zona é alcançável em termos realistas ou de apenas pensar nela como algo de que podemos nos aproximar aos poucos.

Posso testemunhar que é possível entrar em algo que *parece* uma zona. Quando liguei para minha mulher depois do meu primeiro retiro de meditação, ela disse que eu falava como uma pessoa totalmente diferente – mesmo antes de eu mencionar qualquer coisa sobre o retiro ou dizer qualquer coisa substancial. Havia algo de diferente na minha voz, disse. E ela gostou muito dessa novidade.

Agora, garanto que deve ter sido um comentário muito mais sobre meu jeito antigo do que sobre o novo. Alguns anos antes, tentando me dizer por que gostava do meu irmão, minha mulher olhou para mim e disse: "Ele é tipo uma versão mais legal de você." (Ela riu quando disse isso, o que interpretei como um bom sinal.) De qualquer maneira, a questão é que houve uma mudança real na minha voz.

Certamente o mundo como eu o via tinha um caráter de novidade. Eu tinha me desvencilhado tanto da minha perspectiva autocentrada habitual que podia sentir um novo encanto em relação às pessoas e coisas ao meu redor. Eu estava mais aberto, subitamente mais propenso a iniciar conversas com estranhos. O mundo parecia vibrante e ressonante.

Há algo de irônico a respeito da zona em que eu estava. Na sua substituição das visões de mundo religiosas tradicionais, às vezes a ciência é considerada responsável por ter instaurado o "desencantamento" do mundo, retirando-lhe a magia. E você poderia pensar que uma disciplina meditativa dedicada a minimizar a influência dos sentimentos sobre a percepção, a desenvolver uma visão clara e sóbria, estimularia essa tendência. Mas Batchelor diz que a prática meditativa pode levar ao "reencantamento" em relação ao mundo,[120] e sei o que ele quer dizer. Após aquele primeiro retiro, eu me senti como se estivesse vivendo numa zona de encantamento, um lugar de maravilhas e de beleza exuberante.

Não, isso não é a mesma coisa que entrar numa zona magicamente imune à causalidade. Eu ainda estava reagindo de um jeito mais ou menos reflexo às causas impostas a mim. Mas acho que uma das fontes desse encantamento era que eu estava despendendo menos tempo reagindo, menos tempo sendo controlado e mais tempo observando – o que, como um bônus, me permitiu ter reações mais atenciosas às coisas. Suponho que viver no mundo incondicionado seja muito bom, mas também é muito bom viver em um mundo menos condicionado.

Você pode pegar muitas das ideias budistas que apresentei neste livro e rearticulá-las em termos do condicionado, do causado. Na verdade, pode-se dizer que a filosofia budista consiste basicamente em levar a ideia de causalidade muito, muito a sério.

Considere a ideia do não-eu: o que chamamos de "eu" está em uma interação causal tão constante com o ambiente, é tão influenciado pelo mundo lá fora, que esse fato chega a levantar dúvidas a respeito da solidez de seus limites – e, inclusive, do centro do eu. Lembra como o Buda enfatizou, naquele sermão original sobre o não-eu, que as várias coisas que pensamos serem partes do nosso eu na verdade não estão sob nosso controle? E elas não estão sob nosso controle – pelo menos não até a libertação completa – porque estão sob o controle de forças externas: elas são condicionadas. Lembra-se da ênfase do Buda à impermanência das coisas que pensamos serem partes do eu? Isso também – o perene surgimento e passagem de pensamentos, emoções e atitudes – é uma consequência das forças mutáveis que agem sobre nós, forças que disparam reações em cadeia. As coisas dentro de nós são sujeitas a causas, a condições – e é o destino de todas as coisas condicionadas mudarem quando as condições mudam. E as condições mudam praticamente o tempo todo.

Você poderia dizer que o caminho do progresso meditativo consiste basicamente em tomar consciência das causas que lhe são impostas, consciência da maneira como as coisas o manipulam – e consciência de que o ponto-chave dessa manipulação encontra-se no espaço onde os sentimentos dão lugar a *tanha*, à avidez por sentimentos agradáveis e à aversão aos sentimentos desagradáveis. Este é o espaço em que a atenção plena pode intervir de forma fundamental.

Talvez eu devesse ter posto um asterisco depois da palavra *consciência* no parágrafo anterior. Não estou falando de uma concepção abstrata – de uma consciência *teórica* – das cadeias de causalidade. Estou falando de um entendimento *empírico* e cuidadosamente cultivado, uma consciência atenta que proporciona o poder de romper, ou ao menos afrouxar, as correntes dessa prisão.

Dito isso, reforçando e quase sempre acompanhando essa compreensão empírica está a compreensão mais abstrata que faz parte da filosofia budista. Alcançar progressos reais na meditação da atenção plena significa quase que inevitavelmente tornar-se mais consciente da mecânica a partir da qual os seus sentimentos, se deixados sem supervisão, moldam suas percepções, seus pensamentos e comportamentos. Significa também tornar-se mais consciente das coisas ao seu redor que ativam tais sentimentos em primeiro lugar. Você poderia dizer que a iluminação, no sentido budista, tem algo em comum com a iluminação – o esclarecimento – no sentido científico ocidental: tornar-se mais consciente do que causa o quê.

Tudo isso desafia o estereótipo. A meditação da atenção plena é comumente considerada muito sentimental e, de certo modo, antirracional. Dizem que a prática consiste em "entrar em contato com os próprios sentimentos" e "não fazer julgamentos". Sim, é verdade que ela envolve isso. Ela permite que você vivencie os seus sentimentos – raiva, amor, tristeza, alegria – com uma nova sensibilidade, percebendo suas texturas – ou mesmo sentindo essas texturas como nunca antes. E a razão pela qual tudo isso é possível é a falta de julgamento – ou seja, não estar automaticamente rotulando seus sentimentos como bons ou maus, não estar o tempo todo fugindo deles ou correndo para agarrá-los. Assim você pode se aproximar sem se perder neles; assim é possível prestar atenção na sensação que eles realmente trazem.

Ainda assim, você faz isso não com o intuito de abandonar as suas faculdades racionais, mas para estimulá-las: agora você pode submeter seus sentimentos a uma espécie de análise racional que lhe permitirá decidir ponderadamente quais são os melhores guias. Assim, "não fazer julgamentos" significa, de fato, não deixar seus sentimentos fazerem os julgamentos *no seu lugar*. Em última instância, "entrar em contato com os próprios sentimentos" significa não estar alheio a eles a ponto de permitir que o joguem para lá e para cá. E isso tudo significa criar suas respostas ao mundo com uma visão de mundo o mais clara possível.

Por trás de tudo isso há uma concepção altamente mecanicista de como a mente funciona. A ideia é estar em sintonia fina com o funcionamento da máquina e usar essa compreensão para reprogramá-la, subverter a sua programação, alterar radicalmente suas respostas às causas e condições impostas a ela. Tal atitude não vai fazer com que você entre no "incondicionado" no sentido estrito; não vai permitir que literalmente escape do domínio da causa e efeito. Porém os aviões não subvertem literalmente a lei da gravidade. Mas mesmo assim voam.

Não quero me estender nos paralelos entre as concepções budista e ocidental de iluminação. A filosofia budista e a ciência moderna têm diferentes modos de investigação, diferentes critérios de evidências. Mas nos últimos tempos as duas tradições começaram a interagir de maneiras muito produtivas. Ultimamente, foram feitos estudos de tomografias do cérebro de meditadores e dos efeitos fisiológicos e psicológicos da meditação.

Mas a interação mais importante, acredito, teve início na metade do século XIX, com a teoria da seleção natural. Por mais de dois milênios, o budismo vem estudando como a mente humana é programada para reagir ao seu ambiente, como exatamente o "condicionamento" funciona. Agora, com a teoria de Darwin, entendemos o que originou essa programação. E, desde então, a teoria darwiniana amadureceu e acumulou evidências, nos permitindo ter uma ideia cada vez mais clara dos detalhes dessa programação. Acredito que tudo isso nos oferece a chance de nos aproximarmos do nirvana a partir de um ângulo totalmente novo e montar uma nova classe de argumentos em defesa da validade básica da iluminação budista. Este será o tema do próximo capítulo.

15

A iluminação é iluminadora?

Ao longo dos séculos, a equação de iluminação e libertação assumiu várias formas e encontrou muitas audiências. O quartel-general original da CIA tinha a versão de Jesus dessa equação gravada na parede: "Conhecerás a verdade, e a verdade vos libertará." E o filme *Matrix*, conforme vimos no início do livro, oferece uma ligação entre verdade e liberdade que ecoa a filosofia budista: a vida cotidiana como costumamos vivê-la é uma espécie de ilusão e ninguém consegue ser livre enquanto não encontrar uma forma de vencer a ilusão e ver as coisas como realmente são. Até conseguir "ver as coisas por si mesmo", conforme Morpheus explica a Neo, você continuará na "escravidão".

Mas há diferenças importantes entre o cenário de *Matrix* e o budista. Em primeiro lugar, a verdade em *Matrix* é mais fácil de descrever. Claro, Morpheus diz que é preciso "ver as coisas por si mesmo", mas o fato é que ele poderia ter dado a Neo uma descrição verbal bem mais clara: robôs tiranos colocaram humanos em casulos gosmentos e bombeiam sonhos em seus cérebros. Pronto – nem foi complicado. Certamente é um argumento mais fácil de assimilar do que, digamos, o de que o eu não existe e o de que tudo é vazio.

Há outro sentido no qual os robôs tiranos conferem ao dilema de Neo uma simplicidade atraente: eles oferecem algo contra o que se rebelar. E rebeliões são revigorantes! Um inimigo opressivo serve de foco à sua mente e o fortalece para a luta que virá a seguir. O que seria bastante útil na meditação, que realmente pode ser uma *luta* – sentar na almofada todos os dias, mesmo quando você não está com a mínima vontade, e tentar trazer a atenção plena para a vida diária. É uma pena que no budismo não haja um vilão terrível, culpado pela ilusão, para combater.

Na verdade, esse vilão até existe no budismo *tradicional*: o ser sobrenatural e meio satânico conhecido como Mara, que não conseguiu fazer o Buda cair em tentação durante a grande sessão de meditação que o levou ao despertar. Mara, no entanto, não tem um lugar no budismo ocidental mais secular, que é o pano de fundo deste livro. Meio decepcionante.

Mas há boas notícias neste contexto. Se você quiser pensar na prática da meditação como uma rebelião contra um tirano opressivo, podemos cuidar disso: basta pensar em si mesmo lutando contra o seu criador, a seleção natural. Afinal, como os robôs tiranos, a seleção natural desenvolveu as ilusões que nos controlam e as programou em nosso cérebro. Se você estiver disposto a personificar a seleção natural, pode levar a comparação com os robôs tiranos ainda mais longe: a seleção natural criou toda a ilusão para nos obrigar a agir segundo os interesses dela, como escravos.

E esses interesses, claro, se resumem a transmitir nossos genes para a próxima geração. Esse é o ponto central do sistema de valores da seleção natural, o critério que guiou a engenharia do nosso cérebro. E nós temos todo o direito de decidir, assim como Neo, que nossos valores são diferentes dos que atendem a essa força que nos controla e da qual queremos nos libertar. O que significa, principalmente e em primeiro lugar, nos libertar das ilusões por meio das quais tal controle é exercido. (Essa declaração de independência não chega a ser enfraquecida pela ironia de que, no mundo moderno, essas ilusões costumam atrapalhar, em vez de ajudar nos planos de proliferação genética da seleção natural.)

Há outro ponto positivo em pensar no caminho budista como uma rebelião contra a seleção natural. Ver as coisas desse ponto de vista nos ajuda a ter um vislumbre mais claro do que queremos dizer com libertação e iluminação. Além de nos ajudar a responder à grande questão: A iluminação realmente é iluminadora, esclarecedora? Quer dizer, é claro que a iluminação esclarece – por isso é chamada assim. Mas a versão *budista* da iluminação – o objetivo final, a Iluminação com I maiúsculo – realmente ilumina? Será mesmo uma visão radicalmente mais verdadeira das coisas do que a nossa experiência prosaica? Será mesmo a verdade *suprema* e mais verdadeira? Tenho argumentado neste livro que, ao meditar, você pode, em vários sentidos, ver as coisas de uma maneira um pouco mais clara do que via antes e que tal clareza pode crescer gradualmente. E quanto à soma de tudo isso? E se você conseguisse chegar ao fim desse caminho? Será que a iluminação resultaria numa visão pura e inalterada da Verdade?

Essa pode parecer uma questão discutível, já que a maior parte de nós tem pouca esperança realista de alcançar a iluminação total. Ainda assim, dizer que você nunca vai chegar a uma coisa não é o mesmo que dizer que não está se aproximando dela. Mesmo que a iluminação seja um estado idealizado e hipotético que não conseguiremos experimentar – mesmo que seja um estado idealizado e hipotético que *ninguém* nunca vai conseguir nem nunca conseguiu experimentar –, esse é o foco que teoricamente norteia o caminho meditativo. Assim, se quisermos saber se estamos nos movendo em direção à verdade – e se continuaremos a nos mover nessa direção independentemente da distância que já percorremos –, ajudaria saber se esse estado é a verdade em si.

Os elementos da iluminação

Deveríamos começar por uma questão básica: o que é a iluminação? Como seria o mundo se você se iluminasse, no sentido budista do termo? Bem, em termos gerais, a resposta é que você veria a verdade das ideias centrais da filosofia budista. E quando digo "ver a verdade", estou dizendo ver *mesmo* – apreender a verdade empiricamente. Uma coisa é ser conduzido intelectualmente à conclusão de que, digamos, o eu não existe. Como já vimos, alguns psicólogos e filósofos foram levados a suspeitar disso a partir de uma combinação de dados, lógica e introspecção. Mas a maioria não vivenciou a poderosa *experiência* do não-eu que pode evocar uma profunda convicção – que supera a persuasão intelectual em seu poder de mudar vidas.

Isso também vale para a ideia do vazio e da não-forma. Existem argumentos filosóficos para corroborar essas ideias e algumas pessoas os acham convincentes. Porém alcançar a iluminação envolveria estar convencido empiricamente, não apenas intelectualmente: *ver* o vazio, por assim dizer.

Tudo bem, além do não-eu e do vazio – que outras coisas você teria que ver para poder se iluminar? Bem, não existe uma definição única e oficial da iluminação endossada por budistas de todas as linhagens. Não há uma lista de pré-requisitos para um certificado de iluminação. Mas, se houvesse algo assim – uma verificação dos elementos da iluminação –, segundo a avaliação do budismo convencional, essas duas experiências não bastariam, por mais fundamentais que sejam.

Você já viu alguns itens adicionais dessa lista, alguns dos quais são mais como revelações (como perceber a impermanência de todas as coisas), enquanto outros seriam mais bem classificados como realizações[121] (como superar *tanha*, ou a avidez). Acontece que há inúmeras outras realizações ligadas à iluminação, citadas em um ou outro texto budista. Há a superação de determinados "grilhões", como a luxúria, a vaidade e a animosidade. E há a conformidade com os preceitos expostos no Caminho Óctuplo: não roubar, não machucar outros seres, não se entregar a fofocas maliciosas, e assim por diante.

Assim, a iluminação no sentido budista mais completo e tradicional não se resume à dimensão metafísica que vem orientando este livro – a ideia de que a realidade, tanto dentro quanto fora de nós, é muito diferente do que parece. Existem também dimensões explicitamente morais.

Por outro lado, conforme vimos, a metafísica e a moral estão ligadas no pensamento budista; apreender meditativamente as afirmações metafísicas centrais do budismo supostamente erode as raízes psicológicas do mau comportamento. De fato, abrir mão de coisas como a luxúria, a vaidade e a animosidade é uma parte intrínseca da compreensão metafísica conhecida como não-eu.

É essa ligação metafísica-moral – o fato de que certos valores morais estão *implícitos* na iluminação metafísica – que permite uma percepção mais clara da realidade, o equivalente a uma rebelião contra a seleção natural. Os valores específicos envolvidos nessa clareza, os valores que você incorporaria totalmente caso atingisse a iluminação, estão de certa forma em desacordo com os valores vigentes na nossa visão comum da realidade, os valores que a seleção natural incorporou nesta visão.

Ora, será que somos mesmo especiais?

Imagine, por exemplo, o que alguns consideram a experiência central da iluminação: a experiência do não-eu. Mais especificamente, imagine o que chamei de "experiência exterior do não-eu". Em que sentido essa experiência implica uma rejeição dos valores da seleção natural?

Como já vimos, essa experiência envolve uma redução na sensação de separação entre você (ou quem você considera "você") e as outras pessoas e coisas do mundo. De fato, existe uma sensação de continuidade tão forte entre o seu "dentro" e o mundo "lá fora" que você pode começar a achar que fazer mal aos outros é equivalente a fazer mal a si mesmo. Na versão mais completa dessa experiência, você começa a duvidar que haja qualquer diferença real entre os seus interesses e os interesses dos outros.

Ora, do ponto de vista da seleção natural isso é uma heresia. Se há uma ideia que a seleção natural implantou fundo em mim é a de que meus interesses são diferenciados e eu devo me concentrar neles. Nas ocasiões em que alguns dos meus interesses coincidem com os dos outros, ótimo, sem problema, podemos fazer negócio; mas, se essa coincidência de interesses não estiver presente, os meus terão prioridade.

Esse princípio segue a lógica da seleção natural. Se dentro de mim existem genes que foram selecionados por serem bem-sucedidos em fazer cópias de si mesmos e propagá-las pelas gerações seguintes, a prioridade deles será cuidar do veículo que os permite fazer isso – ou seja, o meu corpo. E isso significa que esses genes vão implantar no meu cérebro a ideia de que cuidar deste corpo é muito mais importante que cuidar de qualquer outro corpo (exceto, talvez, quando o outro corpo pertence a parentes próximos). Em outras palavras: eu sou especial. E o que me torna especial reside bem próximo ao centro do sistema de valores da seleção natural.

Essa premissa está programada em toda a vida animal, e podemos constatá-la de diversas maneiras. Animais matam uns aos outros, por exemplo. Isso inclui animais humanos, embora costumemos afirmar nossa natureza especial de maneira mais sutil, derrubando nossos rivais pacificamente. Na verdade, a ideia de que somos especiais determina os nossos comportamentos mais banais. Se você está tentando pegar um táxi e percebe que alguém ao seu lado também quer um taxi, naturalmente você levanta o braço mais alto para pegar o táxi antes da outra pessoa – mesmo que, até onde você saiba, seu rival possa muito bem ser um médico a caminho de salvar a vida de alguém.

Assim, esse elemento específico da iluminação – a versão exterior da experiência do não-eu e a dissolução dos limites entre você e o mundo, que estabelece uma constante continuidade de interesses entre você e todas as formas de vida – envolve abandonar um dos preceitos mais básicos incutidos em nós pela seleção natural: o de que eu sou especial pelo simples fato de ser eu. Isso, *sim*, é se rebelar.

Mas será verdade? Será que os valores da seleção natural refutados no caminho em direção à iluminação são realmente falsos? De certa maneira, sim. Considere o absurdo da situação atual: o planeta está cheio de gente que vive sob a premissa de que seus interesses devem triunfar sobre os de qualquer outra pessoa no planeta – mas é impossível que todas as pessoas sejam mais importantes que todas as outras. Assim, o princípio fundamental do sistema de valores da seleção natural tem uma contradição interna. Portanto, é evidente que a rejeição desse princípio teria de nos aproximar da verdade. No caso da experiência exterior do não-ser, a rebelião contra os valores de nosso tirano parece equivaler, em certo sentido, à iluminação no sentido comum da palavra: nos aproximar de uma visão mais verdadeira do mundo.

E o outro lado, a versão interior da experiência do não-eu? Essa versão, em que você deixa de "possuir" seus pensamentos e sentimentos, também implica uma rejeição dos valores da seleção natural. Afinal, os pensamentos e as emoções a que nosso cérebro está habituado foram originalmente projetados pela seleção natural para cuidar do veículo que abriga os nossos genes. Assim, se identificar com esses pensamentos e sentimentos – possuí-los, permitindo, assim, que eles nos possuam – muitas vezes é outra maneira de reafirmar quão especiais somos.

Quando estou tentando pegar aquele táxi – e impedir que outra pessoa (menos importante) consiga pegá-lo –, estou "possuindo" o meu desejo de entrar no táxi o mais rápido possível e chegar ao meu destino para cumprir meu compromisso especialmente importante. Se abrir mão desse sentimento e deixar de me identificar com ele – em outras palavras, se der um passo em direção à versão interior da experiência do não-eu –, eu estarei rejeitando a insistência da seleção natural em me considerar especial. Toma essa, seleção natural!

O mesmo vale no caso do colega de retiro do capítulo anterior que roncava. Ao me identificar com a minha aversão a ele, eu estava obedecendo às instruções da seleção natural de me considerar especial. (Certamente muito mais especial que o sujeito que quer pôr o sono em dia enquanto estou tentando meditar!) Na medida em que deixei de me identificar com esses sentimentos, vivenciei um pouco a experiência do não-eu e coloquei em questão os valores da seleção natural.

Não sei ao certo como seria ter a experiência completa do não-eu, mas tenho a impressão de que a minha sensação de ser especial, de privilégio singular, se aproximaria do zero. E se essa sensação for de fato falsa – uma ilusão implantada em nós pela seleção natural –, eu estaria me aproximando da verdade *à medida que* me aproximasse do zero.

O vazio como verdade

Além do não-eu, a mais famosa verdade metafísica contraintuitiva afirmada pelo budismo é o vazio. Assim como o não-eu, o vazio é tanto uma doutrina filosófica quanto uma experiência meditativa. Se você pedir a filósofos budistas que defendam a ideia do vazio, eles vão explicar como tudo está interconectado demais para que qualquer coisa tenha uma existência independente e autossuficiente. Mas, se você me pedisse para defender a ideia do vazio, minha abordagem seria diferente: eu me concentraria na experiência do vazio, não na doutrina filosófica, e argumentaria que ela é mais válida, mais verdadeira, que nossa experiência comum de mundo.

O argumento a favor da verdade do vazio é basicamente o mesmo que acabei de apresentar a respeito da verdade do não-eu. A experiência do vazio – como a do não-eu – confronta e nega a afirmação sem sentido da seleção natural de que cada um de nós tem mais importância que os outros. Mas a lógica do argumento é menos óbvia neste caso. Por isso, vamos analisar a questão mais detalhadamente.

O vazio, você deve se lembrar, é, grosso modo, a ideia de que as coisas não têm essência. E a percepção da essência parece girar, ainda que sutilmente, em torno dos sentimentos – a essência de qualquer coisa é moldada pelo sentimento evocado por essa coisa. Só quando as coisas não evocam muitos sentimentos – quando nossa reação afetiva a elas é neutra – é que as vemos como "vazias" ou "sem forma". Ao menos essa é a minha maneira de ver a questão, que conta com o apoio da psicologia e do testemunho de alguns meditadores muito experientes.

Assim, se quiser saber se o vazio está mais próximo da verdade que a nossa percepção ordinária do mundo, talvez você queira se perguntar sobre os sentimentos que nos causam essas percepções ordinárias, que criam a noção de essência. Será que os sentimentos que nos ocorrem naturalmente deveriam ser considerados guias confiáveis para a verdade?

Ninguém que tenha chegado a este ponto do livro deve estar em suspense, esperando uma resposta a essa pergunta. Nós tocamos no assunto a partir de várias perspectivas, inclusive neste capítulo. E a resposta foi sempre a mesma: de uma maneira ou de outra, nossos sentimentos sempre são guias duvidosos para a realidade. Portanto, de certa forma, já foi estabelecido que, se a nossa intuição de que as coisas têm uma essência de fato é determinada pelos nossos sentimentos sutis a respeito delas, isso já é o bastante para colocar essa intuição em dúvida.

Mas há um sentido em que nossos sentimentos merecem ainda menos confiança do que já venho sugerindo. É um sentido meio cósmico, e sua explicação vai exigir que voltemos um pouco atrás e revisitemos a questão da razão de ser desses sentimentos. Então vamos voltar um pouco.

Os sentimentos num contexto cósmico

No alvorecer da senciência orgânica, quando os sentimentos fizeram sua primeira aparição no mundo da vida, sua missão era cuidar do organismo, fazendo com que se aproximasse de coisas boas (como alimento) e evitasse coisas ruins (como toxinas). À medida que os seres foram se tornando mais complexos, os comportamentos induzidos pelos sentimentos também foram ficando mais complexos do que a simples aproximação ou aversão – dando origem, por exemplo, ao comportamento de gritar com quem está fazendo algo ruim para você e puxar o saco de pessoas que possam fazer algo bom para você.

Outra maneira de apresentar a questão é que os sentimentos, vistos no contexto de seu propósito evolutivo, são julgamentos implícitos que determinam se as coisas do ambiente são boas ou ruins para o organismo e quais comportamentos (aproximar-se, afastar-se, gritar, puxar o saco) seriam úteis a ele.

Como vimos no capítulo 3, isso sugere que esses sentimentos poderiam ser classificados como verdadeiros ou falsos: eles correspondem ou não à realidade? Às vezes, principalmente no mundo moderno, a resposta é não. Basta constatar a violência no trânsito, o excesso de ansiedade e vários outros sentimentos que não servem aos interesses de um ser humano médio do século XXI.

Mas preste atenção nesta expressão: *servir aos interesses*. Ao considerar os interesses de um organismo específico, o critério para determinar se um julgamento é correto ou não, essa avaliação aceita a estrutura básica de referência da seleção natural: a de que você, esse organismo específico, é especial; seus interesses são os interesses mais importantes e, portanto, a sua perspectiva específica – que julga tudo com base nesses interesses – é a apropriada para avaliar a bondade ou maldade das coisas no mundo. É dessa forma, então, que os sentimentos e as percepções que eles promovem deveriam ser avaliados – a partir da sua perspectiva específica, ou, a propósito, da perspectiva de qualquer pessoa?

Antes de seguirmos adiante, quero assegurar que não vou sugerir que você comece a ignorar todos os sentimentos autocentrados. Faz sentido dedicar algum tempo para cuidar de nós mesmos e dos nossos entes queridos. Não recomendo deixar de fazer as coisas que sempre fez em nome da ideia de que você e os seus são especiais. Você deve continuar comendo, por exemplo. E escovando os dentes. (Imagine que estranho seria se todos começassem a escovar os dentes dos outros!) E deve levar seu parente próximo doente ao hospital. Embora essa pessoa não seja mais importante que um familiar do seu vizinho, é evidente que há uma eficiência social em cuidar das pessoas que vivem na mesma casa que você. São os sentimentos que nos motivam a fazer essas coisas e, nesse caso, eu diria que é certo confiar neles.

É claro que isso inclui os sentimentos que constroem o sentido de essência. Embora, estritamente falando, seja um sentimento autocentrado que faz a sua casa parecer ter uma essência-de-lar, não vejo razão alguma para combatê-lo. Gostar da própria casa é ótimo e gera menos encontros desconfortáveis do que se, ao fim do dia, tivéssemos que ir a qualquer outra casa escolhida aleatoriamente. E quando estiver na sua casa, por favor, sinta a essência de cachorro ou gato, de filho ou filha, de esposa ou marido (a menos, é claro, que tensões domésticas tenham transformado uma dessas essências de calorosas e aconchegantes em frias e ásperas). De certo modo, encarar o mundo a partir da sua perspectiva individual tem suas virtudes do ponto de vista da eficiência social e mesmo da harmonia social e, sim, do mero prazer – e é um belo modo de se viver a maior parte do dia a dia.

E quando você não está cuidando da sua vida cotidiana, mas fazendo perguntas metafísicas? E quando está tentando entender se os sentimentos, por construírem nosso sentido de essência, estão criando percepções *verdadeiras* em algum sentido objetivo? Será que deveríamos fazer *esse* tipo de questionamento a partir da sua perspectiva individual ou de qualquer outra pessoa específica?

Einstein e a iluminação

Einstein ficou famoso por levantar questões similares no campo da física. Ele reconheceu que as nossas intuições sobre o mundo físico – sobre a velocidade com a qual os objetos se movem, por exemplo – funcionam bem para propósito de nos orientar neste mundo. Afinal, o que importa na prática é a velocidade com que as coisas se movem *em relação a nós*. Porém, afirmou Einstein, se você estiver em busca de uma compreensão mais profunda da física, é preciso se distanciar da sua perspectiva individual – e de qualquer outra perspectiva específica – e se perguntar: e se eu não ocupasse uma posição estratégica? Como eu não poderia perguntar a velocidade das coisas que se movem em relação a mim, o que significaria exatamente perguntar qual a velocidade com que as coisas se movem? Perguntas como essa o levaram à teoria da relatividade e à compreensão de que $E=mc^2$.

Bem, qualquer caminho de investigação que seja bom para Einstein é bom para mim! O tipo de pergunta que levou a raça humana à compreensão inédita da relação entre matéria e energia traz uma boa pista a respeito da iluminação. Portanto, vamos questionar a essência de maneira análoga à pergunta proposta por Einstein: o que acontece com a essência quando abrimos mão de nossa perspectiva individual – a perspectiva que os sentimentos responsáveis por construir as essências percebidas por nós foram projetados para servir?

Acho que a resposta é que a essência desaparece. Afinal, para começo de conversa, sem uma perspectiva a servir, não haveria sentimentos. Como explicou Robert Zajonc, o psicólogo cujo trabalho teve papel central no capítulo 11: "Julgamentos afetivos são sempre sobre o eu. Eles identificam o estado do juiz em relação ao objeto julgado."[122] Na ausência de um ponto de vista particular – seu ou de qualquer outra pessoa –, a própria ideia da existência de um julgamento afetivo, de um sentimento, não faz sentido. Se você adotar verdadeira e completamente a posição estratégica de Einstein – se transcender a perspectiva do eu, de qualquer eu, e vir as coisas a partir de nenhum ponto de vista específico –, a essência desaparece, junto com os sentimentos e sensações que a criaram em primeiro lugar.

Quando fazemos isso, quando transcendemos a perspectiva do eu, em certo sentido também transcendemos a perspectiva de toda a nossa espécie. Afinal, os pensamentos e sentimentos básicos que nos conduzem ao longo da vida – aqueles que foram projetados para cuidar de nós – são, em termos gerais, característicos da espécie. Ainda que o sentimento de "lar" que a minha casa emana possa ter alguma singularidade em seus menores detalhes, num sentido mais geral ele é o mesmo sentimento que muitas pessoas têm quando chegam em casa.

Mas outras espécies também têm a própria visão das coisas. E, se seguirmos à risca o exemplo de Einstein e partirmos do pressuposto de que *nenhuma* perspectiva específica tem acesso especial à verdade, precisaremos transcender não apenas a perspectiva individual, mas também a perspectiva de toda a nossa espécie. Precisamos abandonar a suposição de que a maneira como vemos as coisas é inerentemente mais válida do que a maneira como outros animais as veem.

Por exemplo, o medo causado por uma cobra em um ser humano leva a um julgamento de que a cobra é má – algo a ser evitado. Mas a luxúria inspirada por essa mesma cobra num membro de sua espécie significa que ela é boa – um ser com que copular. Carne apodrecida nos causa repulsa porque o contato com ela poderia nos expor a minúsculos parasitas; mas, do ponto de vista dos minúsculos parasitas, carne apodrecida é a iguaria culinária ideal. Pântanos estagnados e fétidos são desagradáveis, a menos que você seja, digamos, um mosquito ou um jacaré, para os quais os pântanos são sublimes. Jovens pandas gostam de uma boa refeição de fezes da mamãe panda; eu recusaria, obrigado.

Essa relatividade de julgamento é parte do que os budistas querem dizer quando falam sobre a natureza ilusória das percepções do dia a dia. Chandrakirti, um estudioso indiano do budismo que viveu no século VII, disse que o que um humano vê como água poderia ser visto como néctar para um determinado tipo de deus ou como pus e sangue para um fantasma faminto – e teria o sabor correspondente. (Um fantasma faminto é um tipo de ser que não vou me dar o trabalho de definir, exceto para dizer que, com certeza, você não vai querer reencarnar como um deles.)

Se estivesse escrevendo depois de Darwin, talvez Chandrakirti tivesse exposto a questão da seguinte maneira: toda a nossa noção de bem e de mal e toda a nossa paisagem de sentimentos – medo, desejo, amor e tantos outros, proeminentes ou sutis, que moldam nossos pensamentos e percepções diários – são produto da história evolutiva específica da nossa espécie. Se a única maneira possível a nossos ancestrais para passar os próprios genes para a próxima geração fosse fazendo sexo com tatus, você e eu acharíamos os tatus atraentes – não apenas fofinhos, mas realmente sedutores. Você poderia ter dificuldade em controlar seu impulso de acariciá-los. Motoristas atentos nas estradas, com frequência, freariam bruscamente para ter uma relação rápida com um tatu. E, claro, não haveria transgressão moral mais grave do que matar um tatu inocente.

É tentador descartar essas hipóteses evolutivas e considerá-las sem sentido. Claro, se as frutas fossem tóxicas para a nossa espécie e a terra fosse rica em carboidratos, ninguém seria louco por doces e o grande desafio nutricional seria controlar a compulsão por comer terra. E daí? Nós sempre soubemos que algumas coisas – o que é saboroso ou não, o que pode ser considerado sexy ou não – são "subjetivas". Portanto analisar quais alimentos e parceiros nos parecem atraentes não é realmente uma questão de descobrir se algo é verdade ou não. Ninguém acha que Coca-Cola é melhor que Pepsi no mesmo sentido em que quatro é maior que três.

Na realidade, não tenho tanta certeza quanto a isso. Já vi pessoas discutindo sobre o que constitui um bom vinho ou boa arte como se estivessem convencidas de estarem totalmente certas e a outra pessoa absolutamente errada. Esse é o problema com os sentimentos, algo particularmente verdadeiro quando falamos do seu papel em moldar a essência: eles podem criar julgamentos de maneira tão sutil que não percebemos o que estão fazendo e pensamos que o julgamento é objetivo.

Quando vejo uma Ferrari e sinto a essência-de-carro-esporte-exótico-e-caro, eu não penso "mas essa é apenas a opinião de um membro específico de uma espécie específica" –, pois a percepção é muito sutil para sequer ser registrada como uma opinião desenvolvida. E, mais importante, quando vejo no motorista a essência-de-riquinho-exibido, provavelmente também não vou questionar esse julgamento – porque, mais uma vez, eu não vou refletir o bastante para perceber que se trata disso mesmo; vai parecer muito mais um fato. É assim que a percepção da essência funciona: contrabandeando julgamentos para nossa mente, escondidos em meio a sentimentos que são tão sutis, ou pelo menos tão rotineiros, que não os reconhecemos de maneira consciente. E esses sentimentos, esses ingredientes básicos da essência percebida, estão naturalmente ligados a uma perspectiva específica – a de uma espécie ou (como no caso da Ferrari) de um indivíduo dessa espécie. Da perspectiva que Einstein considerou a mais verdadeira – o ponto de vista de nenhum ponto em particular –, os sentimentos nem sequer existem, e, portanto, a essência também não.

Repito, não estou incentivando ninguém a abrir mão de todo o repertório de sentimentos e pensamentos que é a herança de nossa linhagem evolutiva. Seu viés a favor de fugir de uma cobra é compreensível, uma vez que se manter vivo deve estar no topo de sua lista de prioridades. Mesmo assim, imagine – mesmo que como um experimento mental – que o seu objetivo não seja viver o máximo possível, mas obter a visão mais clara possível. Imagine que você quisesse ver a vida neste planeta e a realidade em geral a partir de uma perspectiva menos limitada que a de qualquer espécie. Imagine que quisesse vê-la a partir de uma perspectiva mais objetiva, mais transcendente, mais universalmente "verdadeira".

Nesse caso, você gostaria de olhar para a cobra sem viés emocional de qualquer espécie – sem o medo, a aversão e a repulsa natural de um humano e sem o desejo natural de um parceiro da cobra. Você gostaria de olhar para um pântano não do ponto de vista de um humano nem de um mosquito. Gostaria de ver a realidade sem *nenhum* dos sentimentos que se desenvolveram em nossa espécie ou em qualquer outra espécie como uma forma de disseminar os genes para a próxima geração. Você gostaria, como Einstein, de ter uma visão a partir de nenhum lugar em particular.

O ponto de vista do Universo

A expressão *visão a partir de lugar nenhum* é famosa e pode ser atribuída ao filósofo Thomas Nagel, que a usou no título de um livro. O livro não é sobre budismo; é sobre a natureza do saber e a missão da filosofia. E isso inclui a filosofia moral. Por exemplo, existe algo como uma objetividade tão completa que você pudesse discursar sobre questões morais referentes aos seus próprios interesses sem viés algum?

Esse grau de objetividade moral seria uma importante – eu diria *a* mais importante – consequência de alcançar a iluminação. E, talvez, dada a natureza da mente humana, a única maneira de realmente conceber tal dimensão moral da iluminação budista seja perceber as demais dimensões, as metafísicas – apreender empiricamente a verdade do não-eu e do vazio. Para chegar a uma visão moral a partir de lugar nenhum, talvez você precise de uma visão *completa* a partir de lugar nenhum.

De qualquer forma, a *visão a partir de lugar nenhum* pode ser a maneira mais sucinta de definir o que seria a iluminação budista: uma visão sem nenhum dos meus vieses egoístas, ou dos seus, e que em certo sentido não é a perspectiva especificamente humana nem a de qualquer outra espécie. Essa seria a visão que desafiaria a autoridade da seleção natural, que é totalmente baseada em perspectivas específicas e cria muitas diferentes, cada uma fundamentalmente moldada pelo princípio de ser mais verdadeira que as outras. Ao mesmo tempo, nenhuma delas é naturalmente dotada da consciência sobre esse fato e muito menos sobre quanto isso é absurdo. A iluminação budista é a transcendência de todas as perspectivas.

A visão a partir de lugar nenhum, a visão da imparcialidade, não deve ser confundida com indiferença. A visão a partir de lugar nenhum pode – e deve – envolver o cuidado com o bem-estar de todas as pessoas (e, se formos fiéis aos verdadeiros ensinamentos budistas e à lógica moral, o cuidado com o bem-estar de todos os seres sencientes).[123] A questão é que esse cuidado seria igualmente distribuído; o bem-estar de ninguém é mais importante que o de qualquer pessoa.

Se *a visão a partir de lugar nenhum* parece uma maneira demasiadamente negativa de definir esse tipo de transcendência benevolente, você pode usar a frase criada pelo filósofo moral do século XIX, Henry Sidgwick, ao se referir ao "princípio autoevidente de que o bem de qualquer indivíduo, do ponto de vista do Universo (se é que eu posso dizer isso), não é mais importante do que o de qualquer outro".[124]

Independentemente de sua terminologia preferida – visão a partir de lugar nenhum, ponto de vista do Universo –, o resultado é o mesmo: o nosso ponto de vista comum, com o qual fomos naturalmente dotados, é tremendamente enganoso.

Então, sim, de certa forma podemos enxergar a seleção natural como aqueles robôs tiranos de *Matrix*, impondo uma ilusão opressiva em nome de um objetivo que temos todo o direito de rejeitar. Se olhar as coisas desse ângulo vai ajudá-lo a ter a determinação necessária para manter uma prática séria de meditação, então, por favor, veja as coisas assim.

Ao mesmo tempo, está no espírito do budismo ver com ceticismo a tentativa de demonizar quem ou o que quer que seja, por isso devo dizer algumas palavras em defesa da seleção natural: ela criou a vida senciente, e a vida senciente pode ser uma coisa maravilhosa. De fato, o êxtase que se diz ser parte da verdadeira Iluminação não seria possível sem a senciência. Assim como o mais modesto aumento de felicidade que se pode alcançar com um progresso ainda mais modesto no caminho meditativo. Você pode até dizer que a senciência é o que dá sentido à vida e a torna uma questão de interesse moral. Com certeza, a ênfase moral do budismo envolvendo os seres sencientes não faria muito sentido se eles não existissem.

Neste ponto, o budismo e a seleção natural parecem estar de acordo: a vida senciente é uma coisa boa. Porém, se a seleção natural realmente tem a vida senciente em alta estima, ela tem uma maneira bem curiosa de demonstrar isso. Afinal, a criação de vida complexa envolveu a morte prematura de muitos seres vivos – seres considerados geneticamente inferiores pela seleção natural –, sem mencionar o tanto de violência e sofrimento. É por essa razão que a intuição de que o eu é especial é tão forte. Para os nossos ancestrais, manter-se vivo era uma questão "ou eu ou ele", e os genes que os fizessem pensar que outras pessoas eram tão importantes quanto eles mesmos não os levariam a parte alguma. Assim, a sensação de sermos especiais e a consequente bagagem do "eu", independentemente de sua opinião sobre eles, são características inevitáveis da vida senciente criada pela seleção natural.

E sejamos sinceros: se tivesse de escolher entre um planeta cheio de seres vivos que se consideram especiais e um planeta árido e inóspito como Marte, você escolheria o primeiro, certo? Eu escolheria. Sim, a aridez pode ser linda, mas se lá não existem seres sencientes, a beleza não pode ser apreciada nem, em certo sentido, percebida.

Mas eis o infeliz paradoxo: nós atingimos um ponto na história humana em que a ideia de sermos mais especiais que os outros pode realmente pôr em perigo o florescimento contínuo da vida senciente. No capítulo 2 eu disse que pouparia o leitor do meu sermão completo sobre a necessidade de salvar o planeta – sobre como a psicologia do tribalismo ameaça separar as pessoas em termos de religião, nação, etnia e ideologia. E sou um homem de palavra. Mesmo assim, vale a pena dedicar alguns parágrafos para transmitir o contexto cósmico deste prospecto, analisando a encruzilhada em que nos encontramos agora em relação ao pano de fundo de toda a história da vida.

Uma breve história da vida

Ao longo de 4 bilhões de anos, a vida neste planeta tem ascendido a níveis cada vez maiores de organização. Primeiro havia apenas cadeias simples de informação que se autorreplicavam; depois elas se reuniram para formar células. Em seguida algumas dessas células se uniram e formaram organismos multicelulares, alguns dos quais desenvolveram cérebros complexos. Algumas espécies desses organismos dotados de cérebro se tornaram altamente sociais. Uma delas era tão social e tão intelectual que inaugurou um tipo de evolução totalmente diferente: a evolução cultural, a evolução de ideias, costumes e tecnologias. E essa segunda evolução levou essa espécie a níveis de organização social cada vez mais altos – dos vilarejos de caçadores-coletores aos Estados antigos, aos impérios, e assim por diante, até chegarmos ao ponto em que estamos, prestes a estabelecer uma sociedade global coesa. Como se para enfatizar a superação da evolução biológica e cultural que isso representa, hoje vemos a emergência de um tipo de cérebro global – a internet, animada pelos cérebros humanos que formam os seus neurônios.

Se conseguíssemos ver tudo isso do espaço sideral, num vídeo tão acelerado que bilhões de anos pudessem ser comprimidos em poucos minutos, talvez tivéssemos a impressão de estar assistindo ao crescimento e amadurecimento de um único organismo planetário. De fato, tal crescimento parece ser orientado por uma lógica tão poderosa que a contínua consolidação desse organismo – isto é, a emergência de uma civilização global pacífica e ordenada – seria inevitável.

Você estaria equivocado quanto à parte do inevitável – esse é o grande problema –, mas é verdade que a lógica por trás do processo é muito poderosa. Para começo de conversa, a seleção natural é tão inventiva que o advento de uma espécie inteligente o suficiente para dar início a uma evolução cultural devia ser bastante provável desde o início. A subsequente expansão da organização social de nossa espécie, de vilarejos de caçadores-coletores até a globalização, também era provável, pois a evolução cultural, assim como a evolução biológica, tem um motor criativo e poderoso que a sustenta.

Pelo menos esta é a tese que defendo em um livro chamado *Não zero: A lógica do destino humano*. Meu argumento é que, desde a Idade da Pedra, a expansão da organização social humana tem sido impelida pelo aumento da interdependência propiciado pela tecnologia. Ao longo do tempo, pessoas a distâncias cada vez maiores umas das outras foram entrando em contato e em muitos casos passaram a fazer comércio e até cooperar umas com as outras. Hoje, mais do que nunca, dependemos de pessoas do outro lado do mundo para os bens e serviços essenciais, assim como elas dependem de nós. Em outras palavras, o destino de todos ao redor do mundo se tornou cada vez mais interconectado. E isso é interdependência.

Estranhamente, essa conexão também é fortalecida por problemas globais – como as mudanças climáticas –, problemas que afetam habitantes de diversas partes do mundo e cuja solução seria boa para todos. De várias maneiras, pessoas em diferentes continentes estão no mesmo barco. É do interesse comum trabalhar juntos. O que poderia dar errado?

Bem, se você examinar a coisa toda de perto, algumas respostas podem saltar à vista. Eis a que me salta aos olhos: grupos de pessoas brigando entre si. As frentes de batalha podem ser étnicas ou religiosas, nacionais ou ideológicas, mas o antagonismo parece ter aumentado nos últimos anos. Além disso, parece haver um perigoso ciclo de retroalimentação: antagonismo de um lado cria mais antagonismo no outro, o que cria mais antagonismo no primeiro, e assim por diante.

Além disso, estamos vivendo numa época em que as tecnologias da informação tornam mais fácil a aproximação entre grupos relativamente pequenos de pessoas ligadas por inimigos em comum, não importa em que lugar do planeta estejam, para coordenar e disseminar violência. O ódio, ainda que difuso e distante, tem um poder cada vez mais letal.

O que causa tanto ódio? Em certa medida, a causa sempre foi a mesma: seres humanos agindo sob a influência de cérebros humanos, cujo projeto incluiu a percepção de que somos individualmente especiais. Isto é, seres humanos agindo sob a influência de campos de distorção da realidade que nos controlam de muitas maneiras sutis, convencendo-nos de que nós e os nossos estamos certos, somos bons por natureza e que, quando ocasionalmente fazemos algo ruim, isso não é um reflexo do nosso "verdadeiro eu"; enquanto os outros e os deles não estão certos, não são bons por natureza e, quando ocasionalmente fazem algo de bom, isso não é um reflexo do "verdadeiro eu" deles. E não ajuda em nada o fato de que tais campos de distorção da realidade costumam exagerar ou mesmo inventar completamente a ameaça imposta pelos outros e seus aliados.

Portanto, sim, devemos rejeitar o valor evolutivo fundamental de que o eu é especial. De fato, nunca deve ter havido uma época na história humana em que essa rejeição tenha se mostrado mais crucial. Mas não queremos rejeitar o que também é, de certa forma, um valor da seleção natural: que a criação e a manutenção da vida senciente é algo bom. Felizmente, a meditação da atenção plena é muito apropriada para combater esse primeiro valor, enquanto, ao mesmo tempo, contribui para o segundo. E, como bônus, ela ainda nos aproxima da verdade.

Você poderia até considerar a própria meditação da atenção plena parte do desdobramento natural da vida, parte do contínuo processo de evolução coletiva. Talvez, dadas as limitações sob as quais este universo funciona, a única maneira de uma consciência complexa surgir neste planeta tenha sido sua distorção, ocasionada pela exaltação do eu. E, quem sabe, já que a organização social se aproxima do nível global, a única maneira de a consciência complexa florescer neste planeta – e mesmo sobreviver – seja se afastar dessa distorção, mesmo que parcialmente.

Podemos agradecer ao budismo por nos mostrar um caminho para isso. Mas não só ele merece nosso reconhecimento. Pensadores de muitas tradições religiosas e filosóficas, desde a Antiguidade, de alguma forma perceberam esse problema e sugeriram maneiras de superá-lo – o que é bom, pois significa que muitas tradições dispõem de recursos para o confronto da espécie humana com seu desafio coletivo. Mas o budismo merece crédito por diagnosticar o problema muito cedo, de maneira precisa e sistemática, e por oferecer um antídoto tão abrangente. E agora, finalmente, a ciência vem confirmando esse diagnóstico e revelando as suas raízes. O problema foi incutido em nós por nossa criadora, a seleção natural, que, felizmente, também nos equipou com as ferramentas necessárias para solucioná-lo – faculdades racionais e reflexivas que, em princípio, podem transcender as circunstâncias de sua origem. E, quem sabe, talvez de fato consigam.

16

A meditação e a ordem invisível

Houve muitas coisas maravilhosas naquele primeiro retiro do qual participei no verão de 2003. E houve uma coisa não tão maravilhosa assim: uma música grudou na minha cabeça. Quando você está num retiro silencioso de meditação, algumas músicas podem ficar na sua cabeça por um bom tempo, porque não há muito estímulo para tirá-las de lá. E era uma de que eu não gostava especialmente.

É da banda Foreigner, muito famosa na época em que eu estava na faculdade. A canção se chama "Feels Like the First Time". O refrão começa assim: "And it feels like the first time, like it never did before / Feels like the first time, like we've opened up the door."*

A música estava me atormentando desde o início do retiro, mas acabou se provando profética. Ao final do retiro, realmente parecia que uma porta tinha sido aberta pela primeira vez.

Na verdade, houve um momento específico em que pareceu, quase que literalmente, que uma porta havia sido aberta e eu tinha adentrado um lugar novo e estranho. Foi durante a exaustiva e extasiante experiência que

---

* E parece a primeira vez, como nunca antes / Parece a primeira vez, como se tivéssemos aberto a porta. (N.T.)

mencionei no capítulo 4, quando meditei à noite, em meio a insetos que cantavam alto. Apesar de estar com os olhos fechados, foi uma experiência muito visual, e me lembro de um momento distinto em que senti que havia atravessado um limiar e acessado uma espécie de ambiente cavernoso, de formas indefinidas, feito de luzes cor de laranja e violeta.

Antes de explicar o que vi, preciso me estender em algo que já mencionei anteriormente: eu estava sendo um pouco duro comigo mesmo durante o retiro por não ser um bom meditador. Aliás, era parte de um padrão bem antigo. Eu sempre fui bom em convencer a mim mesmo de haver cometido um erro, em me castigar por isso e, algumas vezes, em me odiar por isso. Por décadas, muita gente me dizia que eu não deveria ser assim. Falavam coisas como "Não se martirize por isso". Isso sempre me irritou. A minha sensação era de que, na verdade, a gente *deve* se martirizar pelos erros que comete. Caso contrário, você pode continuar agindo da mesma maneira! E, sejamos honestos, será que um dos maiores problemas do mundo não é a quantidade de pessoas que fazem coisas ruins e não sentem a menor necessidade de castigarem a si mesmas?

Algo sempre me incomodou nos mestres de meditação: sua frequente insistência em afirmar que nós, buscadores, não deveríamos ser tão duros com nós mesmos. Essa é uma ladainha tão comum que conheci pessoas que pensavam que "Não seja duro com você mesmo" fosse um dos ensinamentos fundamentais do budismo, alguma mensagem contida nas escrituras antigas. Não é. Eis uma passagem de um dos discursos do Buda: "Monges, o verdadeiro conhecimento é o precursor para a entrada em estados mais edificantes, com a vergonha e o medo do mau comportamento vindo logo em seguida."[125] Você vai ter que procurar muito para encontrar um mestre de meditação da atenção plena nos Estados Unidos de hoje que recomende a um aluno que sinta vergonha.

Mas estou divagando.

A experiência que tive naquela noite não foi uma alucinação completa. Ao entrar naquele estranho espaço visual, não perdi contato com o mundo real. Eu tinha consciência de que estava sentado num salão de meditação e que uma intensa concentração havia me colocado num lugar em que nunca estivera antes. Mas onde era esse lugar? Só depois de olhar um pouco ao redor percebi que o lugar em que minha mente tinha entrado era a minha mente – ou, ao menos, minha representação mental da minha mente.

O que me levou a tal conclusão foi que eu "vi" – e, imagino, "ouvi" – um pensamento específico que costumava me ocorrer quando eu fazia algo realmente estúpido, inadequado ou errado. O pensamento era: "Você estragou tudo." Na verdade, "estragou tudo" é a versão resumida que tendo a usar e a expressão que constituía o pensamento que observei naquela noite. De qualquer maneira, a questão principal é a seguinte: eu tinha visto as coisas assumirem uma forma inédita.

Pensando melhor, eu nunca tinha *visto* aquele pensamento assumir qualquer forma que fosse. Mas agora ele tinha a aparência – literalmente *tinha uma aparência* – de que uma parte da minha mente estava comunicando aquele pensamento a outra parte. Havia até uma espécie de linha traçando o caminho da mensagem, como uma seta num diagrama indicando a direção da comunicação. Fiquei vendo aquela comunicação intracraniana, vendo a mensagem viajar do emissor ao destinatário como um observador de fora, embora considerasse que o destinatário era eu mesmo.

É quase impossível transmitir em palavras o poder dessa experiência e sua aura de importância. A sensação foi de ser conduzido para o santuário interior, onde verdades profundas são reveladas. Não sei quanto dessa sensação de revelação vinha do êxtase de calibre narcótico que me envolvia com uma calidez crescente à medida que a experiência se desenrolava. Mas acho que o êxtase pode tornar uma revelação muito intensa. De qualquer forma, quaisquer que sejam as substâncias neuroquímicas responsáveis por transmitir convicção às nossas percepções, trazendo a certeza de termos visto a verdade, devem ter sido liberadas em altos níveis naquela noite.

E qual era a verdade que eu estava vendo? O que me impressionou naquele momento foi que, pela primeira vez na vida, aquele meu pensamento comum – "você estragou tudo" – não parecia vir de mim. Era apenas um sujeito falando na minha cabeça. E não me pareceu que valia a pena prestar atenção nele. Quem ele achava que era?

Agora, mais de uma década depois, tendo pensado mais sobre essas coisas e escrito este livro, eu posso responder: "Era um módulo da minha mente." Mas na época eu pensava de uma maneira menos teórica, e a lição parecia ser que, no futuro, eu poderia tratar o meu crítico interior com distanciamento crítico, se não com total desdém. Por mais que eu tenha resistido aos pedidos de parar de me martirizar, por mais que tenha minimizado os efeitos desse hábito em mim, a perspectiva de viver sem essa tortura autoinfligida me pareceu extremamente atraente. Não sou muito de chorar, mas comecei a chorar. Tentei fazer isso em silêncio, mas acabei chorando de verdade.

Não demorou muito para que o êxtase fosse substituído por um alegre entusiasmo. Eu me lembro de quão frustrante foi não poder compartilhar as ótimas novidades com ninguém depois da sessão, enquanto todos saíam do salão em silêncio. As novidades não eram apenas a superação do meu complexo de inferioridade. Tive a sensação de que muitas coisas que antes só vinham com dor e dificuldade agora viriam mais facilmente. Eu havia alcançado um plano altamente espiritual e encontrado uma técnica – a meditação – capaz de me levar até lá sempre que eu quisesse. É difícil reconstruir essa experiência, mas acredito que essa sensação de auspiciosa realização espiritual estava implícita em minhas lágrimas. O que eu sei ao certo é que as lágrimas foram em parte de gratidão, e que a sensação de liberação era enorme.

Depois disso vivi feliz para sempre.

Mentira. Não vivi, não. Outro verso naquela música, logo depois de "parece a primeira vez", é "como nunca será novamente". E, de fato, desde então nunca mais tive uma experiência meditativa tão impressionante e poderosa. Minha crença de que conseguiria acessar esse plano quantas vezes quisesse e usá-lo para orquestrar o meu renascimento espiritual pessoal era muito ingênua. Assim como a minha convicção de que deixaria de me martirizar, embora a frequência e a severidade desse hábito tenham diminuído um pouco.

Não estou dizendo que nunca mais alcancei estados de êxtase intenso ao meditar. Houve ocasiões em retiros em que consegui controlar o fluxo de êxtase atravessando o meu ser, aumentando-o ou, se sentisse necessidade de descansar, diminuindo-o por um minuto ou dois antes de abri-lo novamente.

E certamente não estou dizendo que a minha experiência naquela noite de verão em Barre, Massachusetts, não tenha mudado a minha vida em nada. Só estou dizendo que aqui você não vai encontrar algo que é comum em livros como este: a alegação do autor a respeito de uma experiência radical, única e permanentemente transformadora.

A clareza começa em casa

Tudo isso levanta uma questão: Por que eu ainda medito? Por que dedico algo entre 30 e 50 minutos todos os dias a uma prática que aparentemente não vai me aproximar da iluminação tão cedo? Existem várias razões. Vou começar pelas pequenas.

1. *Momentos de verdade.* Imagine aquele zumbido que as geladeiras fazem. Parece monótono, né? Mas na verdade não é. Quando estou meditando pela manhã, se o frigobar no meu escritório começa a fazer esse zumbido e eu estou com a mente clara o suficiente para prestar atenção, percebo que ele consiste em pelo menos três sons distintos, cada um variando em intensidade e textura ao longo do tempo. Essa verdade sobre o mundo costuma estar escondida de mim, mas é revelada por meio de um exercício básico de atenção plena. E é uma verdade *objetiva.* Você poderia sem dúvida programar equipamentos de identificação de som para demonstrarem esses três sons como linhas distintas em um gráfico.

   Isso pode parecer uma verdade trivial. E, na verdade, é *mesmo* uma verdade trivial. E devo admitir que, estritamente falando, não é apenas a verdade dessa experiência que me ajuda a voltar para a almofada todos os dias. Há também o prazer da experiência. Se estiver clara o bastante para perceber as nuances do zumbido da geladeira, minha mente estará livre das preocupações do dia a dia para ver essa sinfonia em três instrumentos, o desdobramento desse padrão infinitamente rico, como algo belo. E para senti-la como algo belo – às vezes intensamente belo.

   Mas, com todo o respeito à beleza, não quero minimizar o ângulo da verdade aqui – a percepção pura e clara do zumbido de uma geladeira. Porque é importante perceber que, mesmo que a completa e total iluminação seja algo remoto para a maioria de nós, existem porções de iluminação disponíveis. Mesmo que não possamos captar a verdade de toda a realidade e sustentar essa apreensão no decorrer da vida, podemos captar a verdade de pequenas parcelas da realidade e sustentar essa apreensão por algum tempo. E eis o elemento-chave: perceber essas verdades pequenas e quase triviais regularmente, de maneira disciplinada, pode nos ajudar a perceber verdades maiores e menos triviais. O que nos leva ao segundo motivo por que continuo meditando.

2. *Momentos de verdade mais significativa*. Quando estou sentindo ansiedade, medo ou ódio e, durante a meditação, chego a um ponto em que apenas *observo* o sentimento – em vez de me envolver com ele –, e esse é um momento de verdade. Afinal, observar o sentimento inclui perceber onde ele reside no meu corpo e a forma que assume. E essa localização e forma – mais ou menos como os três sons distintos que constituem o zumbido da geladeira – são um fato objetivo. É possível que um dia existam exames de imagem que gerem uma representação em 3D da manifestação física dos diferentes tipos de sentimentos. Tenho certeza de que os gráficos resultantes teriam, grosso modo, a mesma estrutura do que percebo enquanto observo dado sentimento.

   O fascinante é que toda uma variedade de experiências subjetivas pode acompanhar o fato objetivo de determinado sentimento. Quanto mais você se concentra no fato objetivo – no próprio sentimento e na sua manifestação no corpo –, menos desconforto você sente. Não é uma realização fácil ou trivial, mas é factível, e conta a favor da afirmação do Buda de que, em certo sentido, *dukkha* é opcional, que o caminho para reduzir e mesmo eliminar o sofrimento está em ver a realidade claramente, em perceber os fatos objetivos como eles são e somente como eles são.

3. *A sabedoria da clareza*. Se, durante a minha meditação matinal, eu estiver em sintonia com os três componentes do zumbido da minha geladeira, ou estiver observando a minha respiração ou algum sentimento com muita clareza, isso significa que a minha mente está calma – não só porque eu não estaria vendo as coisas com tanta clareza se minha mente não estivesse calma, mas também porque me absorver na clareza ajuda a acalmar minha mente. E eis uma realização interessante de uma mente calma: se surge alguma questão da minha

vida, é possível que eu a pondere com uma sabedoria incomum. De repente vejo que um e-mail na minha caixa de saída, aquele com uma sutil porém notável ponta de irritação que fiz questão de incluir – pois, afinal, o e-mail a que estava respondendo era irritante – pode perfeitamente deixar de fora essa ponta de irritação. Nada de bom vai resultar disso e algo de mal poderia resultar disso.

4. *Momentos de verdade moral.* Parte da perspectiva renovada sobre aquele e-mail pode ser uma visão renovada do sujeito para quem eu ia enviá-lo. Na verdade, o segredo para essa visão nova pode ser o fato de agora ver o sujeito sem o antagonismo que teria acompanhado meus pensamentos sobre ele num estado mental menos calmo. De repente estou disposto a considerar a hipótese de que o e-mail irritante que recebi não seja realmente uma prova de que o sujeito é um imbecil. Talvez exista alguma razão circunstancial para ele ter acrescentado uma ponta de irritação ao e-mail. Talvez eu possa adivinhar essa razão, talvez não. Mas, em todo caso, quem nunca esteve em uma circunstância que o levasse a fazer algo irritante? Na verdade, eu mesmo não estive bem perto de mandar um e-mail irritante?
5. *Intervenções oportunas.* Se às 17 ou 18 horas eu estiver inquieto, irritado, ressentido, desanimado ou sentindo qualquer outra coisa que preferisse não estar sentindo, posso sentar na minha almofada de meditação e observar o sentimento ou sensação com uma boa probabilidade de melhorar as coisas. Se acordo à noite ansioso, posso ficar lá, deitado, e meditar sobre a ansiedade e, talvez – nada é garantido –, com bastante frequência, melhorar as coisas. E às vezes até realizo uma proeza previamente considerada impossível (pelo menos por mim): quando estou sentado em frente ao computador, olhando para algo que estou escrevendo e sentindo um impulso forte e doloroso de fazer qualquer outra coisa diferente de escrever, eu fecho os olhos, observo esse impulso até ele se enfraquecer e depois volto a escrever. A razão pela qual posso fazer todas essas coisas – inclusive a razão pela qual me lembro de que tenho a opção de fazê-las – é que eu passo um tempo na minha almofada todas as manhãs. O mesmo acontece em relação a não me martirizar: quanto mais tempo na almofada eu passo, menos surtos de autopunição tenho.

O círculo virtuoso rumo à iluminação

Então pronto – essas são as cinco razões pelas quais continuo meditando, embora não alimente sérias esperanças de que esse caminho me levará à iluminação. Ao menos essa é uma maneira de ver a situação. Outro modo possível de enxergar as coisas é que eu *estou* buscando a iluminação – só que, mais que pensar na iluminação como um estado, penso nela como um processo. E penso na libertação – na libertação de *dukkha* – da mesma maneira. O objetivo do jogo não é atingir a Libertação e a Iluminação – com letra maiúscula – em algum dia distante, e sim me tornar um pouco mais liberto e um pouco mais iluminado num dia não tão distante. Como hoje! Ou, não conseguindo hoje, amanhã. Ou no dia seguinte. Ou quando for. O principal é fazer um progresso substancial ao longo do tempo, mesmo que haja inevitáveis retrocessos.

Pensar sobre iluminação e libertação desta maneira pode ajudar a entender quão sutil pode ser a relação entre verdade e liberdade. Uma concepção comum e não tão sutil dessa relação é que você vê a verdade num instante de insight e, pronto, está livre. Parece ótimo! E que economia de tempo! Mas não acho que isso aconteça com muita frequência, de a verdade libertar alguém. Ponto. Às vezes é o contrário: a liberdade é que permite ver a verdade. Lembre-se, parte do que me permitiu ver a verdade a respeito do zumbido da geladeira e sobre o meu e-mail foi a minha mente estar calma – não tomada pela ansiedade, pela raiva ou por qualquer outra grande fonte de *dukkha*.

Talvez a melhor maneira de colocar a questão seja dizendo que a iluminação e a libertação se reforçam mutualmente: quanto mais você faz coisas que resultam na libertação do sofrimento, mais claramente você vê; e quanto mais claramente você vê, mais fácil é fazer coisas que resultam na libertação do sofrimento. O que traz ainda mais clareza de visão. E assim por diante.

Por exemplo, imagine que você comece com uma prática meditativa modesta, mais voltada para a autoajuda do que para a realização espiritual: 20 minutos por dia de redução de estresse baseada na atenção plena. Suponha que isso possa, conforme anunciam, reduzir o estresse. Estar livre – ou mais livre – de estresse é por definição libertador, mesmo que você não esteja pensando nisso dessa maneira. É também iluminador, esclarecedor.

Afinal, se você não está estressado, é menos provável que vá rotular um desconhecido como um imbecil só porque ele está no caixa procurando o cartão de crédito e você está na fila com pressa. Esse pequeno progresso – ver um pouco menos de essência-de-imbecil em alguém que está fazendo algo que você mesmo já fez – já é um pouco de iluminação.

Além disso, esse pouco de iluminação pode levar a mais um pouco de libertação, o que por sua vez pode levar a mais um pouco de iluminação. Se o fato de ver menos essência-de-imbecil nas pessoas, e portanto de passar menos tempo fulminando-as sem razão, vier a reduzir a quantidade de estresse na sua vida, talvez esse efeito seja tão gratificante – tão libertador – que o estimule a meditar 25 minutos por dia em vez de 20. E isso leva a mais libertação do estresse, o que torna mais clara a sua visão em relação às outras pessoas. Agora você está tolerante não apenas com as pessoas que demoram a achar o cartão de crédito, mas também com as pessoas que demoram a achar o cartão e ainda o derrubam no chão. Parabéns!

As suas sessões de meditação não precisam ser tão longas antes de ficar óbvio que a redução de estresse pode ser mais interessante do que parece. Não é que você apenas se sente um pouco mais relaxado ao final de uma sessão de meditação; é que, por um momento, você observa a sua ansiedade, o seu medo, a sua raiva ou seja lá o que for com uma atenção tão plena que percebe que esse sentimento não é parte de você.

Note quão profundas – ou ao menos gradualmente mais profundas – são essas experiências. Ver menos essência-de-imbecil em alguém que demora com o cartão de crédito é experimentar, numa pequena medida, o vazio. E ver que a sua ansiedade ou o seu medo não fazem parte de você é vivenciar um pedaço pequenininho do não-eu. Essas duas ideias, vazio e não-eu, são duas das noções mais misteriosas, aparentemente loucas e fundamentais da filosofia budista. E aí está você, meditando todos os dias com o intuito de reduzir o estresse e apreendendo ambas, ao menos em certa medida.

Não quero fazer parecer fácil. Embora a iluminação e a libertação progressivas possam ganhar embalo pela assistência mútua, isso não quer dizer que sejam automaticamente autossustentáveis. Há obstáculos, eles podem ser frustrantes e a meditação pode ser difícil. A boa notícia é que a dificuldade pode resultar numa vitória se você aguentar a barra, se conseguir não se encolher diante da própria ansiedade e da tristeza, e sim observá-las conscientemente; se não desistir de uma meditação matinal por conta de um tédio inquieto e, em vez disso, observá-lo conscientemente – o que pode ser mais difícil do que observar a ansiedade ou a tristeza. Eu nunca vou esquecer algo que Narayan disse no meu primeiro retiro de meditação: "O tédio pode ser interessante." É verdade, mas, para entender essa verdade, é preciso primeiro dedicar algum tempo a assimilar outra verdade – o tédio pode ser realmente tedioso! – e persistir nisso.

Talvez o maior empecilho ao progresso meditativo contínuo seja a infeliz finitude do tempo. Se tiver muitas responsabilidades – um emprego, filhos para criar, aulas a frequentar, seja o que for –, você não vai poder dedicar grandes porções do seu tempo diário à meditação. E, na minha experiência, é grande a diferença entre 30 e 50 minutos por dia. E, segundo a experiência de pessoas com quem conversei, a diferença entre 30 e 90 minutos por dia é enorme. Mas, mesmo que você esteja mais para o espectro dos 20 minutos, sua prática pode ter profundidade, e isso vale especialmente se você tiver em mente as lições básicas da filosofia meditativa budista: esses pequenos momentos de verdade que você alcança a cada dia – ao menos num bom dia – são peças de uma verdade maior, uma verdade sobre a natureza da realidade e sobre as distorções e mesmo ilusões impostas pela nossa percepção falha. Claro, seria ótimo se você atingisse a iluminação e passasse toda a sua vida *sentindo* essa grande verdade. Porém, mesmo que não consiga – mesmo que tenha de trabalhar para trazer essa verdade à mente de forma intermitente –, ela pode ser seu guia.

Salvando o mundo com a clareza

Tudo bem, esse é basicamente o argumento que eu apresento quando pessoas que não meditam me perguntam por que deveriam fazê-lo. Normalmente também falo bastante sobre breves momentos de verdade e sobre como o cultivo de momentos como esses pode transformar alguém em uma pessoa melhor e mais feliz. Mas isso não chega ao cerne da razão pela qual eu gostaria que mais pessoas começassem a meditar. O que me motivou a escrever este livro não foi apenas a possibilidade de disseminar pequenos momentos de verdade na vida de leitores receptivos, ou mesmo de transmitir a "verdade guia" maior para a qual esses momentos apontam. O que me motivou a escrever este livro foi a ideia de um *momento* de verdade – no singular.

O dicionário *Merriam-Webster's Collegiate* define um momento de verdade como "um momento de crise de cujo resultado muita coisa ou tudo depende". Não acho que essa frase seja forte demais para o desafio planetário que descrevi no capítulo anterior – o problema dos conflitos étnicos, religiosos, nacionais e ideológicos que se alimentam de si mesmos, criando uma espiral crescente de ódio que leva a verdadeiras catástrofes. Sugerir que a meditação pode ajudar a salvar o mundo é uma boa maneira de ser tachado como alguém irremediavelmente ingênuo. Portanto, deixe-me frisar que a ideia aqui não é gerar uma onda mundial de bondade amorosa. Quer dizer, isso seria ótimo, mas não acho que vá acontecer tão cedo – e tampouco acredito que a salvação do mundo exija isso.

Acredito que a salvação do mundo pode ser assegurada pelo cultivo da calma, de mentes claras e da sabedoria que elas permitem. Mentes assim podem evitar reações exageradas a ameaças e, portanto, não alimentar os círculos viciosos que intensificam esses conflitos. Mentes calmas e claras também podem nos ajudar a avaliar sobriamente o que inspira as ameaças – e, assim, descobrir, por exemplo, que espécie de coisas leva as pessoas a se juntarem ou oferecer apoio a causas violentas e que tipo de coisas as desencoraja de agir desse modo. Não precisamos amar os nossos inimigos, mas vê-los de maneira clara é essencial. E uma lição tanto da filosofia budista quanto da psicologia moderna é que vê-los claramente envolve a redução do medo e da aversão, mas também mais do que isso; envolve transcender distorções perceptivas e cognitivas muito mais sutis, geralmente fundadas em sentimentos mais sutis.

Essa clareza de visão não precisa envolver o mundo repentinamente. Mesmo demonstrações isoladas de equanimidade e sabedoria podem fazer diferença e preparar o terreno para sua própria expansão. Como ocorre com o progresso individual rumo à iluminação, o progresso global rumo à iluminação pode ser gradual e, através do comprometimento das pessoas, adquirir seu próprio embalo.

Dito isso, acredito que será necessário haver muitos estágios. Na verdade, creio que precisará haver uma revolução de longo prazo na consciência humana. Não sei bem como chamar essa revolução – talvez de Revolução Metacognitiva, já que envolve conseguir distanciamento bastante para nos tornarmos mais conscientes de como a nossa mente funciona. Mas acho que será algo tão radical que os historiadores do futuro terão um termo para tal transformação. Isso se *houver* historiadores no futuro – se não houver, provavelmente não terá ocorrido nenhuma grande transformação para merecer um rótulo.

No início deste livro, eu me escolhi como um rato de laboratório. Disse que, se até eu posso obter os benefícios da meditação, praticamente qualquer um também pode, pois sou particularmente difícil de me acalmar e me concentrar. Bem, os resultados chegaram: praticamente qualquer pessoa pode se beneficiar da meditação.

Mas esses não são todos os resultados. A pergunta que fiz inicialmente não foi só se eu poderia conseguir benefícios suficientes da meditação para continuar voltando à almofada todos os dias, ou mesmo se poderia, até certo ponto, esclarecer minha visão moral cotidiana. Também perguntei se poderia me colocar à altura do desafio moral específico que foi a minha motivação principal para escrever este livro: superar, ou ao menos enfraquecer, a psicologia do tribalismo. Conforme observei, fui um rato de laboratório especialmente valioso nessa dimensão, pois (com toda a humildade) sou um grande exemplo desse problema.

De certo modo, é estranho que eu seja tão tribal. Não tenho nenhuma versão forte das alianças tribais perigosas mais famosas: étnica, religiosa, nacional. Talvez seja por isso que concentro tanta energia emocional nos limites tribais definidos pela opinião – por me identificar tanto com pessoas que concordam comigo e ser capaz de pensar coisas nada lisonjeiras sobre pessoas que discordam de mim. O que se intensifica dupla ou triplamente quando a discordância é sobre ideologia, sobre políticas que deveriam ou não ser adotadas.

Eis uma ironia embaraçosa: nada estimula mais as animosidades tribais em mim do que pessoas que apoiam políticas que, na minha visão, tendem a estimular animosidades tribais. Para dar apenas um exemplo, acho que a maioria das intervenções militares dos Estados Unidos das duas últimas décadas foram equívocos – exemplos de reações exageradas a ameaças que acabaram as exacerbando –, e as pessoas que apoiaram mais intensamente essas intervenções me deixam louco. E eu quero que elas continuem me deixando *um pouco* louco. Não gostaria de ir tão longe no caminho do nirvana a ponto de me ver drenado do meu espírito de luta. Se a iluminação total significa deixar de fazer julgamentos de valor de qualquer espécie, deixar de lutar por mudanças, estou fora.[126] Mas acredite em mim quando digo que chegar a esse ponto no caminho não é um risco iminente – pelo menos para mim. A questão é se consigo avançar o suficiente no caminho para travar meu combate ideológico com essas pessoas de uma forma sábia e verdadeira, o que por sua vez significa vê-las de maneira mais objetiva e com mais generosidade do que eu naturalmente tenderia a fazer. A resposta é que acredito que a meditação, no mínimo, ajudou a me aproximar mais dessa meta. Mas é uma batalha. Quando estimulo as pessoas a avançarem na Revolução Metacognitiva por meio da superação de vieses cognitivos que sustentam o tribalismo, não posso me colocar como um dos exemplos mais convincentes do mundo.

Outra coisa que não afirmo ter é um plano passo a passo para a revolução. Meu ponto principal é mais abstrato: seria trágico, para dizer o mínimo, se depois de bilhões de anos de árduo esforço por parte da vida orgânica, um esforço que nos levou à beira de uma comunidade global de mentes, nós deixássemos que as distorções naturais nessas mentes acabassem com tudo. Seria muito mais trágico à luz do fato de que tais distorções são agora um fato cientificamente estabelecido e de que temos meios de corrigi-las, inclusive – mas sem se limitar a ela – a prática meditativa.

Isso é realmente tudo o que venho dizendo: os meios para a salvação do planeta estão à nossa disposição.

Falando em salvação

Falando em salvação, nas minhas conjecturas sobre ter chorado naquele retiro de meditação deixei de mencionar algo possivelmente relevante. Eu tive uma formação religiosa, em uma igreja batista do Sul. Comecei a me afastar da igreja na adolescência, após comparar a teoria da seleção natural com o Livro do Gênesis em termos de como os humanos passaram a existir. Nunca senti um anseio desesperado por algo que substituísse a minha fé cristã, mas talvez a perda dessa fé tenha deixado um espaço vago em algum lugar dentro de mim que talvez explique o meu crescente interesse por questões espirituais. Naquela noite de verão em Barre, talvez eu não tenha somente me sentido como se tivesse chegado ao pico da montanha – talvez tenha sido como se estivesse escalando aquela montanha desde que era adolescente e tivesse abandonado minha tribo espiritual nativa. De qualquer maneira, acho que não seria exagero dizer que naquela noite tive uma sensação de salvação – que pode ter sido tão poderosa quanto o sentimento que me impeliu, quando tinha 9 ou 10 anos, a andar até a frente da igreja a convite do reverendo e aceitar Jesus como meu salvador.

Meu desligamento do cristianismo não foi amargurado, como costumam ser desligamentos desse tipo. Nunca senti que a fé me prejudicou. Pensando nisso, acho que ter crescido sob o olhar de um Deus onisciente e bastante rígido pode ajudar a explicar minha aguda e às vezes dolorosa atenção aos meus próprios defeitos. De fato, talvez alguma noção de pecado tenha sido o que me levou a embarcar em toda essa exploração da meditação budista e pode ser a razão pela qual a sensação de salvação daquela noite de verão tenha sido palpável. Isso teria uma razão: tanto o budismo quanto o cristianismo dizem que herdamos uma espécie de confusão moral no nascimento e que um dos objetivos do jogo é dissipá-la.

De qualquer forma, nunca considerei que meus anos como cristão tenham sido uma espécie de lavagem cerebral autoritária e brutal. Continuo adorando os hinos batistas, principalmente "Tal qual estou", uma música que costuma ser cantada suavemente ao final do culto para acompanhar o convite. Basicamente, a mensagem da música é a de que, apesar de estar longe de ser perfeito, você merece a salvação.

Minha lembrança mais vívida da escola dominical é boa, de cantar "Jesus ama as criancinhas, todas as crianças do mundo; vermelhas e amarelas, pretas e brancas, elas são preciosas ao seu olhar, Jesus ama as criancinhas do mundo". Talvez eu me lembre seletivamente das partes mais iluminadas da ética cristã, mas a transição de Jesus ao Buda realmente me parece, de certo modo, natural.

A Insight Meditation Society, o lugar onde minha mente se abriu ante os meus olhos naquela noite de verão, acabou por reforçar essa continuidade. Antes de ser comprado por Goldstein, Salzberg e Kornfield, o edifício de tijolos vermelhos que abriga a Sociedade era um noviciado, um lugar onde padres católicos estudavam. À medida que você anda em direção ao salão de meditação, dos dois lados há vitrais com imagens de Jesus – um com Jesus na Última Ceia e um com Jesus rezando fervorosamente, presumivelmente pouco antes da crucificação. Todas as vezes que entro naquele salão de meditação – e já fiz isso centenas de vezes –, eu olho para aquelas imagens. Elas sempre me elevam o espírito. O que faz sentido, pois Jesus disse que nossa percepção do mundo é distorcida, que devemos trabalhar para corrigir nossos pontos cegos e não reclamar dos pontos cegos dos outros: "Seu hipócrita, tire primeiro a viga do seu olho, e então você verá claramente para tirar o cisco do olho do seu irmão." Amém.

Eu não me intitulo budista, pois o budismo tradicional tem muitas dimensões – de crenças, de rituais – que não adotei. E não acredito em reencarnação ou noções relacionadas a karma, nem me prostro diante da estátua do Buda ao entrar na sala de meditação, muito menos rezo para ele ou para qualquer outra deidade budista. Sinto que me intitular budista seria quase desrespeitoso a todos os budistas, da Ásia e de outros lugares, que herdaram e mantêm uma tradição religiosa tão rica e bonita.

Mesmo assim, é justo perguntar, especialmente em vista de meu histórico pessoal, se a minha prática meditativa, junto com a filosofia que a sustenta, pode ser classificada como religião. Será que essa prática faz as coisas que o cristianismo fez pelos meus pais, ainda que eu tenha descartado as partes sobrenaturais do budismo – e, na verdade, mantido as partes naturalistas de maneira um tanto seletiva?

O budismo "secular" é uma religião?

Se você esperava confirmar essa hipótese, poderia recorrer a William James, que, em seu livro *Variedades da experiência religiosa*, escrito há mais de um século, tentou encontrar uma estrutura que englobasse todas as formas de experiência que chamamos de religiosa, orientais e ocidentais. James diz que, num sentido mais amplo, a religião pode ser compreendida como "a crença de que existe uma ordem oculta e que nosso bem supremo reside em ajustarmo-nos harmoniosamente a essa ordem".[127]

Eu diria que mesmo o budismo naturalista, "secular", sugere uma espécie de "ordem oculta". À medida que a iluminação começa a despontar, a realidade, que parecia totalmente fragmentada, demonstra possuir uma continuidade subjacente, uma espécie de infraestrutura de interconexão. Algumas pessoas a chamam de vazio, outras de unidade, mas todas concordam que a realidade parece menos fragmentada do que antes dessa revelação.

E o que James chama de nosso "bem supremo" consiste em nosso ajuste harmonioso a essa ordem oculta, não importa se você considera o bem supremo a nossa mais profunda felicidade ou a nossa virtude. É claro que parte de nosso ajuste significa pensar em nós mesmos como menos substanciais, ou menos distintamente substanciais, do que pensávamos ser. Na verdade, o caráter difuso do eu e a porosidade dos seus limites são parte dessa "ordem oculta" – uma continuidade recém-percebida entre o que está dentro e o que está fora de nós.

Um segundo tipo de ordem oculta também é postulado pelos ensinamentos budistas. Lembre-se de que uma das premissas básicas do budismo é que perceber a verdade metafísica – ver as coisas como realmente são, tanto dentro quanto fora, e assim perceber a continuidade entre essas duas zonas –, de certa forma, resulta em ver a verdade moral, a equivalência moral entre nosso bem-estar e o bem-estar dos outros. Em outras palavras, existe uma espécie de alinhamento estrutural entre a verdade metafísica e a verdade moral. Trata-se de um tipo de ordem, uma ordem que pode permanecer oculta se não praticarmos as disciplinas que a fazem se manifestar.

Essa ordem oculta não é algo que deveríamos considerar natural. Você pode imaginar um universo no qual não haja tal alinhamento – um universo no qual ver a verdade metafísica não tenha efeito algum sobre a sua conduta em relação aos demais seres, ou até mesmo o leve a tratar os outros seres de maneira menos bondosa. Mas, de acordo com o budismo – mesmo em sua versão ocidental e mais secular, às vezes considerada insuficientemente religiosa –, nós vivemos em um universo em que perceber a verdade metafísica ajuda a perceber a verdade moral. Há uma unidade natural da iluminação.

E há também um terceiro aspecto desse alinhamento: nosso bem-estar. A felicidade – a eliminação ou ao menos a diminuição do sofrimento e da insatisfação, de *dukkha* – tende a coincidir com a possibilidade de ver a verdade metafísica e agir segundo a verdade moral. Isso também é uma espécie de alinhamento, o qual, porém, o universo não *precisaria* ter.

Se você parar para pensar, é incrível que o mundo seja composto desta maneira: que o caminho em que você embarca para se aliviar do sofrimento, se seguido com perseverança, o leva a se tornar não apenas uma pessoa mais feliz, mas também uma pessoa com uma visão mais clara, tanto da realidade metafísica quanto da realidade moral. Isso é o que afirma o budismo e há evidências substanciais em seu favor.

Esse alinhamento de três partes – o alinhamento da verdade metafísica com a verdade moral e a felicidade – é incorporado em uma palavra ricamente ambígua que está no âmago da prática budista: *dharma*. Essa palavra antiga é comumente definida como "o ensinamento do Buda". Essa é uma definição precisa, mas a palavra também se refere às verdades fundamentais que são *transmitidas* pelo ensinamento do Buda. Assim, *dharma* denota a realidade para além de nossas ilusões, inclusive a realidade de como essas ilusões dão origem ao sofrimento; e denota as implicações de tudo isso na nossa conduta. Em outras palavras, o *dharma* é ao mesmo tempo a verdade sobre a maneira como as coisas são e a verdade sobre o sentido de se comportar à luz de como as coisas são. É tanto uma descrição como uma prescrição. É a verdade e o caminho.

E como a prescrição do Buda é uma prescrição não apenas para a libertação do sofrimento, mas também para a conduta correta, as conotações da palavra *dharma* incluem uma que é especificamente moral. De fato, o *dharma* tanto pode ser considerado a lei natural a que o universo físico obedece quanto a lei moral que nos esforçamos para obedecer.

O uso de uma única palavra para transmitir tudo isso é, em si, uma bela evidência de uma ordem que, de acordo com o budismo, normalmente está oculta, mas que pode se tornar mais evidente quanto mais tentarmos nos ajustar a ela com diligência, como diria James.

Se tudo isso parece muito abstrato e filosófico, vou tentar explicar de uma forma mais prática, como a resposta a uma pergunta muito frequente: A meditação me fará mais feliz? E, em caso afirmativo, quão mais feliz ficarei?

Bem, no meu caso – como você deve lembrar, eu sou um caso particularmente difícil –, a resposta é sim, a meditação me tornou um pouco mais feliz. Isso é bom, porque sou a favor da felicidade, principalmente da minha. Ao mesmo tempo, meu argumento para justificar por que as pessoas deveriam meditar tem menos a ver com a quantidade de felicidade do que com a qualidade da felicidade. A felicidade que tenho agora envolve uma visão mais verdadeira do mundo que a felicidade que eu tinha antes. E eu diria que um aumento na felicidade que se apoia na verdade é melhor que um aumento na felicidade que não se apoia na verdade – não só porque as coisas que se apoiam na verdade têm um fundamento mais seguro, mas porque agir de acordo com essa verdade significa comportar-se melhor em relação aos outros seres com quem você convive.

Por essa razão, eu diria que vale muito a pena se esforçar por qualquer incremento de felicidade que a meditação possa trazer à sua vida, pois são incrementos de felicidade válida. É uma felicidade baseada numa clareza multifacetada – em uma visão mais verdadeira do mundo, uma visão mais verdadeira das pessoas, uma visão mais verdadeira de si mesmo e, creio eu, uma maior aproximação da verdade moral. É essa convergência afortunada de felicidade, verdade e bondade que está embutida na palavra *dharma* e que, acredito, levaria até mesmo um budista naturalista a concordar com o conceito de religião de William James.

E se essa convergência tiver ainda mais um elemento – se a disseminação da atenção ao *dharma* for capaz de salvar o mundo –, bem, então esse já será um belo bônus.

Verdade e beleza

Em uma tarde de dezembro de 2012, eu estava em um retiro fazendo uma meditação caminhando. Em dado momento, olhei para o horizonte e vi que o sol havia se posto. Tudo o que restava eram remanescentes rosados, austeramente emoldurados por árvores secas de inverno. Eu já estava num estado levemente moroso, remoendo uma ou outra questão pessoal, e agora sentia uma distinta onda de melancolia, como algumas vezes costumo sentir quando vejo um crepúsculo no inverno. Então – estando em um retiro e tendo passado tanto tempo do dia examinando os meus sentimentos –, imediatamente, quase por reflexo, examinei aquela melancolia. Assim que fiz isso, o sentimento perdeu sua força. Não desapareceu de imediato, mas agora parecia ser nada mais que algumas ondas físicas, nem boas nem ruins, movendo-se lentamente pelo meu corpo.

Com a melancolia neutralizada, o horizonte assumiu um aspecto diferente: ficou deslumbrante, lindo. Deixou de ser um reflexo da tristeza para se tornar uma fonte de deleite, mesmo de assombro.

Aquela beleza – e todas as outras belezas que eu vinha apreciando mais profundamente como resultado da prática meditativa – é algo que, na verdade, não entendo. Quer dizer, se a meditação pode proporcionar certo distanciamento dos seus sentimentos e afrouxar o domínio que têm sobre você, deveria funcionar assim tanto para os sentimentos ruins quanto para os bons, não é? O resultado não seria se sentir mais ou menos neutro – ou seja, sentir mais ou menos nada? No entanto, ela parece funcionar de tal forma que, na verdade, alguns sentimentos se acentuam – primeiro e principalmente a sensação da beleza.

Às vezes eu penso que é esse senso de beleza elevado o que pode dar ao vazio um irônico poder moral. Quando você vê menos essência nas pessoas – quando a sua percepção delas é menos imbuída de julgamentos a respeito de maldade ou bondade –, você poderia pensar que não haveria mais razão para sentir qualquer outra coisa a respeito delas, inclusive compaixão. Mas se nos sentimos naturalmente propensos a pensar que as coisas são lindas, inclusive as pessoas, essa propensão pode se traduzir em uma preocupação com o bem-estar delas. Ao menos essa é uma teoria sobre o motivo por que a meditação pode tornar as pessoas mais compassivas.

Em todo caso, continuo atordoado pelo que parece ser uma tendência natural da prática contemplativa para fortalecer a noção de beleza. Acredito que uma explicação possível seja que, mesmo sem pensar, você esteja usando a atenção plena para filtrar os seus sentimentos – esforçando-se para ter um distanciamento mais crítico dos desagradáveis que dos agradáveis, como a fruição estética, por exemplo. O senso de beleza parece ser algo em que a mente relaxa quando a preocupação com o eu diminui.

Sinto-me tentado a invocar o famoso verso de John Keats, "Beleza é verdade, verdade é beleza". Talvez, ao perceber o mundo de maneira mais clara, mais verdadeira, você passe a desfrutar não apenas de uma medida de libertação, mas também de uma percepção mais contínua e direta da real beleza dele. Por outro lado, pensar que o mundo tem uma beleza real, uma beleza *inerente*, parece incompatível com a ênfase budista em nossa tendência a impor um significado ao mundo. Certamente é incompatível com a visão da psicologia evolutiva, que sustenta que nossas atribuições de sentimentos a percepções são exatamente isto: atribuições feitas pelo cérebro, que foi projetado para se sentir de determinada maneira a respeito de determinadas coisas com base apenas nas relações delas com os interesses darwinianos do organismo.

Outra possibilidade é que certa afinidade pelo universo seja uma espécie de estado padrão da consciência, um estado ao qual se pode retornar quando não estamos ocupados com o trabalho inerentemente distorcido de operar um eu. Mas aqui estamos nos aventurando para além da psicologia, rumo à questão filosófica sobre o que é a consciência. E a minha visão geral sobre esta questão é: não faço a menor ideia.

Há muito a desgostar no mundo em que nascemos. É um mundo em que, como observou o Buda, nossa maneira natural de ver e de ser nos leva a sofrer e a infligir sofrimento aos demais. E é um mundo que, como sabemos, foi feito para ser assim, dado que a vida neste planeta foi criada pela seleção natural. Mesmo assim, este também é o mundo em que a verdade metafísica, a verdade moral e a felicidade podem se alinhar, um mundo que fica cada vez mais bonito à medida que você passa a se conscientizar desse alinhamento. Se for o caso, essa ordem oculta – uma ordem que parece baseada em um nível mais profundo que a própria seleção natural – é algo com o que se maravilhar. E é algo pelo que sou cada vez mais grato.

Apêndice
Uma lista de verdades budistas

Enquanto escrevia este livro, eu não sabia ao certo qual seria o título. Ao terminar de escrever, percebi que o livro se reduzia a um argumento quanto à validade do que considero serem as ideias centrais do budismo – ou, ao menos, as principais ideias do lado "naturalista" do budismo, o lado com o qual o budismo "ocidental" se ocupa mais. Então fui em frente com o título, embora – por razões que suponho serem óbvias – não sem certo receio.

Assim, achei que podia ser útil para os leitores listar as ideias budistas específicas que o livro defende. Portanto, ofereço a lista a seguir, uma espécie de resumo básico dos argumentos expostos ao longo do livro, juntamente com referências a capítulos relevantes.

Nem todas as "verdades" que relaciono são *doutrinas* budistas. Algumas estão mais para *conclusões*, implicações claras do pensamento budista. Mas acredito que todas contam com a corroboração substancial do conhecimento científico moderno, inclusive a neurociência e a psicologia moderna, com especial ênfase na psicologia evolucionista – ou seja, no estudo de como a seleção natural moldou a mente humana.

Sobre a corroboração substancial do conhecimento científico moderno: estritamente falando, é importante entender que isso é tudo o que a ciência oferece. Não existe algo como uma teoria científica que se *prove* verdadeira da maneira como se demonstram teoremas matemáticos. Claro, algumas teorias agora são dignas de tanta confiança que, por motivos práticos, podemos pensar nelas como se tivessem de fato sido provadas verdadeiras. Por exemplo, acho que as chances de a teoria da seleção natural ser verdadeira são bem maiores que 99,99% – o que para mim é suficiente. Mas mesmo algumas teorias que merecem muito menos confiança do que isso são as mais aceitas em suas áreas.

A questão é que, quando falamos casualmente a respeito de uma teoria científica ser "verdadeira", o que queremos dizer, estritamente falando, é que ela tem a seu favor evidências que a corroboram substancialmente e ainda não encontrou firmes evidências que sejam incompatíveis com ela. É nesse sentido que considero ser possível afirmar que o budismo é "verdadeiro". É isso que o título do livro quer dizer quando se refere às principais ideias do budismo como "verdadeiras". Essas ideias budistas são corroboradas – em alguns casos, por evidências esmagadoras; em outros, substanciais, mas não tão esmagadoras – a partir do conhecimento disponível. Neste livro, tentei mais ou menos sinalizar quanta confiança acredito que algumas dessas ideias merecem. Mas creio que o ponto central da avaliação budista a respeito da condição humana – sua visão básica de por que as pessoas sofrem e por que fazem outras pessoas sofrerem e, de maneira mais geral, sua concepção de determinados aspectos básicos sobre como a mente funciona e como podemos mudar a maneira como ela funciona – merece todo o crédito.

Agora, sem mais delongas, eis algumas "verdades" budistas:

1. Os seres humanos não costumam conseguir ver o mundo de maneira clara, e isso pode levá-los a sofrer e a infligir sofrimento aos outros. Essa custosa percepção equivocada do mundo pode assumir várias formas, descritas de várias maneiras em diferentes textos budistas.
2. Os humanos tendem a ter a expectativa de que a conquista dos seus objetivos vai lhes trazer uma satisfação mais duradoura do que normalmente ocorre. Essa ilusão e a mentalidade resultante dela, de aspiração perpétua, fazem sentido como um produto da seleção natural (ver capítulo 1), mas não são exatamente uma receita para a felicidade duradoura.

3. *Dukkha* é uma parte recorrente e inexorável da forma como levamos a vida. Esse fato é menos evidente quando se traduz *dukkha* da maneira usual – como "sofrimento", puro e simples – do que se o traduzirmos como algo que envolva um grande componente de "insatisfação". Organismos, inclusive humanos, são projetados pela seleção natural para reagir ao ambiente de modo a tornarem as coisas "melhores" (no sentido que a seleção natural dá ao termo). Isso significa que eles estão quase sempre, de alguma maneira, verificando o horizonte à procura de coisas com as quais vão ficar infelizes, desconfortáveis e insatisfeitos. E como estar insatisfeito, por definição, envolve ao menos um pouco de sofrimento, pensar em *dukkha* como a causa da insatisfação acaba dando crédito à ideia de que *dukkha*, no sentido de sofrimento, é parte onipresente da vida. (ver capítulos 1 e 3).
4. A fonte de *dukkha* identificada nas Quatro Nobres Verdades – *tanha*, traduzida como "sede", "avidez" ou "desejo" – faz sentido contra o pano de fundo da evolução. Pode-se dizer que *tanha* é o que a seleção natural instilou nos animais para eles não ficarem satisfeitos com nada por muito tempo (ver capítulo 1). Considerar *tanha* a fonte do sofrimento faz ainda mais sentido quando isso é interpretado de maneira mais ampla, não apenas como o desejo de obter e se ater a coisas agradáveis, mas também como o desejo de escapar de coisas desagradáveis (ver capítulo 13). Obviamente, se você eliminar do horizonte o sofrimento associado a sentimentos de aversão, isso reduz em muito o sofrimento.
5. Os dois sentimentos básicos que sustentam *dukkha* – os dois lados de *tanha*, o apego e atração às coisas agradáveis e a aversão às coisas desagradáveis – não precisam nos escravizar como costumam fazer. Disciplinas meditativas como a meditação da atenção plena podem enfraquecer o domínio que eles exercem. As pessoas discutem se a libertação duradoura e completa – nirvana, no sentido clássico do termo – é algo possível de se alcançar, mas não há dúvida de que a vida de muitas pessoas já foi transformada pela prática meditativa. É importante enfatizar que nos tornarmos menos escravos do anseio e da aversão não significa ficarmos anestesiados em relação aos sentimentos. Isso possibilita o desenvolvimento de uma relação diferente

com eles, em que podemos ser mais seletivos quanto aos sentimentos com os quais vamos nos envolver mais integralmente. Na verdade, uma revisão dessa relação pode implicar a *intensificação* de certos sentimentos, como a admiração, a compaixão e o senso de beleza (ver capítulos 2, 5, 8, 10, 13 e 16).

6. Nossa concepção intuitiva do "eu" é, na melhor das hipóteses, enganosa. Tendemos a acolher todos os tipos de pensamentos e sentimentos como "nossos", sem discernimento, como sendo parte de nós, quando, na verdade, tal identificação é opcional. Reconhecer que a identificação é opcional e aprender, por meio da meditação, a deixar de fazê-la por reflexo podem reduzir o sofrimento. A compreensão da razão pela qual a seleção natural projetou vários sentimentos e sensações na mente humana (ver capítulo 3) pode validar a ideia de que não devemos aceitar sem discernimento as indicações que eles nos oferecem e pode nos ajudar a escolher quais sentimentos fornecem indicações mais confiáveis. Exercer esse discernimento é seguir uma interpretação estritamente pragmática do famoso "não-eu" budista – tal compreensão é uma interpretação plausível do texto fundamental sobre o não-eu, o segundo discurso proferido pelo Buda depois de sua iluminação (ver capítulo 5).
7. A interpretação mais comum e abrangente do segundo discurso do Buda – que diz que o "eu" simplesmente não existe – é formulada de várias maneiras em diversos textos budistas. Uma compreensão comum – de que não existe um eu para exercer a função de CEO, de que não há um eu que seja "o realizador dos feitos", o "pensador dos pensamentos" – é substancialmente corroborada pela psicologia moderna, que mostrou que o eu consciente está muito menos no comando do nosso comportamento do que parece. Muitos psicólogos, em particular os evolucionistas, aceitam hoje um modelo "modular" da mente que é bastante consistente com a visão de que não há um eu no comando de tudo. Esse modelo pode ajudar a explicar uma percepção comum de meditadores experientes: a de que "os pensamentos se pensam sozinhos". Dito isso, o que chamo de versão "interior" da experiência do não-eu – uma experiência que promove um questionamento sobre se de fato somos "donos" dos nossos pensamentos e

sentimentos e questiona a existência de um chefe executivo, que normalmente consideramos como o possuidor dessas coisas – é validada tanto pela psicologia experimental quanto pelas ideias mais aceitas sobre como a seleção natural moldou a mente (ver capítulos 6, 7 e 8).

8. O que chamo de versão "exterior" da experiência do não-eu – a noção de que os limites que cercam o eu se dissolveram e, em certo sentido, já eram ilusórios desde o início – não é corroborada nem empírica nem teoricamente da mesma maneira que a versão "interior" da experiência do não-eu. De fato, eu diria que a versão exterior não é, em princípio, *passível* de corroboração, ao contrário da interior, pois implica uma premissa que está menos circunscrita no âmbito da psicologia do que no da metafísica (*metafísica* no sentido do termo usado na filosofia em geral, não num sentido mais exótico). Ao mesmo tempo, considerações da biologia evolucionista sugerem que os limites do eu podem ser arbitrários, o que, por sua vez, indica que sentir uma espécie de dissolução dos limites do eu pode ser considerado uma percepção não menos precisa que nossa visão habitual dos limites do eu (ver capítulos 13 e 15).
9. Deixando de lado a validade *metafísica* da nossa noção habitual do eu e das alternativas a ela, permanece a questão da validade *moral*. Quando a sensação de dissolução dos limites do eu (talvez acompanhada pela versão "interior" da experiência do não-eu na forma de uma menor identificação com impulsos egoístas) resulta numa priorização menos pronunciada dos "meus" interesses em relação aos interesses dos outros, será que isso deixa uma pessoa mais perto da verdade? Eu diria que considerações da biologia evolucionista apoiam uma resposta afirmativa a esta pergunta (ver capítulo 15).
10. Segundo o que propõe a doutrina budista do vazio, a intuição de que objetos e seres que percebemos têm "essência" é uma ilusão. Especificamente, é uma ilusão projetada pela seleção natural para identificar a relevância das coisas em relação aos interesses darwinianos dos organismos (ver capítulos 10 e 11). (Essa defesa darwiniana da ideia de vazio é bem diferente dos argumentos tradicionais budistas, mas é compatível com eles.) Ver essência nas coisas nem sempre nos leva ao sofrimento ou a infligir sofrimento aos outros, mas pode levar. Em

particular, uma visão "essencialista" de outras pessoas e de grupos de pessoas pode nos levar a aceitar ou causar intencionalmente seu sofrimento (ver capítulo 12). Assim, a consciência de que a essência é uma construção perceptual, e não uma realidade, pode ser valiosa, especialmente se combinada com uma prática meditativa que amenize a noção de essência ou permita um comprometimento seletivo com ela. Meditadores avançados que afirmam ter perdido sua noção de essência em termos gerais – ou seja, que afirmam ter apreendido o vazio ou a ausência de uma maneira completa – parecem ser pessoas bem felizes e benevolentes, segundo minha (limitada) experiência (ver capítulo 13).

11. O ponto anterior sobre a essência e o essencialismo é uma ilustração da proposição mais ampla, segundo a qual não ver o mundo com clareza pode nos levar não apenas ao nosso próprio sofrimento como também a maus comportamentos, no sentido de fazer os outros sofrerem sem necessidade. Ou, para formular uma versão mais positiva, ver o mundo de maneira mais clara pode tornar você não apenas mais feliz, mas também mais moral. Isso não é um resultado *garantido*. Já houve meditadores muito bons que eram (aparentemente) muito felizes e (manifestamente) pessoas muito ruins. Mesmo assim, há uma associação bem íntima entre a dinâmica psicológica que nos faz sofrer e a dinâmica psicológica que nos faz nos comportar mal em relação às outras pessoas. Mas podemos dizer que a prescrição budista para diminuir ou acabar com o sofrimento *tende* a nos fazer não apenas mais felizes, mas também pessoas melhores. Que esse progresso moral não seja garantido é uma das razões pelas quais a instrução meditativa costuma ser acompanhada por instruções éticas – algo muito proeminente no budismo (ver capítulo 16).
12. Muitos ensinamentos budistas, inclusive vários dos relacionados aqui, poderiam ser reunidos sob a classificação de "consciência do condicionamento", na qual "condicionamento" significa, em termos gerais, causas. A meditação da atenção plena envolve uma atenção cada vez maior às coisas que causam o nosso comportamento – atenção a como as percepções influenciam nossos estados interiores e como alguns desses estados levam a outros e a certos comportamentos. Essa

atenção inclui uma consciência do papel crucial que sentimentos e sensações podem ter nessas cadeias de influência – um papel moldado pela seleção natural, que parece tê-los calibrado como parte de sua programação do nosso cérebro. É importante observar que as práticas meditativas que resultam na consciência de tais cadeias de influência também nos capacitam para intervir e mudar os padrões de influência. Em grande parte, é nisto que consiste a libertação budista: uma literal libertação das cadeias de influência que costumam nos limitar e em relação às quais, em geral, somos cegos (ver capítulo 14).

Essas são algumas das principais considerações que espero que justifiquem minha ideia de por que o budismo é verdadeiro. Mas, se você quiser que eu explique da maneira mais curta, aí vai: porque somos animais criados pela seleção natural. A seleção natural incorporou em nosso cérebro tendências que os primeiros pensadores budistas avaliaram com um excelente trabalho, dada a escassez de recursos científicos disponíveis. Agora, à luz da compreensão moderna de como a seleção natural produziu o cérebro humano, podemos oferecer uma nova defesa dessa avaliação.

Nota sobre a terminologia

Escrever um livro sobre budismo implica inúmeras escolhas de terminologia.

Em primeiro lugar, há a questão do sânscrito versus páli. Na escrita ocidental, os termos budistas são normalmente apresentados em uma dessas duas línguas antigas (embora também haja textos budistas antigos em outras línguas asiáticas). Alguns autores de livros sobre budismo escolhem uma língua ou outra e se atêm a ela. Não foi o caminho que eu escolhi, e achei melhor explicar por quê.

O primeiro grande conceito budista envolvido neste livro, o "não-eu", é mais enfatizado no budismo Theravada do que em sua outra principal vertente, o budismo Mahayana. O cânone Theravada está escrito em páli, o que me fez considerar natural denominar o não-eu como *anatta*, em vez de usar o sânscrito *anatman*. Mas o segundo grande conceito budista que o livro apresenta, o "vazio", é mais enfatizado na tradição Mahayana, e por essa razão o termo é normalmente referido em sânscrito: *sunyata*. E alguns termos que são proeminentes em ambas as tradições se tornaram conhecidos no Ocidente em suas formas em sânscrito – em particular, *nirvana* e *dharma* (e não *nibbana* e *dhamma*, em páli). Nesse caso, portanto, escolhi o sânscrito.

Tendo tomado a decisão de usar tanto o sânscrito quanto o páli, tive de me defrontar com os casos limítrofes, em que não havia uma razão mais forte para usar nem um nem outro. Não vou cansar o leitor expondo minhas razões para cada escolha. Em alguns casos, a decisão foi mais ou menos no cara ou coroa.

Na questão do *sutra* (sânscrito) versus *sutta* (páli), usei os dois termos, aferindo se o texto em questão era mais associado à tradição Mahayana ou à Theravada. Mas essa questão aparece mais nas notas e na bibliografia do que no próprio texto, no qual preferi usar a palavra *discurso* em vez de *sutra* (ou *sutta*). Uma das razões para isso é que acredito que em alguns círculos a palavra *sutra* adquiriu uma conotação mais de poema ou reflexão do que de argumento, e a maioria dos textos budistas em que me concentrei apresenta argumentos. Podem não ser argumentos no sentido moderno da palavra – com todos os termos definidos, cada passo do argumento exposto com clareza –, mas são proposições sobre a psicologia e a filosofia e por isso se justificam. E essas proposições são o ponto central deste livro.

Finalmente: eu uso muito a palavra *iluminação* no livro. Na verdade, *despertar* seria uma tradução mais literal e correta do termo antigo comumente apresentado como *iluminação*. Esse termo é a base tanto para "o Buddha" (o desperto) como para o nome da árvore – Bodhi – sob a qual consta que ele alcançou seu grande despertar. Com certeza, *despertar* tem seu encanto como tradução, em vista da ideia budista de que vivemos em tamanha ilusão que parecemos viver num mundo de sonhos – e dado que começo o livro adotando essa ideia. Ao mesmo tempo, apesar do poder metafórico, o despertar budista envolve mais do que meramente acordar; é preciso haver uma verdadeira iluminação, um esclarecimento, no sentido da apreensão, normalmente árdua, de algumas verdades difíceis sobre o mundo. E o termo *iluminação* tem também outra dimensão relevante, dando origem ao termo Iluminismo, que representa a época em que o Ocidente se voltou decisivamente para a análise racional. Isso me pareceu apropriado, já que este livro argumenta que a visão budista do mundo, ou pelo menos seu aspecto naturalista, faz muito sentido à luz da filosofia e da ciência que passaram a existir a partir daquela época.

Agradecimentos

O mestre de meditação Daniel Ingram escreveu um livro chamado *Mastering the Core Teachings of the Buddha* [Dominando os ensinamentos fundamentais do Buda], em cuja capa, logo abaixo do título, constam as palavras "por Universo Interdependente". E então, abaixo desta atribuição de autoria, há uma atribuição mais convencional – o nome de Ingram. É uma piada interna, uma referência ao fato de que, segundo a filosofia budista, os frutos do nosso trabalho não são muito bem descritos como frutos do nosso trabalho. Eles são mais bem descritos como produtos das diversas influências que acumulamos ao longo dos anos – tantas influências que não há esperança prática de identificar todas.

Mas vou fazer o melhor possível.

Em primeiro lugar, devo muito à Universidade Princeton. Logo que comecei a escrever este livro, dei início a um curso para alunos do primeiro ano chamado Ciência e Budismo. Por dois anos seguidos, fui presenteado com uma sala lotada de estudantes curiosos e desafiadores, que, além de me ajudarem a esclarecer e organizar os meus pensamentos a respeito do assunto, me fizeram sentir mais otimismo sobre o futuro. Princeton também me apoiou no desenvolvimento de uma versão on-line do curso – chamado Budismo e a Psicologia Moderna, disponível gratuitamente na plataforma Coursera, em inglês –, que me permitiu alcançar milhares de outros alunos cuja energia e curiosidade, mesmo que a distância, me deixaram muito feliz. Tudo isso foi possível graças ao apoio contínuo de Clayton Marsh e o estímulo inicial de Shirley Tilghman. Ao longo do caminho, recebi a importante ajuda de outras pessoas de Princeton, que incluem Jeff Himpele, Laura Shaddock, Lisa Jackson, Jim Grassi, Mona Fixdal e Shakuntala Sanyal. Rachel Connor e David Nowakowski, na época estudantes de psicologia e filosofia, respectivamente, me serviram como excelentes assistentes de pesquisa na preparação do curso on-line e também forneceram valiosas opiniões sobre algumas partes do primeiro esboço deste livro.

Depois de lecionar em Princeton, tornei-me professor convidado de ciência e religião no Union Theological Seminary, em Nova York, onde recebi o apoio da Fundação John Templeton em forma de uma quantia generosa. No Union – uma das mais importantes instituições ecumênicas da história espiritual dos Estados Unidos e um dos lugares mais amigáveis do planeta –, conheci colegas que me apoiaram muito e que compartilharam do meu interesse pela filosofia oriental, principalmente John Thatamanil, Greg Snyder, Chung Hyuh Kyung e Paul Knitter. Também me beneficiei de discussões em seminários com alunos aos quais infligi os esboços de vários capítulos deste livro: Andre Daughtry, Guthrie Graves-Fitzsimmons, Kate Newell, Duke Kwadwo Yeboah, Isabel Mares, Julio Torres e Carole Wilkins. E tudo isso aconteceu com o apoio contínuo da presidenta do Union, Serene Jones (que, entre outros feitos, acabou de lançar um programa de graduação sobre budismo), e do vice-presidente, Fred Davie.

Muitas pessoas com importantes especialidades concordaram generosamente em ler parte ou todo o manuscrito e me dar um retorno. Sou muito grato a Miri Albahari, Stephen Asma, Paul Bloom, Bhikkhu Bodhi, Susan Gelman, Joseph Goldstein e Scott Barry Kaufman. Opiniões especialmente abrangentes me foram oferecidas por três pessoas: Josh Summers, que conheci no meu primeiro retiro de meditação; Jonathan Gold, cujo excelente livro sobre o filósofo budista Vasubandhu, *Paving the Great Way* [Pavimentando o grande caminho], foi também muito útil; e Philip Menchaca, que também me ajudou enormemente, apesar de seus vários outros afazeres no Union. (Bhikkhu Bodhi merece um agradecimento especial por ter me conduzido pela mão – por meio do Skype e de e-mails – com paciência e alegria por questões referentes a tradução e interpretação de alguns dos textos antigos em que este livro se baseia.) Reid Hoffman e Ben Casnocha promoveram agradáveis encontros que resultaram em valiosas avaliações a respeito de ideias expostas neste livro.

Muitos estudiosos, mestres de meditação e monges tiveram conversas muito úteis comigo. Não vou me dar o trabalho de agradecer aos que já estão mencionados no livro. Mas, além deles, agradeço também a Shinzen Young, Jay Michaelson, Sharon Street, Kenneth Folk, Daniel Ingram, Buzzy Teiser, Erik Braun, Vincent Horn, Annabella Pitkin, Dale Wright, David Yaden e Miguel Farias. Muitas dessas conversas aconteceram no meaningoflife.tv, uma plataforma construída e mantida pelo trabalho de Aryeh Cohen-Wade, Brian Degenhart, Nikita Petrov, Brenda Talbot e o já mencionado Philip Menchaca.

Passei um total de sete semanas em retiros de meditação silenciosa na Insight Meditation Society, onde os funcionários estavam sempre dispostos a ajudar e oferecer apoio, constituindo uma propaganda viva do budismo. Gostaria de poder agradecer a todos nominalmente, mas um dos aspectos de estar em um retiro de meditação silenciosa é não ficar sabendo muitos detalhes a respeito das pessoas que conhecemos. Mas sei os nomes de Joseph Goldstein e Sharon Salzberg – dois dos três fundadores do IMS – e sou grato a ambos pelas conversas esclarecedoras que tivemos nos últimos 15 anos.

Na Simon & Schuster, fui apoiado e orientado do início ao fim pela minha editora, Priscilla Painton. Priscilla sempre esteve disponível quando precisei dela – e eu precisei muito dela. A assistente de Priscila, Megan Hogan, cuidou de uma variedade de assuntos com grande competência e, quando necessário, com diplomacia. A editora de texto, Judith Hoover, debruçou-se diligentemente sobre o material e fez aos leitores o favor de reduzir a frequência de alguns dos meus mais cansativos tiques literários. Quando o livro entrou em produção, o fardo da minha propensão a implicar com minúcias caiu sobre os ombros de Alex Su, que me aguentou com um bom humor que me ajudou mais do que ele possa imaginar. Entre outros que merecem agradecimentos na Simon & Schuster estão Cary Goldstein, Nicole McArdle, Richard Rhorer, Alison Forner, Erin Reback e, por último mas não menos importante, Jon Karp. Mais uma vez meu agente, Rafe Sagalyn, me deu boas orientações, desde a concepção até a publicação.

Mais perto de casa, gostaria de agradecer aos meus cachorros, Frazier e Milo, por aparecerem nos vídeos que fiz como parte do curso on-line já mencionado e também por me confortarem em momentos de necessidade. Meus dois colegas de ciclismo, John McPhee e Steve Kruse, às vezes diziam coisas úteis sobre o livro quando não estavam me ajudando a tirá-lo da cabeça. Minhas duas filhas, Margaret e Eleanor, foram muito tolerantes comigo ao longo da minha carreira de escritor e, à medida que foram crescendo, se tornaram fontes confiáveis de opiniões sobre quaisquer questões relacionadas a livros – e também não relacionadas. Além disso, elas são incríveis. (Se a iluminação significar não ver mais a essência-de-filhas-incríveis quando olho para elas, sinto-me feliz por não tê-la alcançado!) Finalmente e acima de tudo, gostaria de agradecer à minha esposa, Lisa, que leu cada palavra deste livro mais de uma vez e que, portanto, é responsável por todos os erros e omissões. Brincadeira. Na verdade, ela é responsável por este livro ser, em muitos sentidos, mais claro e melhor do que jamais poderia ter sido sem a sua ajuda. Ao longo das últimas três décadas, nada me deu uma sensação de alívio mais gratificante do que quando Lisa lia algo que eu escrevia e dizia que não precisava de nenhum ajuste – mesmo que eu saiba que, bem no fundo, ela estava apenas sendo muito gentil.

Notas

1. Tomando a pílula vermelha

1 estudo da dopamina em macacos: Ver Schultz 2001; Schultz et al. 1992.

2 expectativa *[...] da gratificação*: Embora o aumento da dopamina costume acompanhar o prazer, muitos pesquisadores agora acreditam que ela não seja sua causa, mas que tende a acompanhá-lo por outros motivos e está mais diretamente envolvida com a expectativa e a ânsia pelo prazer do que com a sensação em si. Para nossos fins, o aspecto principal é que a redução da dopamina, por um motivo qualquer, deve implicar a diminuição do prazer à medida que os macacos se acostumam com o suco doce (uma premissa compatível com a experiência humana comum de diminuição do prazer com a repetição dos estímulos agradáveis). E o aumento da dopamina disparado pela luz presumivelmente reflete uma maior expectativa pelo prazer. Na verdade, de acordo com o pensamento atual, a dopamina pode muito bem estar ligada ao fenômeno subjetivo de modo causal, e não apenas correlacionada a ele.

3 *"desconforto de ser dominado por elas"*: Yongey Mingyur e Swanson 2007, p. 250.

2. Os paradoxos da meditação

4 *"pessoas desesperadas ao redor"*: Ver "Thich Quang Duc" em Wikipedia:https://en.wikipedia.org.

3. Quando sentimentos e sensações são ilusórios?

5 *"buscasse um e evitasse o outro"*: Romanes 1884, p. 108.

6 *já que estes compartilham muitos dos nossos genes*: Ver Wright 1994, capítulo 7. Em geral, ver Wright 1994 e Pinker 1997 para uma introdução sobre a lógica da psicologia evolucionista.

7 *ruins para ele*: Alguns filósofos defendem o ponto de vista de que, na verdade, os sentimentos nunca são a causa para que os organismos façam alguma coisa. A ideia fundamental aqui, denominada "epifenomenalismo", é que a experiência subjetiva é influenciada pelo funcionamento físico do organismo, mas nunca o influencia. Se essa linha de pensamento estiver correta, o modo como defini a função primordial dos sentimentos (fazer com que os organismos se aproximem/evitem coisas boas/ruins para eles), estritamente falando, não pode estar correto. (De fato, para o epifenomenalismo, a existência dos sentimentos é algo misterioso, por não terem nenhuma função aparente.) No entanto, mesmo que isso seja verdade, podemos dizer, por exemplo, que sentimentos desagradáveis *acompanham* comportamentos que levam os organismos a evitar coisas prejudiciais a eles e, portanto, isso *significa*, da "perspectiva" da seleção natural, que a aversão é adequada. Neste sentido, o *significado* dos sentimentos é essencialmente o mesmo tanto na visão epifenomenalista

da consciência quanto em outras. E, a propósito, se o epifenomenalismo estiver correto, muito do que os cientistas comportamentais afirmam sobre os sentimentos (quando afirmam ou sugerem que eles têm alguma função), estritamente falando, não está correto. Aliás, a rigor, a literatura das ciências comportamentais deveria estar repleta de notas de advertência semelhantes a esta, que não necessariamente enfraquecem as análises que as acompanham.

8 *evitando olhar para a cicatriz*: Gazzaniga 2011.

9 *"medo de passar vergonha em assembleias"*: Thera 2007.

10 *"toda uma vida de desconforto"*: Beck e Emery 1985, p. 4.

4. Felicidade, êxtase e outras boas razões para meditar

11 estudos sobre a rede padrão: Ver Brewer, Worhunsky et al. 2011; Andrews-Hanna et al. 2010; Farb et al. 2007; Holzel et al. 2011; Lutz et al. 2008; e Davidson e Irwin 1999.

12 *rede padrão radicalmente silenciosa*: Brewer, Worhunsky et al. 2011.

13 *qualquer palavra [...] traduzida como "agora" ou "o presente"*: Há um termo que pode ser traduzido como "neste mundo" ou "nesta mesma vida" e é às vezes traduzido como "aqui e agora"; mas, no contexto, ele se refere ao momento em que as recompensas de um determinado nível de realização meditativa virão – ou seja, durante este ciclo de vida e não após a morte – e não faz parte da instrução de como desenvolver a atenção plena.

14 *no mundo*: A literatura budista inclui várias definições do que significaria ser iluminado (ou "desperto", para usar uma tradução mais literal do termo normalmente traduzido como "iluminado"; ver *Nota sobre a terminologia* ao final deste livro). Mas entre os elementos mais frequentemente citados da iluminação está a dissipação dessas duas ilusões. Como veremos no capítulo 13, outro elemento mencionado com frequência – a superação de *tanha*, a avidez ou o desejo que é fonte de sofrimento – está tão estreitamente entrelaçado com a dissipação dessas ilusões que os termos se equivalem.

15 *a mera compreensão já é um desafio*: A seguinte observação foi encontrada no antigo comentário sobre um texto budista: "A impermanência é óbvia quando um pires (digamos) cai e quebra; [...] a dor é óbvia quando um furúnculo (digamos) aparece no corpo; [...] a característica do não-eu não é óbvia." Ver Buddhaghosa 2010, p. 667.

5. A suposta não existência do eu

16 *"a sua cabeça vai explodir"*: Kornfield e Breiter, orgs. 1985, p. 173.

17 *"todo o mal que há no mundo"*: Rahula (1959) 1974, p. 51.

18 *"a forma é não-eu"*: Neste capítulo e no capítulo 7, uso a tradução de Mendis 2010.

19 *mesmo quando preferiríamos que não perdurassem*: Quando fala sobre nossa incapacidade de controlar a "sensação", o Buda não está se referindo às emoções. Na psicologia budista, "sensação" se refere ao *tom* do que se sente – positivo, negativo ou neutro. Sem dúvida, o tom pode acompanhar emoções (assim como pode acompanhar percepções e outros fenômenos mentais), dotando-as da qualidade de ser

agradável ou desagradável. Desse modo, com a ansiedade, por exemplo, o ponto que o Buda está realçando aqui pode ser ilustrado, pois ao não conseguir dissipar a ansiedade também não conseguimos dissipar a sensação predominantemente desagradável que a acompanha. Além disso, tecnicamente falando, a ansiedade pertenceria ao agregado "formações mentais", não à sensação. Assim, a incapacidade de dissipar a ansiedade também ilustra o conceito de Buda quando ele fala sobre formações mentais que não estão sob nosso controle.

20 implicitamente *negando a existência desse eu*: Ao final do discurso, depois de passar pelos cinco agregados um a um, o Buda terá questionado se todo o seu sistema está sob controle – e, se não está, alguém poderia argumentar, como poderia haver um eu CEO? Também é possível argumentar que as duas visões do eu contrastadas aqui – como algo no controle, tipo um CEO, e como algo sob controle – não são tão distantes entre si, uma vez que qualquer coisa que esteja no controle também deverá estar sob controle. De qualquer forma, como deixa claro a história no início do capítulo 6, em outros textos o Buda recorre à metáfora de um "rei" para ilustrar um eu do tipo CEO.

21 *alguns estudiosos dissidentes*: Ver, por exemplo, Harvey 1995, discutido no texto abaixo, e Thanissaro 2013. Para uma resposta a Thanissaro, ver Bodhi 2015.

22 *"pessoalmente alcança o nirvana"*: Samyutta Nikaya 22:53, Bodhi 2000, pp. 890–91.

23 *Mas não pertencem*: Por questão de simplicidade de exposição, omiti uma importante particularidade relevante para a relação entre a "avidez" e o "apego". O senso comum pode considerar que o agregado da consciência é ávido pelos outros – uma vez que, afinal, um resultado dessa avidez seria o apego dela aos demais agregados. Mas, segundo a psicologia budista, a avidez por todos os agregados teria origem no agregado das "formações mentais" (Bhikkhu Bodhi, comunicação pessoal). Isso inclui a avidez pela consciência e por conteúdos específicos do próprio agregado das formações mentais. Mas o aspecto mais importante ainda se mantém: é a avidez pelos conteúdos de todos os agregados que sustenta o apego da consciência aos demais agregados.

24 *uma hipótese tão simples*: Um dos problemas de se chegar a essa "hipótese simples" por meio do discurso sobre o apego é a questão de como interpretar a palavra *libertado*. Um antigo comentário sobre textos budistas afirma que, nesse discurso, a consciência é "libertada" no sentido de não causar renascimento quando a pessoa que foi libertada morrer (ver Bodhi 2000, p. 1060, nota 72). A relevância dessa interpretação será mais facilmente compreendida depois da leitura do capítulo 14, mas, por ora, é possível dizer que ela complica as tentativas de equiparar a libertação da consciência aqui mencionada à libertação da pessoa. (Essa interpretação, alguém pode alegar, sugere que, enquanto a pessoa é libertada no aqui e agora, o que realmente está acontecendo é que a consciência adquire propriedades que lhe concederão um tipo um pouco diferente de libertação após a morte.) Dito isto, convém ressaltar que essa é apenas uma interpretação; a versão em páli do discurso não diz que "libertado" se refere apenas à questão do renascimento; aliás, não faz nenhuma menção a renascimento nesse contexto. Além disso, comentários antigos desse tipo normalmente tinham como objetivo a eliminação de aparentes

inconsistências entre os discursos – portanto, não é de admirar que esse comentário apresente uma interpretação que minimiza exatamente a suposta incoerência entre os discursos que estou tentando destacar. Bhikkhu Bodhi argumenta que a interpretação nesse comentário é plausível, mas não inquestionável, e que em nenhuma hipótese impediria a compreensão simultânea de "libertado" num sentido mais amplo (comunicação pessoal). Talvez até mais importante, ele observa que, independentemente de como esse discurso seja interpretado, há diversos outros que afirmam que a "mente" é libertada após a iluminação e que, em alguns deles, a palavra traduzida como "mente" equivale à palavra traduzida como "consciência". (Na verdade, o próprio Bodhi acredita que o verso mais intrigante do discurso sobre o não-eu em que me concentrei neste capítulo – o que diz que "ele" se torna livre – pode ser compreendido como se dissesse que a mente é libertada; o sujeito do verbo – como ocorre algumas vezes em páli – não está dito no texto, e a maioria dos tradutores opta por usar "ele" com base no contexto, mas Bodhi argumenta que, no balanço final, o significado mais plausível seria "a mente".)

Dessa forma – levando em consideração não apenas a referência à consciência libertada no discurso sobre apego, mas também as descrições explícitas da "mente" libertada em outros discursos –, não seria insanidade sugerir que o Buda pensava numa libertação da consciência após a iluminação. No entanto, qualquer tentativa de argumentar que é no agregado da consciência que encontramos o "você" que foi libertado precisa se contrapor a muitos discursos que, a exemplo do primeiro sobre o não-eu, definem a libertação como o abandono dos cinco agregados, inclusive a consciência. Na verdade, mesmo o discurso sobre apego (quando incentiva o abandono da "avidez" pelos agregados) inclui o quinto agregado, a consciência, continuando assim de acordo com o discurso sobre o não-eu. Ainda assim, é intrigante o modo como o discurso sobre apego sugere certa identificação do agregado da consciência com a pessoa – não apenas na passagem que citei no texto, mas também no início, quando o Buda declara: "Quem está apegado não está libertado; quem está desapegado está libertado" – e segue falando sobre apego e desapego na relação entre a consciência e os outros agregados.

25 *que resta após a libertação*: Ver Albahari 2006 sobre esse modelo "dual" de consciência. Não estou sugerindo que tudo o que eu disse anteriormente sobre um modelo desse tipo possa ser aplicado ao modelo de Albahari. No entanto, ela emprega o termo "consciência testemunha" e de fato sugere que é essa consciência que o Buda está descrevendo quando diz, no *Bahuna Sutta* (Ver Thanissaro 1997), que, depois que o monge abre mão de todos os cinco agregados: "Ele habita na consciência ilimitada".

26 *se você possuir o dente, para início de conversa*: Conze 1959, p. 18.

27 "*um conceito em si mesmo sem fundamento*": Harvey 1995, p. 45.

28 "*como algo a ser* feito": Ibid. Harvey escreve que, além de o primeiro discurso sobre o não-eu não negar explicitamente a existência do eu, "as fontes antigas usadas pela tradição Theravada não contêm essa negação explícita" (p. 7).

29 *os conduziria à libertação*: Ver especificamente Thanissaro 2013; Thanissaro traduziu muitos textos budistas para o inglês, inclusive o discurso sobre o não-eu.

6. O seu CEO está desaparecido

30 *"a consciência é o meu eu"*: Estou usando a tradução de Thanissaro 2012.

31 *"o primeiro-ministro"*: Kurzban 2010, p. 61.

32 *"'limpar o galinheiro'"*: Gazzaniga 2011, pp. 82–83.

33 *"à motivação subliminar e à motivação consciente"*: Pessiglione et al. 2007.

34 *a cargo da maior parte do trabalho pesado*: Sem dúvida, a força da mão tendia a ser maior quando a imagem da moeda de maior valor era percebida de maneira consciente do que quando era apresentada subliminarmente. Mas isso poderia simplesmente ser consequência do tempo que o cérebro ficara exposto à imagem, não da consciência em si. Em outras palavras, talvez a exposição de 100 milissegundos (a que leva à percepção consciente) induzisse um aperto mais forte mesmo que a mente consciente não tivesse sido acionada. De fato, há evidências de que essa correlação entre o tempo de exposição e a força do aperto realmente não depende da consciência. Os pesquisadores usaram dois tempos de exposição na faixa subliminar: 17 e 50 milissegundos. Este último induziu um aperto da mão mais forte do que o anterior quando a moeda de maior valor foi apresentada. (No caso da moeda de menor valor, logicamente ocorreu o contrário.) Aliás, 50 milissegundos não estariam na faixa subliminar em qualquer circunstância. Mas neste caso a imagem da moeda foi "mascarada" ao ser inserida entre duas apresentações de um padrão visual do mesmo tamanho. Os participantes viam esse padrão no início de cada experimento, independentemente de haver ou não ali a imagem de uma moeda escondida.

35 estudos de Libet: Ver Libet 1985.

36 *questões não resolvidas quanto à interpretação*: Ver Jarrett 2016 e Danquah et al. 2008.

37 benefectância: Greenwald 1980.

38 estudo sobre habilidade de dirigir: Preston e Harris 1965.

39 estudo sobre autoavaliação moral: Allison et al. 1989.

40 estudo sobre autoavaliação de membros de equipes: Greene 2013, p. 97. Sobre vieses mais gerais, ver Mezulis et al. 2004.

41 estudo sobre a suscetibilidade a vieses: Pronin et al. 2002.

42 "*por* não ter o viés de pensar que somos melhores que a média": Kurzban 2010, p. 105.

43 estudo sobre viés egocêntrico e memória: D'Argembeau e Van der Linden 2008.

44 estudo sobre personalidade e autopercepção: Feldman Barrett 1997.

45 variação cultural da autopromoção: Ver Mezulis et al. 2004 e Sedikides et al. 2005.

46 *"nos termos da psicologia popular"*: Barkow 1989, p. 104.

47 *"sistema caótico e auto-organizado"*: Gazzaniga 2011, pp. 69–70.

48 *"prêmio do reconhecimento consciente"*: Ibid., p. 66.

49 *"qualquer outra coisa particularmente especial"*: Kurzban 2010, p. 56.

7. Os módulos mentais que controlam a sua vida

50 *mas sem chegar a dizer explicitamente por quê*: O Buda enfatiza nesse discurso a relação entre impermanência e *dukkha* (sofrimento ou insatisfação). E sua construção linguística sugere que ambas as propriedades dos agregados – impermanência e *dukkha* (além da resistência ao controle) – tornam inadequado equiparar os cinco

agregados ao eu. Uma interpretação possível seria que, *porque* a impermanência conduz a *dukkha*, coisas impermanentes não são eu. Essa perspectiva faria ainda mais sentido à luz da constatação de que esse discurso também associa ao sofrimento o fato de os agregados serem resistentes ao controle (embora a palavra usada aqui para conotar sofrimento não seja *dukkha*). A partir desse ponto de vista, não é que a resistência ao controle e a impermanência em si mesmos impeçam que os agregados tenham o status de "eu"; na verdade, eles não podem ser considerados "eu" por conduzirem ao sofrimento. Porém não está claro por que alguém pensaria que coisas que contribuem para o sofrimento não podem se equiparar ao eu, pois *nos parece* razoável que coisas não suscetíveis ao controle ou não persistentes ao longo do tempo é que não podem ser confundidas com o eu. Essa seria a perspectiva dos muitos intérpretes que entendem que o argumento do Buda fala muito mais sobre impermanência e resistência ao controle em si mesmos. Dito isso, vale a pena acrescentar que se considerarmos esse argumento em termos estritamente pragmáticos e terapêuticos – que pensar nos agregados como o eu conduz ao sofrimento e que deveríamos considerá-los não-eu para sofrer menos –, *faria sentido* o Buda chamar de não-eu coisas impermanentes e que resistem ao controle simplesmente porque tendem a causar sofrimento. Essa visão estaria em consonância com a interpretação "herética" do discurso do Buda abordada no capítulo 5.

51 estudo sobre desconto temporal e modo de aquisição de parceiros sexuais: Wilson e Daly 2004. Ver também Kim e Zauberman 2013.

52 estudo do *Journal of Marketing Research*: Griskevicius et al. 2009.

53 Tooby e Cosmides sobre ciúmes sexuais: Cosmides e Tooby 2000.

54 estudo sobre ambições profissionais e modo de aquisição de parceiros sexuais: Roney 2003.

55 *planos de carreira podem se tornar mais materialistas*: No caso da função de utilidade intertemporal, a descoberta se aplica a homens, não a mulheres. Parece que o experimento não foi feito com mulheres em relação a planos de carreira. Em geral, quando se trata da psicologia de acasalamento humano, nunca há total simetria entre os gêneros, de acordo com a psicologia evolucionista. Ao mesmo tempo, não há nenhum motivo para acreditarmos que a mente feminina sofra menos alterações no contexto de aquisição de parceiro sexual ou de perspectiva de relacionamento sexual do que a masculina, ainda que as transformações sejam de certa forma diferentes.

56 estudo sobre avaliação de expressões faciais: Maner et al. 2005.

57 *histórias negativas que contamos sobre rivais*: Ver Buss e Dedden 1990.

58 *"tolos miseráveis e insensatos"*: Burtt 1982, p. 37.

8. Como os pensamentos se pensam sozinhos

59 sobreposição entre rede padrão e "teoria da mente": Ver Mars et al. 2012.

60 exames de imagem do cérebro sobre sistema dopaminérgico e curiosidade: Sample 2014. Ver também Ikemoto e Panksepp 1999. As citações de Ruskin e Johnson vêm de Litman 2005. Litman postula que chamamos de curiosidade dois diferentes tipos de processos cerebrais que às vezes se sobrepõem.

61 *ganhe passagem para a consciência*: Essa hipótese levanta a questão de como os pensamentos podem ter *qualquer* nível de sentimento associado a eles antes de chegarem à consciência. Há, pelo menos, duas respostas possíveis: (1) por mais estranho que possa parecer, talvez existam territórios sencientes na mente – dotados de experiência subjetiva –, mas que normalmente não estão acessíveis à mente consciente. Algumas pessoas que analisaram as implicações dos experimentos com cérebro dividido abordados no capítulo 6 levam essa possibilidade a sério. (2) Talvez "a força do sentimento" seja uma propriedade latente até o pensamento associado a ele ser admitido na consciência. Durante essa fase latente, pode haver algum marcador físico que registre a intensidade do sentimento, que, no entanto, não terá nenhuma manifestação subjetiva até ser admitido na consciência em virtude de sua intensidade.

62 "*repele o desprazeroso*": Majjhima Nikaya 38: 30, Nanamoli e Bodhi 1995, p. 266.

9. Autocontrole

63 "*escrava das paixões*": Hume 1984, p. 462.

64 a exposição de Hume ao budismo: Ver Gopnik 2009.

65 estudo sobre atividade cerebral e comportamento de compra: Knutson et al. 2007. A terceira região do cérebro usada por esses pesquisadores para prever o comportamento de compra foi o córtex pré-frontal mesial, que reage a coisas como a visão de uma bebida gostosa.

66 "*qualquer ação da vontade*": Hume 1984, p. 460.

67 estudo sobre Tylenol e dor social: Lieberman 2013, pp. 64–66.

68 córtex pré-frontal e autocontrole: Ver Sapolsky 2005.

69 "*determinação da vontade*": Hume 1984, p. 461.

70 "*a não ser um impulso contrário*": Ibid., p. 462.

71 Greene sobre Hume: Greene 2013, capítulo 5.

72 Pessoa sobre a carruagem de Platão: Pessoa 2013, pp. 2–3.

73 RAIN: Esta sigla foi criada pela mestra de meditação Michele McDonald (2015).

74 estudo sobre vício em cigarro: Brewer, Mallik, et al. 2011.

75 "*comando absoluto sobre a mente*": Ver Immerwahr 1992.

76 "*ocorrências comuns da vida*": Ibid.

10. Encontros com a não-forma

77 *o termo*: vazio: "Vazio" é a tradução da palavra sânscrita *sunyata* e da palavra páli *sunnatta*. O termo desempenha um papel maior no budismo Mahayana que no Theravada, e quando é usado na literatura deste último normalmente tem um significado técnico um pouco diferente do que tem no contexto Mahayana. Talvez o motivo de esse mestre de meditação ter usado o termo não-forma em vez de vazio – embora os considerasse intercambiáveis, como mais tarde admitiu – seja por ele ensinar dentro da tradição Theravada.

78 "*Forma é vazio*": Conze, trad. 1959, p. 162.

79 "*não vai me incomodar*": Amaro 2002.

11. O lado bom do vazio

80 O caso de "Fred": Lucchelli e Spinnler 2007.

81 *o que os budistas entendem por iluminação*: Curiosamente, o estudioso de religião Malcolm David Eckel, ao definir a perspectiva das pessoas que levam a sério a doutrina budista do vazio, certa vez elaborou uma série de perguntas que podem ocorrer a tais pessoas: "Mãe, quem ela é? Irmão, quem ele é? [...] Tudo é uma ilusão. Está vazio." Mas mesmo nessa definição um pouco extrema da experiência do vazio não há nenhuma sugestão de que a pessoa pudesse pensar, como na síndrome de Capgras, que sua mãe ou seu irmão foram substituídos por um impostor. Ver Eckel 2001.

82 *"sua réplica nos deixa indiferentes"*: Bloom 2010, pp. 3–4.

83 *essências afetivas*: O significado de *essência* que estou usando se encaixa apenas em parte com a definição do termo normalmente usada pelos psicólogos. Eles costumam falar de uma qualidade não óbvia, invisível ou oculta que, ao que se crê, uma coisa possui e sem a qual não pode ser o que é. Isso encaixa com o que eu quero dizer quando falo em essência – *exceto* na medida em que a expressão "ao que se crê" indica uma crença explícita, em oposição a um conceito mais sutil e quase inconsciente. E os psicólogos costumam se referir a essa crença – inclusive a ponto de considerar a molécula H_2O a essência da água. Essa ênfase em crenças explícitas pode, em parte, ser consequência do modo como estudam a essência: entrevistando pessoas sobre suas convicções (ver, por exemplo, o interessante trabalho de Susan Gelman 2003). De qualquer forma, meu foco é a "ideia" de essência que as pessoas têm – algo que pode ser completamente implícito. Assim, nunca uso esse termo para denotar os componentes físicos de uma coisa. Aliás, o uso que faço da palavra essência não está alinhado com as aplicações mais comuns do termo na filosofia ocidental.

84 *"existe mal no mundo"*: Bloom 2010, p. 1.

85 *"a visão da letra Q"*: Zajonc 1980, p. 154.

86 estudo da avaliação de imagens: Giner-Sorolla et al. 1999. Ver também Jarudi et al. 2008.

87 *estudos sobre preparação afetiva*: Ver Ferguson 2007.

88 julgamento implícito de imagens: Giner-Sorolla et al. 1999.

89 *percepção da essência*: Gostaria de enfatizar a diferença entre meu argumento em defesa da ideia do vazio e o argumento budista ortodoxo. O vazio é uma doutrina "ontológica", uma afirmação sobre a verdadeira natureza da realidade. A defesa ortodoxa budista dessa doutrina é, naturalmente, um argumento ontológico: um argumento sobre a verdadeira estrutura da realidade, sobre como essa estrutura, quando devidamente compreendida, não admite a afirmação de que "as coisas" têm essência. (Ver o capítulo 13 para uma descrição mais detalhada do argumento budista padrão.) Minha defesa do vazio, ainda que em prol de uma doutrina ontológica, não é fundamentalmente ontológica em si, mas psicológica. Em outras palavras, em vez de argumentar que a realidade tem uma determinada estrutura e que essa estrutura não envolve essências, defendo que a mente humana foi programada para projetar na realidade uma noção de essência e que a lógica darwiniana por trás dessa projeção não nos oferece nenhuma razão para pensar que ela corresponda à

realidade "objetiva" – na verdade, ela nos oferece uma razão para duvidar que tal projeção corresponda à realidade "objetiva". (Ver no capítulo 15 o desenvolvimento dessa lógica.) Observe que esses dois argumentos em defesa da doutrina do vazio (o budista ontológico clássico e o meu, psicológico) são logicamente compatíveis.

90 estudo de degustação de vinhos: Ver Bloom 2010, p. 45.

91 "*uma profundidade no prazer*": Ibid., p. 53.

92 "*experiência hedonista do sabor*": Plassmann et al. 2008.

12. Um mundo sem ervas daninhas

93 meta-análise de [...] estudos "parciais": Ambady e Rosenthal 1992.

94 *mais atenciosas ou conscienciosas*: Ver Eagly et al. 1991. Ainda que a beleza física pareça não ser por si só um indício importante para avaliação de integridade moral, alguns aspectos da aparência talvez o sejam. Há evidências, por exemplo, de que as pessoas são consideradas mais confiáveis quando as partes internas das sobrancelhas são mais altas, e as maçãs do rosto, mais salientes em relação aos que não apresentam tais características. Um estudo que usou tomografia cerebral para monitorar partes conhecidas do cérebro com o objetivo de correlacioná-las às avaliações de confiabilidade sugeriu que tais avaliações são feitas mesmo quando imagens faciais são apresentadas subliminarmente (breves demais para serem percebidas pela mente consciente). Ver Freeman et al. 2014.

95 "*gemia, mantendo a cabeça baixa*": Darley e Batson 1973, p. 104.

96 "*pensarem como criminosos*": Ver Harman 1999, p. 320.

97 "*existência de traços de caráter*": Ibid., p. 316.

98 "*qualquer revisão da imagem original*": Kelman 2007, p. 97.

99 estudo de Hastorf e Cantril: Hastorf e Cantril 1954, pp. 129, 131.

100 "*posição egocêntrica na matriz total*": Ibid., p. 133.

101 "*candidato à Presidência, o comunismo ou espinafre*": Ibid.

102 "*forma-mundo de suposições da pessoa*": Ibid., p. 132.

103 *bondade amorosa até mesmo por esse inimigo*: Para um excelente estudo sobre meditação *metta*, ver Salzberg 2002.

104 *se isso foi* de fato *escrito por Rumi*: De acordo com a wikiquote.org, a citação é indevidamente atribuída a Rumi e deveria ser atribuída a Helen Schucman: https://en.wikiquote.org/wiki/Rumi.

105 "*o predador zen do Upper East Side*": Ver Oppenheimer 2013.

13. O jeito como – UAU! – tudo é uma coisa só (se tanto)

106 "*uma parte de nós mesmos também se vai*": James 2007, pp. 291-92.

107 as bactérias e o cérebro: Ver Wall et al. 2014 e Stein 2013.

108 *a impressão de ser parte de mim*: Nossa ideia convencional de um eu unificado poderia ser definida como um produto da simbiose mutualística. Meus diversos genes estão no mesmo barco intergeracional (ou seja, em meu genoma), e assim podem se beneficiar (no sentido darwiniano de sobreviver e se disseminar ao longo das gerações) cooperando uns com os outros. Esse é o motivo, alguém poderia argumentar,

da sensação de que meus dedos e meu nariz fazem parte de mim: por participarem de um jogo de soma não zero – e talvez, mais importante ainda, por terem uma relação de soma não zero com os genes do cérebro que os consideram partes de mim.

109 *as árvores e as pedras também o são*: O uso do termo *não-eu* para indicar a ausência de essência tem uma implicação interessante. A meditação Vipāsana, como vimos, se destina a promover a apreensão clara das "três marcas da existência" – para nos ajudar a perceber que as coisas geralmente são caracterizadas por três propriedades, sendo uma delas o não-eu. Em consonância com essa intenção, se observarmos a propriedade do não-eu nas coisas "lá fora" (nas coisas no mundo lá fora percebido por nós, e não apenas em nós mesmos e nos outros seres humanos), estaremos apreendendo o vazio. Isso é interessante porque, em geral, considera-se que o budismo Theravada não dá muita ênfase ao vazio quando comparado à tradição Mahayana. No entanto, o ensinamento da Vipāsana, que se desenvolveu dentro da linhagem Theravada, dá grande destaque ao vazio quando interpreta de modo estrito o preceito de apreender as três marcas da existência.

110 tanha [...] "criar e motivar *a noção do limite entre eu e outro*": Albahari 2006, p. 181.

111 *do que se apenas superar sua ira*: Alguém poderia perguntar se a ira e a aversão não estão tão vinculadas que seria impossível superar "apenas" a ira sem superar a aversão. Não sei como responder a essa pergunta. Mas certamente é verdade – pelo menos segundo a minha experiência – que esses são sentimentos distintos e, portanto, permitem que alguém se concentre somente na ira, ainda que sua dissolução necessariamente envolva o abrandamento da aversão em si.

112 *em outras palavras, de* tanha: Na visão budista, os sentimentos não precisam ser positivos ou negativos; em vez disso, a "tonalidade do sentimento", que é considerada uma parte onipresente da nossa apreensão do mundo, pode ser positiva, negativa ou neutra. Alguém pode questionar se tonalidade verdadeiramente neutra merece ser chamada dessa forma. Mas, de qualquer modo, é justo dizer que a tendência geral da psicologia budista é enfatizar como os sentimentos positivos ou negativos, sutis ou não, moldam nossa percepção do mundo e o modo como reagimos a ele.

113 Raga *mais* dvesha *é igual a* moha*:* A lógica dessa "equação" é, de certa forma, o inverso da lógica budista da forma como costuma ser apresentada. Essa "equação", interpretada de modo mais amplo, afirma que a avidez e a aversão dão origem à ilusão – a ignorância sobre a natureza real do mundo. Mas uma interpretação budista comum sobre a relação entre esses elementos nos leva para outro lado: a ignorância e a ilusão (por exemplo, deixar de perceber a onipresença da impermanência ou a verdade do não-eu ou do vazio) podem dar origem a avidez e aversão. Na minha opinião, a "equação" se aproxima mais de captar o real sentido da causalidade do que a interpretação alternativa, ainda que ambas, por si sós, sejam simplistas demais. Acredito também que, ao menos em alguns casos, a dinâmica do progresso meditativo indica a direção da causalidade sugerida pela "equação". Ou seja, observar com atenção plena e assim, em certa medida, superar a avidez e a aversão são partes do processo pelo qual a pessoa supera a ignorância e a ilusão para chegar a uma apreensão empírica de conceitos como impermanência, não-eu e vazio.

14. Nirvana numa casca de noz

114 *"total consciência e entendimento"*: Bodhi 1981, palestra 6.

115 *"O condicionado"* [...] *"o causado"*: Às vezes alguns pensadores budistas se empenham em distinguir a noção budista de condicionamento da noção ocidental de causalidade. Mas as tentativas que encontrei de enfatizar essa distinção não me convenceram de que a diferença seja tão significativa assim. Por vezes elas retratam as noções ocidentais de causalidade em termos simplistas demais, como se a ciência ocidental não fosse capaz de acomodar a ideia de interação complexa entre múltiplas influências.

116 *doze condições* [...] *no ciclo de renascimentos infinitos*: Tecnicamente, minha interpretação do sentido genérico do termo surgimento condicionado é incompleta. A formulação clássica dos textos antigos acrescenta que se a condição para o surgimento de alguma coisa estiver ausente, essa coisa não surgirá, e se essa condição cessar, a coisa vai cessar (tudo isso, evidentemente, é coerente com as noções ocidentais de causalidade). Quanto ao sentido menos genérico do surgimento condicionado, nem todos os textos budistas antigos mencionam 12 condições, mas a sequência de 12 tornou-se de longe a interpretação mais aceita. Pessoalmente, me baseei em Bodhi 1981, palestra 4. Ver também contas mais concisas em Gethin 1998, pp. 149-59 e Harvey 2013, pp. 65-73.

117 *"evitar que a avidez se cristalize e solidifique"*: Bodhi 1981, palestra 4.

118 *dois tipos de nirvana*: Às vezes esses dois tipos de nirvana são retratados como duas etapas na realização do nirvana, sendo o alcançado após a morte – parinirvana – o *pleno* nirvana. Alguns textos antigos chamam o nirvana antes da morte de "nirvana com resíduos"; a iluminação foi atingida e o sofrimento causado por *tanha* foi superado, mas a existência continua a envolver o corpo físico e a inevitável dor do sofrimento físico – dor que será suportada com atenção plena e equanimidade, sem o tipo de sofrimento de antes da iluminação, mas que será suficiente para impedir a experiência de felicidade plena 24 horas por dia. Ver Kasulis 1987 e Bodhi 1981, palestra 6.

119 *"não ser* condicionado *por alguma coisa"*: Batchelor 2015, p. 145.

120 *"reencantamento" em relação ao mundo*: Ibid., p. 17.

15. A iluminação é iluminadora?

121 *revelações* [...] *realizações*: Evidentemente, há certo grau de sobreposição e interação entre os diferentes "tópicos". Por exemplo, a revelação da impermanência facilita a realização da superação de *tanha*. E, como vimos, outro elemento de iluminação que costuma ser mencionado, a erradicação dos "três venenos", equivale a superar *tanha* e resulta na revelação da impermanência, porque o terceiro veneno é a ilusão. E a revelação da impermanência – especificamente, a impermanência dos cinco agregados discutida no capítulo 5 – facilita a revelação do não-eu. E assim por diante.

122 *"em relação ao objeto julgado"*: Zajonc 1980, p. 157.

123 *o bem-estar de todos os seres sencientes*: Por uma questão de lógica, há um caminho bem fácil entre a "visão a partir de lugar nenhum" – o conceito de que não há ninguém cujo bem-estar seja mais importante que o de qualquer outra pessoa – e a preocupação com o bem-estar de todos. Afinal, a única premissa que precisa ser

acrescentada é que o bem-estar humano é melhor que o sofrimento humano – uma proposta bastante incontroversa. Aliás, não é difícil ir mais longe e acolher todos os seres sencientes embaixo do guarda-chuva da preocupação moral, já que não há muito desacordo sobre a premissa de que, se todas as outras coisas são iguais, o bem-estar de um ser senciente é preferível ao sofrimento desse ser.

124 *"ponto de vista do Universo"*: Sidgwick 1884, p. 381.

16. A meditação e a ordem invisível

125 *"medo do mau comportamento vindo logo em seguida"*: Samyutta Nikaya 45:1, Bodhi 2000, p. 1523.

126 *deixar de fazer julgamentos de valor* [...] *estou fora*: A perspectiva que estou levantando aqui está longe de ser original. Há muito tempo estudiosos do budismo vêm questionando se a culminação provável, e talvez lógica, da prática budista não seria uma forma extrema de niilismo, uma recusa em atribuir valor a qualquer coisa.

Afinal de contas, uma recomendação comum em instruções de meditação é a de não julgar: não devemos julgar os sentimentos, assim como os sons e as imagens, como bons ou maus. Ora, se você se aperfeiçoar cada vez mais em não fazer julgamentos, será que não vai deixar de julgar todas as coisas? Não vai deixar de julgar o que é certo ou errado? E não perderá o desejo de fazer algo para corrigir coisas normalmente consideradas erradas?

Outra maneira de analisar o problema é pela ênfase budista na equanimidade. Um dos objetivos da prática budista é permitir que você preserve uma sensação estável de bem-estar que independe das circunstâncias objetivas ao seu redor: permanecer uma ilha de tranquilidade em meio às tempestades mais violentas. Isso não envolveria manter certa indiferença em relação a tudo o que acontece fora da sua ilha, inclusive coisas realmente ruins que poderiam deixá-lo agitado e com vontade de fazer algo a respeito se você estivesse menos tranquilo?

Só para ampliar um pouco essa lógica: a abordagem budista à manutenção da equanimidade, preservar uma sensação de calma e bem-estar, envolve transcender tanto sua aversão natural a coisas desagradáveis quanto seu desejo natural por coisas agradáveis. Ora, se você conseguir cumprir totalmente essa missão, será que não vai deixar, em certo sentido, de ter preferências?

E as preferências não são essenciais para se ter algum sistema de valores? Se você não preferir um mundo mais justo a um injusto, não se empenhará em torná-lo mais justo; aliás, nem vai ver diferença entre o que outras pessoas consideram justo e o que consideram injusto. E, falando nisso, por que nutriria sentimentos de amor ou compaixão? Esses sentimentos não são uma preferência, um modo de querer que determinadas coisas aconteçam às pessoas por quem sentimos amor ou compaixão?

Tudo isso pode parecer extrapolações hipotéticas e extremas do pensamento budista, mas não estão muito distantes do modo de pensar associado aos mais venerados pensadores do budismo. Considere um poema atribuído a um monge chinês do século VI conhecido como Terceiro Patriarca do Zen (às vezes chamado de Terceiro Patriarca de Chan, a escola do budismo chinês precursora do Zen). O poema começa assim:

O Grande Caminho não é difícil
para os que não têm preferências.
Quando não se está preso ao amor ou ao ódio,
tudo é claro e transparente.
Mas, ao separar o mínimo possível,
você estará tão longe do Caminho quanto o céu está da terra.
Se deseja conhecer a verdade,
não tenha opiniões sobre nada, nem a favor nem contra.

De fato, alguns qualificadores poderiam ser adicionados a esse poema. Como de costume, há a questão da tradução (uma alternativa para "Quando não se está preso ao amor ou ao ódio" é "Se eliminar todos os gostos e aversões"). Ademais, o poema é uma declaração feita em um determinado contexto social e intelectual, um argumento a favor de certa interpretação do budismo e contra outras interpretações que existiam na época. Mas essa passagem se baseia em uma inferência bastante simples das principais ideias budistas. Esse é o motivo por que o "problema do niilismo" tem sido considerado seriamente.

Não tenho nada radicalmente novo a acrescentar, mas gostaria de tentar esclarecer *qual* é o problema.

O problema do niilismo, a meu ver, não é o que mencionei no capítulo 12 (pessoas que usam a equanimidade e o esclarecimento proporcionados pela meditação para explorar outras pessoas de forma mais eficaz). Afinal, querer explorar alguém é ter preferência, atribuir valor às coisas que podem ser adquiridas através dessa exploração. O "Predador Zen do Upper East Side", que mencionei antes, tinha a preferência de fazer sexo com muitas mulheres e atribuía grande valor à gratificação sexual. Isso não é niilismo, no sentido mais amplo do termo – a ideia de que nada importa, que o mundo é tão sem sentido que não há objetivos que valham a pena. O Predador Zen definitivamente acreditava que havia metas que mereciam ser almejadas.

Em outras palavras, ele não foi fundo no caminho como o Terceiro Patriarca do Zen aconselhou. Não alcançou a iluminação. E não digo isso apenas porque às vezes se desvencilhar de "grilhões" como a luxúria é citado como pré-requisito para a iluminação. Falo isso também porque a iluminação envolve, no sentido mais estrito, o completo abandono dos anseios em geral, e a luxúria é uma forma de anseio. Quando você chega ao lugar que o Terceiro Patriarca do Zen parece ter mencionado – um local "sem preferências" –, é por já ter superado totalmente o anseio relacionado a não se comportar do modo como o Predador Zen se comportou.

Sem dúvida, o Predador Zen parece ser niilista num dos sentidos comuns do termo: parece carecer de valores que a maioria de nós considera morais, e portanto não está limitado por escrúpulos ao ir atrás das coisas que pessoalmente valoriza. O que quero dizer é simplesmente que esse não é o "problema do niilismo" que, do meu ponto de vista, é legítimo segundo a verdadeira lógica da filosofia budista. O problema criado pela filosofia budista é o de não ter valor nenhum; simplesmente ficar parado sem nenhum desejo específico de que as coisas mudem, sem querer promover justiça social nem fazer sexo.

Por uma questão prática, pessoas levadas a esse tipo de niilismo pelo pensamento e a prática budistas não são dignas de grande preocupação. Uma das razões disso é que, ainda que elas não sejam parte da solução, pelo menos não são parte do problema. Talvez não tenham valores morais específicos, mas, por definição, perderam todos os desejos egoístas, por isso não andam por aí explorando pessoas e causando estrago.

A outra razão pela qual não vale muito a pena se preocupar com essas pessoas é que não há muitas delas. Você conhece alguém que tenha realmente alcançado a iluminação? Passei anos procurando e falando com meditadores muito experientes, e não sei se conheci algum. Pelo menos não tenho certeza de ter conhecido alguém que tenha alcançado a iluminação no sentido estrito do termo – o de superar todos os anseios e aversões – e que personifique o problema do niilismo em seu sentido mais amplo.

Além disso, quando falamos sobre o problema do niilismo, estamos falando de pessoas que alcançaram a iluminação não apenas no sentido estrito, mas também no que pode ser chamado de sentido mais limitado do termo. Seguir o *dharma* de forma integral envolve assimilar os valores morais budistas e, consequentemente, cultivar a compaixão. De fato, em boa parte do mundo budista, o ideal de iluminação é personificado no *bodhisattva,* alguém que se dedica a ajudar os outros acima de tudo.

Dito isso, há dois tipos de pessoas que merecem atenção.

Primeiro, evidentemente, os predadores Zen do mundo – pessoas que usam as próprias realizações meditativas para alcançar desprendimento bastante para manipular outras pessoas para seus fins egoístas de maneira mais eficaz. Mas esse não é um problema relacionado a alguém ter ido longe demais no caminho budista; ele ocorre quando não se avançou o suficiente, quando não se é um bom budista.

Segundo, há pessoas que vão longe no caminho budista e se tornam mais felizes, com mais equanimidade do que tinham antes – no entanto, isso acaba reduzindo sua paixão por transformar o mundo num lugar melhor. Normalmente, esses não são parte do problema, porque, em regra, seu egoísmo diminuiu mais ou menos na mesma proporção que sua paixão de realizar o bem no mundo. E, em certo sentido, eles são parte da solução, pois tendem a ser mais amáveis e gentis em suas interações pessoais do que seriam se não tivessem seguido o caminho budista. No entanto, tampouco são parte tão grande da solução como poderiam ser.

E eu gostaria que se tornassem uma maior parte da solução. Espero que no futuro possamos ver mais pessoas seguindo sinceramente o caminho budista e que sejam ativistas dedicados. Mas existem coisas piores do que não ser a maior parte da solução. Se a acusação mais grave que se poderia fazer a alguém neste mundo fosse a de não ter um papel maior na solução, teríamos bem menos problemas para solucionar.

A partir de tudo disso, eu diria que o niilismo é, num sentido lógico, abstrato e hipotético, um problema sério para o budismo; mas, num sentido real e pragmático, não tão problemático assim.

127 *"ajustarmo-nos harmoniosamente a essa ordem"*: James 1982, p. 53.

Bibliografia

Albahari, Miri. 2006. *Analytical Buddhism: The Two-Tiered Illusion of Self.* Palgrave Macmillan.

Alicke, Mark; M. L. Klotz; David Breitenbecher; Tricia Yurak e Debbie Vrendenburg. 1995. "Personal Contact, Individuation, and the Better-Than-Average Effect". *Journal of Personality and Social Psychology* 68(5): 804–25.

Allison, Scott; David Messick e George Goethals. 1989. "On Being Better but not Smarter Than Others". *Social Cognition* 7(3): 275–96.

Amaro Bhikkhu. 2002. *Small Boat, Great Mountain.* Abhayagiri Monastery.

Ambady, Nalini e Robert Rosenthal. 1992. "Thin Slices of Expressive Behavior as Predictors of Interpersonal Consequences: A Meta-analysis". *Psychological Bulletin* 111(2): 256–74.

Andrews-Hanna, Jessica; Jay Reidler; Jorge Sepulcre; Renee Poulin e Randy Buckner. 2010. "Functional-Anatomic Fractionation of the Brain's Default Network". *Neuron* 65: 550–62.

Asma, Stephen. 2014. "Monsters on the Brain: An Evolutionary Epistemology of Horror". *Social Research* 81(4): 941–68.

Barash, David. 2013. *Buddhist Biology.* W. W. Norton.

Bargh, John. 2011. "Unconscious Thought Theory and Its Discontents: A Critique of the Critiques". *Social Cognition* 29(6): 629–47.

Barkow, Jerome. 1989. *Darwin, Sex, and Status.* University of Toronto Press.

Batchelor, Stephen. 2015. *After Buddhism: Rethinking the Darma for a Secular Age.* Yale University Press.

Beck, Aaron e Gary Emery. 1985. *Anxiety Disorders and Phobias: A Cognitive Perspective.* Basic Books.

Bloom, Paul. 2010. *How Pleasure Works: The New Science of Why We Like What We Like.* W. W. Norton.

Bodhi, Bhikkhu. 1981. "The Buddha's Teaching as It Is". Série de dez palestras. http://www.buddhanet.net/audio-lectures.htm.

__________, trad. 2000. *The Connected Discourses of the Buddha: A Translation of the Samyutta Nikaya.* Wisdom Publications.

__________. 2015. "Anatta as Strategy and Ontology", em *Investigating the Dhamma: A Collection of Papers by Bhikkhu Bodhi.* Buddhist Publication Society.

Brewer, Judson; Jake Davis e Joseph Goldstein. 2013. "Why Is It So Hard to Pay Attention, or Is It? Mindfulness, the Factors of Awakening and Reward-Based Learning". *Mindfulness* 4(1): 75–80.

Brewer, Judson, Sarah Mallik; Theresa Babuscio; Charla Nich; Hayley Johnson; Cameron Deleone; Candace Minnix-Cotton et al. 2011. "Mindfulness Training for Smoking Cessation: Results from a Randomized Controlled Trial". *Drug and Alcohol Dependence* 119(1/2): 72–80.

Brewer, Judson, Patrick Worhunsky; Jeremy Gray; Yi-Yuan Tang; Jochen Weber e Hedy Kober. 2011. "Meditation Experience Is Associated with Differences in Default Mode Network Activity and Connectivity". *Proceedings of the National Academy of Sciences* 108(50): 20254–59.

Buddhaghosa, Bhadantacariya. 2010. *The Path of Purification*. Trad. Bhikkhu Nanamoli. Buddhist Publication Society.

Burtt, E. A., ed. 1982. *The Teachings of the Compassionate Buddha*. New American Library.

Buss, David e Lisa Dedden. 1990. "Derogation of Competitors". *Journal of Social and Personal Relationships* 7: 395–422.

Conze, Edward. 1973. *Budismo: Essência e desenvolvimento*. Civilização Brasileira.

__________, trad. 1959. *Buddhist Scriptures*. Penguin.

Cosmides, Leda e John Tooby. 2000. "Evolutionary Psychology and the Emotions". Em Michael Lewis and Jeannette M. Haviland-Jones, eds., *Handbook of Emotions*. 2ª ed. Guilford Press.

__________. 2002. "Unraveling the Enigma of Human Intelligence: Evolutionary Psychology and the Multimodular Mind". Em Robert Sternberg e James Kaufman, eds., *The Evolution of Intelligence*. Lawrence Erlbaum Associates.

D'Argembeau, Arnaud e Martial Van der Linden. 2008. "Remembering Pride and Shame: Self-Enhancement and the Phenomenology of Autobiographical Memory". *Memory* 16(5): 538–47.

Danquah, Adam N.; Martin Farrell e Donald O'Boyle. 2008. "Biases in the Subjective Timing of Perceptual Events: Libet et al. (1983) Revisited". *Consciousness and Cognition* 17(3): 616–27.

Darley, John M. e C. Daniel Batson. 1973. "From Jerusalem to Jericho: A Study of Situational and Dispositional Factors in Helping Behavior". *Journal of Personality and Social Psychology* 27(1): 100–108.

Davidson, Richard J. e William Irwin. 1999. "The Functional Neuroanatomy of Emotion and Affective Style". *Trends in Cognitive Sciences* 3(1): 11–22.

De Silva, Padmasiri. 2000. *An Introduction to Buddhist Psychology*. 4ª ed. Palgrave Macmillan.

Eagly, Alice; Richard Ashmore; Mona Makhijani e Laura Longo. 1991. "What Is Beautiful Is Good, But ...: A Meta-analytic Review of Research on the Physical Attractiveness Stereotype". *Psychological Bulletin* 110(1): 109–28.

Eckel, Malcolm David. 2001. "Buddhism". *The Great Courses*. Palestra em áudio.

Ekman, Paul; Richard Davidson; Matthieu Ricard e B. Alan Wallace. 2005. "Buddhist and Psychological Perspectives on Emotions and Well-Being". *Current Directions in Psychological Science* 14(2): 59–63.

Farb, Norman; Zindel Segal; Helen Mayberg; Jim Bean; Deborah McKeon; Zainab Fatima e Adam Anderson. 2007. "Attending to the Present: Mindfulness Meditation Reveals Distinct Neural Modes of Self-Reference". *Scan* 2: 313–22.

Farias, Miguel e Catherine Wikholm. 2015. *The Buddha Pill: Can Meditation Change You?* Watkins.

Feldman Barrett, Lisa. 1997. "The Relationships among Momentary Emotion Experiences, Personality Descriptions, and Retrospective Ratings of Emotion". *Personality & Social Psychology Bulletin* 23(10): 1100–1110.

Ferguson, M. J. 2007. "The Automaticity of Evaluation". Em J. Bargh, ed., *Social Psychology and the Unconscious: The Automaticity of Higher Mental Processes*. Psychology Press.

Freeman, Jonathan; Ryan Stolier; Zachary Ingbretsen e Eric Hehman. 2014. "Amygdala Responsivity to High-Level Social Information". *Journal of Neuroscience* 34(32): 10573–81.

Gazzaniga, Michael. 2011. *Who's in Charge? Free Will and the Science of the Brain*. Ecco.

Gelman, Susan. 2003. *The Essential Child: Origins of Essentialism in Everyday Thought*. Oxford University Press.

Gethin, Rupert. 1998. *The Foundations of Buddhism*. Oxford University Press.

Giner-Sorolla, Roger, Magda T. Garcia e John A. Bargh. 1999. "The Automatic Evaluation of Pictures". *Social Cognition* 17(1): 76–96.

Gold, Jonathan. 2014. *Paving the Great Way: Vasubandhu's Unifying Buddhist Philosophy*. Columbia University Press.

Goldstein, Joseph. 1995. *A experiência do insight*. Roca.

__________. 2004. *Dharma – O caminho da libertação. O nascente budismo ocidental*. Bertrand Brasil.

__________. 2016. *Mindfulness: A Practical Guide to Awakening*. Sounds True.

Goleman, Daniel. 1998. *A mente meditativa*. Ática.

Gopnik, Allison. 2009. "Could David Hume Have Known about Buddhism? Charles Francois Dolu, the Royal College of La Fleche, and the Global Jesuit Intellectual Network". *Hume Studies* 35(1/2): 5–28.

Greene, Joshua. 2013. *Moral Tribes: Emotion, Reason, and the Gap between Us and Them*. Penguin Press.

Greenwald, Anthony. 1980. "The Totalitarian Ego: Fabrication and Revision of Personal History". *American Psychologist* 357: 603–18.

Griskevicius, Vladas; Noah Goldstein; Chad Mortensen; Jill Sundie; Robert Cialdini e Douglas Kenrick. 2009. "Fear and Loving in Las Vegas: Evolution, Emotion, and Persuasion". *Journal of Marketing Research* 46(3): 384–95.

Gunaratan, Henepola. 1991. *Mindfulness in Plain English*. Wisdom.

Hanson, Rick e Richard Mendius. 2012. *O cérebro de Buda – Neurociência prática para a felicidade*. Alaúde.

Harman, Gilbert. 1999. "Moral Philosophy Meets Social Psychology: Virtue Ethics and the Fundamental Attribution Error". *Proceedings of the Aristotelian Society* 99: 315–31, nova série.

Harris, Dan. 2015. *10% mais feliz: Como aprendi a silenciar a mente, reduzi o estresse e encontrei o caminho para a felicidade – Uma história real*. Sextante.

Harris, Sam. 2015. *Despertar: Um guia para a espiritualidade sem religião*. Companhia das Letras.

Harvey, Peter. 1995. *The Selfless Mind: Personality, Consciousness and Nirvana in Early Buddhism*. Routledge. 2013.

__________. *An Introduction to Buddhism: Teachings, History and Practices*. 2ª ed. Cambridge University Press.

Hastorf, Albert H. e Hadley Cantril. 1954. "They Saw a Game: A Case Study". *Journal of Abnormal and Social Psychology* 49(1): 129–34.

Holzel, Britta; Sara Lazar; Tim Gard; Zev Schuman-Olivier; David Vago e Ulrich Ott. 2011. "How Does Mindfulness Meditation Work? Proposing Mechanisms of Action from a Conceptual and Neural Perspective". *Perspectives on Psychological Science* 6(6): 537–59.

Hume, David. 1975. *Tratado da natureza humana*. Cia Editora Nacional.

Ikemoto, Satoshi e Jaak Panksepp. 1999. "The Role of Nucleus Accumbens Dopamine in Motivated Behavior: A Unifying Interpretation with Special Reference to Reward-Seeking". *Brain Research Reviews* 31: 6–41.

Immerwahr, John. 1992. "Hume on Tranquilizing the Passions". *Hume Studies* 18(2): 293–314.

Ingram, Daniel. 2008. *Mastering the Core Teachings of the Buddha: An Unusually Hardcore Darma Book*. Aeon Books.

James, William. 2017. *Variedades da experiência religiosa*. Cultrix.

__________. 2007. *The Principles of Psychology*, vol. I. Cosimo Books.

Jarudi, Izzat; Tamar Kreps e Paul Bloom. 2008. "Is a Refrigerator Good or Evil? The Moral Evaluation of Everyday Objects". *Social Justice Research* 21(4): 457–69.

Jarrett, Christian. 2016. "Neuroscience and Free Will Are Rethinking Their Divorce". *New York Magazine*, 3 de fevereiro de 2016.

Jones, Edward e Richard Nisbett. 1971. "The Actor and the Observer: Divergent Perceptions of the Causes of Behavior". Em Edward Jones, David Kanhouse, Harold Kelley, Richard Nisbett, Stuart Valins e Bernard Weiner, eds., *Attribution: Perceiving the Causes of Behavior*. General Learning Press.

Kasulis, Thomas P. 1987. "Nirvana". Em Mircea Eliade, ed., *The Encyclopedia of Religion*, vol. 10. MacMillan.

Kelman, Herbert C. 2007. "Social-Psychological Dimensions of International Conflict". Em William Zartman, ed., *Peacemaking in International Conflict*. US Institute of Peace.

Killingsworth, Matthew e Daniel Gilbert. 2010. "A Wandering Mind Is an Unhappy Mind". *Science* 330: 932.

Kim, B. Kyu e Gal Zauberman. 2013. "Can Victoria's Secret Change the Future? A Subjective Time Perception Account of Sexual-Cue Effects on Impatience". *Journal of Experimental Psychology: General* 142(2): 328–35.

Knitter, Paul. 2009. *Without Buddha I Could Not Be a Christian*. Oneworld.

Knutson, Brian, Scott Rick, G. Elliott Wimmer, Drazen Prelac e George Loewenstein. 2007. "Neural Predictors of Purchases". *Neuron* 53: 147–56.

Kornfield, Jack. 2004. *Um caminho com o coração*. Cultrix.

Kornfield, Jack e Paul Breiter, eds. 1985. *Uma tranquila lagoa na floresta*. Pensamento.

Kuhn, Simone e Marcel Brass. 2009. "Retrospective Construction of the Judgement of Free Choice". *Consciousness and Cognition* 18: 12–21.

Kurzban, Robert. 2010. *Why Everyone (Else) Is a Hypocrite: Evolution and the Modular Mind.* Princeton University Press.

Libet, Benjamin. 1985. "Unconscious Cerebral Initiative and the Role of Conscious Will in Voluntary Action". *Behavioral and Brain Sciences* 8: 529–39.

Lieberman, Matthew. 2013. *Social: Why Our Brains Are Wired to Connect.* Crown.

Litman, Jordan A. 2005. "Curiosity and the Pleasures of Learning: Wanting and Liking New Information". *Cognition and Emotion* 19(6): 793–814.

Lucchelli, F. e H. Spinnler. 2007. "The Case of Lost Wilma: A Clinical Report of Capgras Delusion". *Neurological Science* 28: 188–95.

Lutz, Antoine; John Dunne e Richard Davidson. 2007. "Meditation and the Neuroscience of Consciousness". Em Philip Zelazo, Morris Moscovitch e Evan Thompson, eds., *Cambridge Handbook of Consciousness.* Cambridge University Press.

Lutz, Antoine; Heleen Slagter; John Dunne e Richard Davidson. 2008. "Attention Regulation and Monitoring in Meditation". *Trends in Cognitive Sciences* 12(4): 163–69.

Maner, Jon; Douglas Kenrick; D. Vaughn Becker; Theresa Robertson; Brian Hofer; Steven Neuberg; Andrew Delton; Jonathan Butner e Mark Schaller. 2005. "Functional Projection: How Fundamental Social Motives Can Bias Interpersonal Perception". *Journal of Personality and Social Psychology* 88(1): 63–78.

Mars, Roger B.; Franz-Xaver Neubert; MaryAnn P. Noonan; Jerome Sallet; Ivan Toni e Matthew F. S. Rushworth. 2012. "On the Relationship between the 'Default Mode Network' and the 'Social Brain.'" *Frontiers in Human Neuroscience* 6: 189.

McDonald, Michele. 2015. "R.A.I.N. D.R.O.P". *Darma Seed.* Palestra, True North Insight, 28 de agosto. http://darmaseed.org/teacher/126/talk/29234/.

Mendis, N. K. G., trad. 2010. "Anatta-Lakkhana Sutta: The Discourse on the Not-Self Characteristic". (Samyutta Nikaya 22:59) *Access to Insight: Readings in Theravada Buddhism.* http://www.accesstoinsight.org/tipitaka /sn/sn22/sn22.059.mend.html. Disponível em português em http://www.acessoaoinsight.net/sutta/SNXXII.59.php

Mezulis, Amy H.; Lyn Abramson; Janet Hyde e Benjamin Hankin. 2004. "Is There a Universal Positivity Bias in Attributions? A Meta-analytic Review of Individual, Developmental, and Cultural Differences in the Self-Serving Attributional Bias". *Psychological Bulletin* 130(5): 711–47.

Michaelson, Jay. 2013. *Evolving Dharma: Meditation, Buddhism and the Next Generation of Enlightenment.* Evolver Editions.

Miller, Timothy. 1994. *How to Want What You Have.* Henry Holt & Co.

Nanamoli, Bhikkhu e Bhikkhu Bodhi, trad. 1995. *The Middle Length Discourses of the Buddha: A Translation of the Majjhima Nikaya.* Wisdom Publications.

Nisker, Wes. 1998. *Buddha's Nature: A Practical Guide to Enlightenment through Evolution.* Bantam Books.

Oppenheimer, Mark. 2013. *The Zen Predator of the Upper East Side.* Atlantic Books.

Parfit, Derek. 1984. *Reasons and Persons.* Oxford University Press.

Pessiglione, Mathias; Liane Schmidt; Bogan Draganski; Raffael Kalisch; Hakwan Lau; Ray Dolan e Chris Frith. 2007. "How the Brain Translates Money into Force: A Neuroimaging Study of Subliminal Motivation". *Science* 316:904–6.

Pessoa, Luiz. 2013. *The Cognitive-Emotional Brain: From Interactions to Integration*. MIT Press.

Pinker, Steven. 1998. *Como a mente funciona*. Companhia das Letras.

Plassmann, Hilke; John O'Doherty; Baba Shiv e Antonio Rangel. 2008. "Marketing Actions Can Modulate Neural Representations of Experienced Pleasantness". *Proceedings of the National Academy of Sciences* 105(3): 1050–54.

Preston, Carolyn e Stanley Harris. 1965. "Psychology of Drivers in Traffic Accidents". *Journal of Applied Psychology* 49(4): 264–68.

Pronin, Emily; Thomas Gilovich e Lee Ross. 2004. "Objectivity in the Eye of the Beholder: Divergent Perceptions of Bias in Self versus Others". *Psychological Review* 111(3): 781–99.

Pronin, Emily, Daniel Y. Lin e Lee Ross. 2002. "The Bias Blind Spot: Perceptions of Bias in Self versus Others". *Personality and Social Psychology Bulletin* 28(3): 369–81.

Rahula, Walpola. (1959) 2005. *Os ensinamentos de Buda*. Estampa.

Romanes, George John. 1884. *Mental Evolution in Animals*. D. Appleton and Co.

Roney, James R. 2003. "Effects of Visual Exposure to the Opposite Sex: Cognitive Aspects of Mate Attraction in Human Males". *Personality and Social Psychology Bulletin* 29: 393–404.

Sabini, John; Michael Siepmann e Julia Stein. 2001. "The Really Fundamental Attribution Error in Social Psychological Research". *Psychological Inquiry* 12(1): 1–15.

Salzberg, Sharon. 2002. *Lovingkindness: The Revolutionary Art of Happiness*. Shambhala Classics.

__________. 2012. *Fé – Confie na sua experiência mais profunda*. Gryphus.

Salzberg, Sharon e Robert Thurman. 2013. *Love Your Enemies: How to Break the Anger Habit and Be a Whole Lot Happier*. Hay House.

Sample, Ian. 2014. "Curiosity Improves Memory by Tapping into the Brain's Reward System". *Guardian*, October 2. http://www.theguardian.com/science/2014/oct/02/curiosity-memory-brain-reward-system-dopamine.

Sapolsky, Robert. 2005. "Biology and Human Behavior: The Neurological Origins of Individuality". Leitura em áudio. *The Great Courses*. 2ª ed.

Sayadaw, Mahasi. 1965. *The Progress of Insight*. Trad. Nyānaponika Thera. Buddhist Publication Society.

Schultz, Wolfram. 2001. "Reward Signaling by Dopamine Neurons". *Neuroscientist* 7(4): 293–302.

Schultz, Wolfram; Paul Apicella; Eugenio Scarnati e Tomas Ljungberg. 1992. "Neuronal Activity in Monkey Ventral Striatum Related to the Expectation of Reward". *Journal of Neuroscience* 12(12): 4595–610.

Sedikides, Constantine e Mark D. Alicke. 2012. "Self-Enhancement and Self-Protection Motives". Em Richard M. Ryan, ed., *The Oxford Handbook of Human Motivation*. Oxford University Press.

Sedikides, Constantine; Lowell Gaertner e Jack L. Vevea. 2005. "Pancultural Self-Enhancement Reloaded: A Meta-analytic Reply to Heine". *Journal of Personality and Social Psychology* 89(4): 539–51.

Seligman, Martin. 2009. *Felicidade autêntica*. Objetiva.

Siderits, Mark; Evan Thompson e Dan Zahavi, eds. 2001. *Self, No Self? Perspectives from Analytical, Phenomenological, and Indian Traditions*. Oxford University Press.

Sidgwick, Henry. 1884. *The Methods of Ethics*. MacMillan and Co.

Smith, Rodney. 2014. *Awakening: A Paradigm Shift of the Heart*. Shambhala.

Stein, Rob. 2013. "Gut Bacteria Might Guide the Workings of Our Minds". NPR. 18 de novembro. http://www.npr.org/blogs/health/2013/11/18/244526773/gut-bacteria--might-guide-the-workings-of-our-minds.

Thanissaro Bhikkhu, trad. 1997. "Bahuna Sutta: To Bahuna" (Anguttara Nikaya 10:81). *Access to Insight: Readings in Theravāda Buddhism*.

http://www .accesstoinsight.org/tipitaka/an/an10/an10.081.than.html.

__________, trad. 2012. "Cula-Saccaka Sutta: The Shorter Discourse to Saccaka" (Majjhima Nikaya 35). *Access to Insight: Readings in Theravāda Buddhism*. http://www.accesstoinsight.org/tipitaka/mn/mn.035.than.html. Disponível em português em http://www.acessoaoinsight.net/sutta/MN35.php

__________. 2013. "The Not-Self Strategy". *Access to Insight: Readings in Theravāda Buddhism*. http://www.accesstoinsight.org/lib/authors/thanissaro/notselfstrategy.pdf. Disponível em português em http://www.acessoaoinsight.net/arquivo_textos_theravada/estrategia_naoeu.php

Thera, Nyānaponika, trad. 2007. "Freed of Fivefold Fear" (Anguttara Nikaya 9:5). *Access to Insight: Readings in Theravāda Buddhism*. http://www .accesstoinsight.org/lib/au thors/nyanaponika/wheel238.html.

Thera, Soma, trad. 2013. "The Way of Mindfulness: The Satipatthana Sutta and Its Commentary". *Access to Insight: Readings in Theravāda Buddhism*. http://www.accesstoinsight.org/lib/authors/soma/wayof.html.

Wall, R.; J. F. Cryan; R. P. Ross; G. F. Fitzgerald; T. G. Dinan e C. Stanton. 2014. "Bacterial Neuroactive Compounds Produced by Psychobiotics". *Advances in Experimental Medicine and Biology* 817: 221–39.

Weber, Gary. 2007. *Happiness Beyond Thought: A Practical Guide to Awakening*. iUniverse.

Wilson, Margo e Martin Daly. 2004. "Do Pretty Women Inspire Men to Discount the Future?" *Proceedings of the Royal Society of London B (Suppl.)* 271: S177–79.

Wright, Dale S. 2016. *What Is Buddhist Enlightenment?*. Oxford University Press.

Wright, Robert. 2006. *O animal moral*. Campus.

__________. 2000. *Não-zero: A lógica do destino humano*. Campus.

Yongey Mingyur; Rinpoche e Eric Swanson. 2007. *A alegria de viver: Descobrindo o segredo da felicidade*. Campus.

Zajonc, R. B. 1980. "Feeling and Thinking: Preferences Need No Inferences". *American Psychologist* 35(2): 151–75.